August Wilhelm Ambros, Otto Kade

Geschichte der Musik

Fünfter Band - Beispielsammlung zum dritten Band

August Wilhelm Ambros, Otto Kade

Geschichte der Musik
Fünfter Band - Beispielsammlung zum dritten Band

ISBN/EAN: 9783742849434

Hergestellt in Europa, USA, Kanada, Australien, Japan

Cover: Foto ©Thomas Meinert / pixelio.de

Manufactured and distributed by brebook publishing software
(www.brebook.com)

August Wilhelm Ambros, Otto Kade

Geschichte der Musik

Geschichte der Musik

von

August Wilhelm Ambros.

Mit zahlreichen Notenbeispielen und Musikbeilagen.

Fünfter Band:

Beispielsammlung zum dritten Bande

nach des Verfassers unvollendet hinterlassenem Notenmaterial
zusammengestellt, redigirt und mit zahlreichen Zusätzen und Vermehrungen

ausgestattet von

Otto Kade.

Zweite durchgesehene, nach den neuesten Forschungen ergänzte und berichtigte Auflage.

Leipzig, Verlag von F. E. C. Leuckart
(Constantin Sander).
1889.

Auserwählte Tonwerke

der

berühmtesten Meister des 15. und 16. Jahrhunderts.

Eine Beispielsammlung zu dem dritten Bande der
Musikgeschichte von **A. W. Ambros**
nach dessen unvollendet hinterlassenem Notenmaterial
mit zahlreichen Vermehrungen

herausgegeben von

Otto Kade.

———

Zweite durchgesehene, nach den neuesten Forschungen ergänzte und berichtigte Auflage.

Leipzig, Verlag von F. E. C. Leuckart
(Constantin Sander).
1889.

Vorwort.

Longum iter est per praecepta, breve et
efficax per exempla. (Seneca, Epistola 6.)

Mit der Veröffentlichung des vorliegenden Notenbeilagebandes
erfüllt sich ein längst mit Vorliebe gehegter Wunsch des Ver-
legers. Der Plan, den inhaltschweren Text des leider viel zu
früh verstorbenen Verfassers durch eine Illustrirung mittelst wirk-
licher Musikdocumente zur Anschauung zu bringen, tauchte schon
vor der Herausgabe des dritten Bandes auf. Bereits im Jahre 1862
wurden mir von Seiten der Verlagshandlung die zu diesem Zwecke
von Ambros gesammelten und angelegten Partituren zur Begut-
achtung übergeben. Dieselbe stützten sich damals noch meist
auf die zwar gewählte aber kleine Sammlung Musicalien von
Ambros' Oheim, dem Hofrath von Kiesewetter in Wien, der für
einzelne Theile der Kunstgeschichte höchst interessante Belege zu
erwerben in der Lage war. Leider entbehrten diese Abschriften
aber meist der nöthigen Zuverlässigkeit und Correctheit, hatten
sich auch wohl nicht selten Behufs der practischen Ausführung,
eine Modificirung hie und da gefallen lassen müssen. Darum
glaubte ich nichts dringender anrathen zu müssen, als den wichtigsten Schauplatz der früheren Musikpflege, an welchen unsre
Kunstgeschichte nun einmal unwiderruflich auf immer geknüpft
sein wird, das Land der Kunst Italien ohne Säumen selbst auf-
zusuchen, nach allen Richtungen, in allen Winkeln in grossen und
kleinen, öffentlichen und Kirchenbibliotheken zu durchsuchen und
zu durchstöbern, um aus den Quellen selbst unmittelbar das
lautere Stoffmaterial schöpfen zu können. Hatten doch eigene
Erfahrungen im Jahre 1846—47 mich gründlich belehrt, welche
Schätze dieses Land aufzuweisen habe. Dass dieser Rath nicht
unbeachtet blieb, im Gegentheil mehr als einmal zur Ausführung
gebracht wurde, somit die herrlichsten Früchte zeitigte, geht wohl
fast aus jeder Zeile des unvergleichlichen Textinhaltes zur Genüge
hervor. Jahre vergingen jedoch, ohne dass Ambros Zeit und

Musse gewann, das aufgespeicherte Material zu verarbeiten und an
die Fortsetzung der Arbeit nach dem Erscheinen des dritten Bandes
(1868) zu denken, obgleich es nicht an Mahnung fehlte, seine
eminente Arbeitskraft nicht zu zersplittern, sie vielmehr der hohen
Aufgabe auch weiter noch zu widmen. Einmal schien es auch,
als ob die Verwirklichung des Planes in der That nahe bevor-
stände. Es war zur Zeit der Holbeinausstellung in Dresden im
August des Jahres 1871. Dass Ambros bei dieser nicht fehlen
werde, war wohl vorauszusehen. Es wurde daher zwischen Ambros, dem Leipziger Verleger, Constantin Sander, und mir, eine
Zusammenkunft verabredet, bei welcher der weitere Plan im Detail
festgestellt werden sollte. Ambros verpflichtete sich protocollarisch
zu schleuniger Ausarbeitung des vierten Bandes, während die
Zusammenstellung und Redaction der Notenbeilagen meinen Händen anvertraut wurde. Nun schien die Sache vollkommen ge-
sichert. Wie ein Blitzstrahl traf mich daher wenige Jahre darauf (1876) die Todesnachricht. Die Hoffnung auf Vollendung
des Werkes war damit vernichtet. Die vierte Geschichte der
Musik sollte gleichwie ihre Vorgängerinnen von Martini, Forkel
und Fètis abermals Torso bleiben. Zwar erschien der vierte Band
Text, aber als opus posthumum, an welchen die letzte Feile anzu-
legen ihm nicht vergönnt gewesen war. Die Verlagshandlung
glaubte nun, da an eine Fortsetzung des Textes über das 17. und
18. Jahrhundert hinaus unter diesen Umständen gar nicht zu
denken war, den Beilageband umsomehr fördern zu müssen, als
inzwischen die erste Auflage sich vergriffen hatte, und der Druck
der zweiten Auflage zu den ersten drei Bänden schon in vollem
Gange war. Somit begann unmittelbar nach der von mir besorgten
Correctur des dritten Bandes im December 1880 der Druck des
gegenwärtigen Beilagenbandes. Da derselbe einen Theil der noch
von Ambros angefertigten Partituren in sich aufgenommen hat,
mithin eine Doppelarbeit geworden ist, so begreift es sich, dass
der Antheil, den ein Jeder daran gehabt hat, möglichst sorgfältig
bemerkt werden musste. Es sind daher in dem allgemeinen Ver-
zeichnisse der Tonstücke zu einer jeden Nummer Bemerkungen
beigefügt worden, welche erstens über die Anfertigung der Partiturvorlage, zweitens über die Quelle, aus welcher dieselbe genommen ist, und endlich drittens über die Textstellung sowie
über sonstige geschichtliche oder redactionelle Zusätze Auskunft
geben. Ausserdem sind, um die Thätigkeit der verschiedenen
Hände anzuzeigen, alle Bemerkungen, die von Ambros herrühren,
mit der Chiffre A. unterzeichnet, während die meinigen sich unter

dem Buchstaben K. bergen. Aus diesen Angaben geht zunächst
hervor, dass von den 85 Tonsätzen, die der Band überhaupt
enthält, ungefähr ein Drittheil — nämlich 26 Nummern — aus
dem Nachlasse von Ambros, dagegen die beiden andern Drittheile
— nämlich 59 Nummern — aus meiner Sammlung stammen.
Für die Gewinnung des hier gebotenen äusserst werthvollen und
seltenen Notenmaterials sind fast sämmtliche öffentliche Bibliotheken
Italiens und Deutschlands von nur einiger Bedeutung herangezogen
und benutzt worden. Welch ungeahnte kostbare Ausbeute die Folge
davon gewesen ist, vermag die Sammlung selbst am Besten darzuthun.
Beispielsweise will ich nur einige der wichtigsten Funde hier namhaft
machen, so unter andern den noch gänzlich unbekannten, von mir
aufgefundenen Liedercodex Nr. 59 der Maglibecchiana in Florenz mit
270 meist dreistimmigen Liedern des 15. Jahrhunderts, die Perga-
menthandschrift Nr. 208 der Casanatenensis in Rom mit 116 Liedern, die Incunabeln von Petrucci im Liceo filarmonico zu Bologna,
die beiden Liederhandschriften des Professor Basevi in Florenz
aus dem 15. Jahrh., die Manuscripte der Königl. Bibliothek zu
Dresden (vergleiche: Thomas Stoltzer, David Köler, Heinrich
Isaac u. a.), die Manuscripte und Druckwerke der Gymnasial-
bibliothek zu Zwickau (vergleiche: Leonhart Schröter, Matthias
Greitter u. s. w.), die Manuscripte der Stadtkirche zu Pirna (vergleiche: Scandellus) und andere mehr. Die Verlagshandlung hat
aber auch keine Opfer und Mühen gescheut, um für besonders
wichtige handschriftliche und gedruckte im Privatbesitze befindliche
Documente das Benutzungs- und Veröffentlichungsrecht zu gewinnen.
Hier ist in erster Linie das werthvolle Manuscript der Proske-
Bischöflichen Bibliothek in Regensburg zu erwähnen, das drei der
wichtigsten Nummern, nämlich das Salve regina zu 3 St. von
Hobrecht (Nr. 12), die Missa von Heinrich Finck, (Nr. 35) und
endlich die Motette: Illumina oculos von Heinrich Isaac (Nr. 38)
lieferte. Eine kurze Beschreibung dieser kostbaren Handschrift ist
der Bemerkung zu Nr. 12 des Verzeichnisses beigegeben. Die
Verlagshandlung ist daher dem Herrn Dr. Jacob, geistlichen Rath
in Regensburg, welcher die zur Veröffentlichung dieser Stücke
nöthige Bischöfliche Erlaubniss auszuwirken die Güte hatte, zu
dem aufrichtigsten Danke verpflichtet, den hiermit öffentlich aus-
zusprechen mir zur besondern Genugthuung gereicht. In gleicher
Weise schuldet die Verlagshandlung dem Herrn Geheim. Medicinalrath Dr. Mettenheimer in Schwerin i. M. (Leibarzt Sr. Königl.
Hoheit des Grossherzogs) für das gütigst ertheilte Benutzungsrecht
des in seinem Besitze befindlichen seltenen Druckwerkes mit vier-

stimmigen Motetten von Nicol. Gombert aus dem Jahre 1541 besondern Dank. Auch dieser Sammlung, die sich in der Bemerkung zu Nr. 33 des Verzeichnisses näher bezeichnet findet, wurden drei sehr werthvolle Nummern, nämlich die Motette: Ave regina von Gombert (Nr. 33), der Introitus: Exurge von dem in Deutschland gänzlich unbekannten Spanier Escobedo (Nr. 61) und endlich die Motette: Sancte Antoni von Cristophero Morales (Nr. 62) entnommen.

Was die Auswahl der Tonstücke selbst nun betrifft, so lag in erster Linie die Absicht zu Grunde, „ein Culturbild der an Productivität so reichen Periode der Renaissance" (15. u. 16. Jahrhundert) zu liefern, das zugleich als der beste begleitende Führer durch den an Gedankenreichthum hervorragenden Textband dienen könne. Im Grossen und Ganzen war sie zwar durch die protocollarisch niedergelegte Vereinbarung in Dresden 1871 festgestellt worden. Allein es machten sich von selbst einige Aenderungen nothwendig, wie z. B. die Veröffentlichung des Miserere zu 5 Stimmen von Josquin durch Fr. Commer, das als Gegenstück zu dem berühmten Stabat mater 5 vocum von Josquin zur Aufnahme programmmässig hatte gelangen sollen, einen Ersatz erheischte, der in der Missa: pange lingua von demselben Autor gefunden wurde, um die Lücke ebenbürtig auszufüllen. (Siehe auch die Bemerkung zu Nr. 13 des Verzeichnisses.) Desgleichen beabsichtigte der vorliegende Notenbeilageband einen Ausgleich zwischen niederländischer, italienischer und deutscher Composition anzubahnen, da letztere im Vergleich zu den beiden ersteren bei der Textdisposition entschieden im Nachtheil zu stehen schien. Darum finden sich von den deutschen Componisten, wie von Isaac, Senfl, Hofheimer, Stoltzer, Scandellus, Walther, Greiter, Köler, Walliser und Anderen geistliche und weltliche Stücke grösseren wie kleineren Umfanges gewiss nicht zum Schaden der Sammlung aufgenommen. Hierbei könnte es auffallen, dass ein deutscher Tonsetzer gänzlich unberücksichtigt geblieben ist, dessen Name in vorderster Reihe unter den deutschen Componisten glänzt. Das ist der Münchener Orlandus Lassus. Von diesem berühmten Meister haben aber die neuen Ausgaben alter Tonsätze, wie z. B. die von Franz Commer, von Proske, von Schoeberlein und Riegel, von Dehn, Toepler und Andern so viel schon veröffentlicht, dass bis zum Jahre 1877 die Anzahl der Tonsätze sich auf 373 Stück belief, darunter ganze Serien von Magnificats, Psalmen (z. B. die sieben Busspsalme von Dehn oder die acht Magnificats auf die acht Kirchentöne von Proske). Diese Anzahl noch mehr vielleicht auf Kosten anderer nicht un-

ebenbürtiger Zeitgenossen vermehren zu helfen, hielt ich an diesem
Orte nicht für gerechtfertigt.

Auch bei einer ganzen Parthie der hier gebotenen Tonstücke
dürfte vielleicht über die Berechtigung zur Aufnahme eine Mei-
nungsverschiedenheit zu Tage treten. Ich meine die ganze Gruppe
dreistimmiger Tonsätze, weltlich, geistlich, mit und ohne Text.
Wer aber die Wichtigkeit jener Compositionsgattung für die Kunst-
entwicklung einigermassen erkannt hat, wird es mir sicher Dank
wissen, gerade diese Dreistimmigkeit, wenn auch nicht bevorzugt, so
doch stark betont zu haben.* Namentlich rechne ich darunter auch
die dreistimmigen Sätze ohne Text, unter denen sich wahre Perlen
schöner Melodik befinden. Ich erinnere nur an das Lied von Ghiselin:
la Alfonsina (Nr. 26, S. 190), ferner an das wunderschöne Lied
von Heinrich Isaac unter Nr. 41, d. (Seite 359.) mit dem köstlichen contrapunctischen Spiele ein und desselben Motivs, wo die
beiden Oberstimmen in Terzengängen der Unterstimme in kurzer
Nachahmungsfolge gegenübergestellt sind. Freilich haben diese
Lieder leider keine Worte. Haben wir aber nicht auch „Lieder
ohne Worte", ohne uns daran zu stossen? —

In Bezug auf die Reihenfolge der Tonsetzer schliesst sich der
vorliegende Notenbeilageband dem Fortgange des dritten Textbandes
genau an, so wenig ich auch mit der darin aufgestellten Gruppirung
einverstanden sein kann, wie ich dies auch schon in der Besprechung
des vierten Bandes (siehe: Monatshefte, Jahrgang XI, 1879, Nr. 1,
Seite 6 u. f.) hervorgehoben habe. Es sind zu diesem Zwecke einem
jeden Tonstücke und Tonsetzer die nöthigen Nachweise der Seitenzahl unten beigefügt worden, um das Nachschlagen im Textbande zu
erleichtern. Dabei habe ich ein für alle Mal zu erinnern, dass die
Seitenzahlen sich stets auf die zweite Auflage des Textbandes
beziehen, die in der Seitenzahl nicht mit der ersten übereinstimmt.

Bei der Fassung und Wiedergabe der Tonsätze in Partitur
ist der Grundsatz festgehalten worden, dieselben nur in den Originalschlüsseln, nicht in einem sogenannten Arrangement, am wenigsten
mit einem Klavierauszuge zu geben. Wenn den Tonwerken der
Werth eines wirklichen Documentes belassen bleiben sollte, so
durfte auch in dieser Beziehung eine Aenderung nicht vorgenommen
werden, zudem die Originalschlüssel in eine Summe von besonderen
Eigenthümlichkeiten des älteren Tonsatzes Einsicht gewähren, die
bei einer Reducirung dem Leser vollständig verschlossen bliebe.
Auch ist der widerwärtige Process um die Schlüssel zudem beinahe halb gewonnen, indem selbst die peinlichste Kritik alle drei
Schlüsselfamilien, nämlich den C schlüssel, den G schlüssel und den

---

* Anmerkung: Schon die Vorrede zu Carmina trium vocum, 1538. Formschneider
spricht sich in gleichem Sinne aus. [Siehe Eitner, Bibl. 1538, h. pag. 44.]

F schlüssel bei der Zeichnung alter Tonsätze in der That schon
jetzt für unerlässlich hält. Sie verwirft nur die beliebige Benutzung der drei Schlüsselgattungen auf den verschiedenen Linien.
Als ob ein wesentlicher Unterschied darin liegen könne, ob der
Schlüssel auf der ersten, zweiten, dritten oder jedweder andern
beliebigen Linie stehe. Soll der oberste Grundsatz im alten Tonsatze zur Geltung kommen, Hülfslinien überhaupt gar nicht (— oder
nur äusserst beschränkt —) zur Verwendung zu bringen, so muss
auch dieser letzte Punkt zugestanden werden. In einigen Fällen
der vorliegenden Sammlung ist der Nachweiss geliefert, dass ge-
wisse melodische Tongruppen, wenn die Hülfslinien vermieden
werden sollen, gar nicht anders als mit Benutzung der drei
Schlüsselfamilien auf fast allen Linien gegeben werden können.
Von der Wohlthat schon für das Auge, die eine solche Partitur
ohne Hülfslinien aufzeigt, überzeugt man sich erst lebhaft, wenn
man von dem entgegengesetzten Prinzipe, den C schlüssel in den
G schlüssel zu verwandeln, ein Beispiel zur Hand nimmt.

Weitaus die grösste Schwierigkeit bot die Textstellung,
namentlich in denjenigen Tonsätzen, die der älteren Satzperiode
angehören, wo also die Tonreihe sich meist noch wenig gliedert,
vielmehr mit Melismen üppig verziert ist. Der Grund hiervon
liegt wohl darin, dass die ältere Textirungsweise des Gregorianischen Chorales, der mit dem Tonsatze dieser Epoche so eng
verwachsen ist, in einzelnen Punkten von der heutigen Lehre der
Textstellung wesentlich abweicht. Die ältere Lehre macht die
Textstellung von der Neumengruppe abhängig und gestattet auch
innerhalb der Silbe oder des Wortes einen Athemzug, wenn auch
unter beschränkenden Bedingungen. (Siehe darüber den werthvollen Aufsatz eines Ungenannten: „Vortragsweise des Choralge-
sanges" Gregorinsblatt, Jahrgang 6, 1881, Aachen, Nr. 4, Seite
37. u. f.) Dieselbe sagt ausdrücklich, dass Pausen, respective
Stellen zum Athmen eintreten können und müssen, in der Mitte
eines Wortes, wenn die auf dasselbe zu singenden Noten aus vielen
Neumengruppen bestehen und zu zahlreich sind, um in einem Athem
gesungen zu werden. Nur ist in solchen Fällen nach dem alten
Schriftsteller Elias Salomon, Scientia artis musicae, cap. XI. (siehe
Gerbert scriptores ecclesiastici Tom. III. p. 16—64) sowie nach
alter Praxis die goldene Regel zu beachten, dass eine solche
Pause nie eintreten darf, wenn man unmittelbar nachher in einem
schon begonnenen Worte eine neue Silbe aussprechen muss. Re-
gula aurea: quod non debet fieri pausa, quando debet exprimi
syllaba inchoatae dictionis:) Die melodischen Phrasen sollen immer

so ausgeführt werden, dass das Ohr stets die Verbindung heraushört. Um die Silben eines Wortes zu einem ganzen zu verbinden, muss man sie möglichst in einem Athem singen. Da dies nicht immer ausführbar ist, muss man zuweilen vor dem Ende eines Wortes ein oder mehrere Male Athem holen. In diesem Falle müssen die Pausen so vertheilt werden, dass man beim Theilen der Melodie nicht die Silben isolirt. Um dies zu vermeiden, muss man vor der folgenden Silbe drei oder vier Noten reserviren, welche nach der Pause gesungen dem Zuhörer die Verbindung der Silben erkennen lassen. Dasselbe gilt von den Verlängerungsnoten, zwei Noten auf derselben Stufe und einer Silbe.

Nun scheint die Tonreihe des älteren Tonsatzes auf diese Grundsätze und Vorschriften sich entschieden zu stützen, wie einzelne Beispiele aus den vorliegenden Tonstücken darthun mögen. So textirt unter andern Brumel, Missa festivale Agnus Dei II, Tenor, Seite 165, Tact 19 u. f.

ebendaselbst der Bass:

ferner Heinrich Finck im Patrem seiner Missa de beata virgine, siehe Seite 256, Zeile 1, Tact 3—4 im Bass:

ebendaselbst im Pleni sunt, Seite 267, System 4, Tact 32 u. f. Tenor:

desgleichen auch die beiden andern Stimmen derselben Stelle, ferner P. de la Rue, im Sanctus seiner Missa: tous les regrets Seite 137, System 3, Tact 16 u. f. Discant:

San - - - - - - - - - - - ctus.

Und diese Beispiele liessen sich leicht um das Doppelte vermehren. Unwillkürlich drängte sich also die Frage auf, ob dieselben Regeln und Vorschriften, die für den Vortrag des Gregorianischen Chorales massgebend sind, auch im mehrstimmigen Tonsatze bei der Textirung der einzelnen Tonreihe, die doch auch aus dem Cantus Gregorianus nicht allein besteht, sondern melismatische Zusätze, respective Abweichungen enthält, in vollster Strenge anwendbar wären und aufrecht gehalten werden müssen. Unbeschadet des bekannten treffenden Spruches des Dichters Folengo: Sed tenor est vocum rector vel guida tonorum, nach welchem der Gregorianische Choral (scilicet-Tenor) die Richtschnur für alle Stimmen in Melodieführung, Phrasirung, Textirung u. s. w. genannt wird, glaube ich doch, dass eine sclavische Nachahmung damit nicht gemeint sein kann, vielmehr dem einzelnen Falle gegenüber sich die Textirung selbständig zu formuliren hat. Ich konnte mich daher nicht entschliessen eine Textirung stricte aufzunehmen, die unsrer Anschauungsweise so sehr zuwiderläuft. Ob es mir gelungen ist bei den Tonstücken, die überhaupt gar keine, oder nur sehr geringe Anhaltepunkte für die Textstellung boten, überall das Richtige getroffen zu haben, wage ich nicht zu entscheiden. Es muss genügen, das Beste gewollt zu haben.

Noch kann ich diesen Vorbericht nicht schliessen, ohne der vielfachen Unterstützung zu gedenken, deren sich das Unternehmen auf das Zuvorkommendste von Seiten der Herren Bibliothekare und Bibliotheksvorstände zu erfreuen gehabt hat. Zwang doch die Nothwendigkeit nicht selten, die Gefälligkeit derselben bis aufs Aeusserste in Anspruch zu nehmen. Vor allem muss ich hier dankend gedenken des Herrn Custos Julius Maier in München, Herrn Custos Dr. Kopfermann in Berlin, Herrn Dr. Schnorr von Carolsfeld in Dresden, Herrn Hofrath Dr. Förstemann ebendaselbst, Herrn Dr.

Weickert in Zwickau, Herrn Cantor Biber in Pirna, und gewiss so
vieler Anderer noch, die meinem heimgegangenen Freunde Ambros
in Prag, Wien und Italien für den vorliegenden Zweck Unterstützung haben zu Theil werden lassen, mir jedoch unbekannt
geblieben sind. Sei ihnen allen hierfür der wärmste Dank ausgesprochen.

Nun zum Schluss noch eine Bemerkung allgemeiner Art. Die
Kunst der Vergangenheit weist, wie eine nur flüchtige Betrach-
tung der gegenwärtigen Documentensammlung augenscheinlich ergiebt, ein so vollendetes nach den Gesetzen der Kunst und der
Schönheit so streng entwickeltes organisch gegliedertes Ganze auf,
dass dessen hoher Werth zu allen Zeiten Anspruch auf unsere
Würdigung zu erheben berechtigt ist. Zwar hat dieser Kunst-
gesang seine ihm gehörige Zeit gehabt, die nie wiederkehren wird.
Was einst vorzugsweise Musik gewesen, konnte mit der Zeit nur
als besondere Gattung an einen besondern Platz zurücktreten.
Aber uns den Genuss ihrer edelsten Früchte sichern und auf deren
Erhaltung dringen, müsste schon des starken Gegensatzes wegen,
im eigenen Interesse einer neu aufkommenden Praxis liegen, die
eine ältere nicht ungestraft bei Seite schieben kann, ohne ihren
Fortschritt mit einem empfindlichen Rückstande anzutreten. Es
ist die höchste Zeit für uns, endlich einmal mit einer gründlichen
Untersuchung der Vergangenheitsmusik den Anfang zu machen,
um zu sehen, wie unendlich viel vergessen worden ist, welche
Schätze der Schutt der Jahrhunderte birgt. Wir sorgen für die
Anstellung alter Gemälde und Kunstwerke in Museen und Gal-
lerien. Haben wir nicht die gleiche Pflicht mit den alten Tonwerken zu erfüllen, die sich in ihrer einfachen Erhabenheit des
Ausdruckes kühn mit den Werken der bildenden Künste messen
können? Nicht sowohl der Fortschritt in der Form, in ihrer innern
und äussern Vollkommenheit und in der Mannigfaltigkeit ihrer
Mittel, als vielmehr die lange Reihe lebenskräftiger Formen, aus
denen sich die historische Existenz der Kunst zusammensetzt, die
Formenwelt der Kunst in ihrem Ganzen, das gewährt dem Kunst-
freunde die höhere, die reinere Freude. Und dazu möge diese Auswahl älterer Tonwerke beitragen, einen Einblick in den uner-
schöpflichen Reichthum des vorhandenen Kunstmaterials mit seinem
umfassenden Formenkreise zu gewinnen, auf deren Grund die
richtige Würdigung der grossen Vergangenheit erst erfolgen kann
Der Sammlung selbst ist wohl auf ihrem Lebensweg ein geeigneteres
Motto nicht mitzugeben, als der herrliche Sinnspruch unsers Dich-

terfürsten Goethe, der die Unvergänglichkeit des Schönen in der
Kunst mit den wenigen inhaltsschweren Worten zu besingen wusste:

> Was in der Zeiten Bildersaal
> Jemals ist trefflich gewesen,
> Das wird immer einer einmal
> Wieder auffrischen und lesen.

Schwerin, im November 1881.

Otto Kade.

I. Joannes Okeghem.

(Siehe Ambros, Tom III, S. 172.)

Nr. 1. Bruchstücke aus der Missa cujusvis toni, 2—4 vocum.

Dass der Ausdruck „cujusvis toni" oder „ad omnem tonum", wie Glarean diese Messe nennt, nicht nach moderner Anschauung auf jede beliebige Dur- oder Molltonart anzuwenden, sondern im Sinne der ältern Solmisation aufzufassen sei, hat schon Ambros, Tom III. S. 177, nachgewiesen. Nach dieser endigte jeder Gesang in drei Hauptgattungen von Tönen, nämlich entweder in re oder in mi, oder endlich in ut, also in A, in D oder F. Glarean 1547 erläutert diese Regel auf fol. 454 durch folgende Worte:

Idem Ockenheim Missam ad omnem tonum (ita enim ipse nominat) composuit, cum ad treis duntaxat voceis, secundum treis diatesseron species nulla initio clavi composita, sed circulo duntaxat cum virgula interrogatoria vel lineam vel spatium notante. Ejus Missae unum Kyrie, ut ita dicam, adponere placuit, ut Lector videret, Tenorem ejus vel in ut, vel in re, vel in mi exordiam habere posse. [Dieser Ockenheim componirte eine Messe: „ad omnem tonum" (denn so nannte er sie selbst), indem er sie auf die drei Finaltöne je nach den drei Gattungen des Diatessaron (nach Quarten) einrichtete, ohne am Anfange einen Schlüssel vorzuzeichnen, sondern sie nur mit einem Zirkel versah, welchem er ein Fragezeichen beifügte, das die betreffende Linie oder den betreffenden Zwischenraum (für den Anfangston) anzeigt. Ein Kyrie dieser Messe beliebte ihm auf diese Weise, so zu sagen, auszusetzen, damit der Leser daraus erkennen möge, dass dessen Tenor entweder in ut oder in re oder in mi seinen Anfang nehmen könne.]

Welche Töne nun unter dieser Bezeichnung zu verstehen seien, erläutert Glarean an einer andern Stelle (Liber I, cap. XII. S. 31) ausführlich wie folgt:

Omnis cantus disinit aut in re, aut in mi, aut in ut, et quidem in ut vel connexo vel disjuncto. Connexum apellant, quod fa habet in b fa ♮ mi, disjunctum quod in mi. In re finiuntur cantus primi et secundi modorum, in mi tertii et quarti, et in ut connexo quinti et sexti, ut nunc utuntur, disjuncto septimi et Octavi Modorum. Quamvis enim primi et secundi Modorum sedes sit D sol re tamen saepius etiam G sol re ut, praesertim in 4 vocum cantilenis, non tamen absque fa in b clave.

[Jede Composition endigt entweder in re oder in mi, oder in ut, und zwar in ut connexo (d. h. verbundenem Tonsystem) oder in ut disjuncto (getrenntem). Verbunden nennt man es, wenn das fa auf b fa mi quadrat., disjunctum, wenn es auf mi zu stehen kommt. In re endigen sich die Compositionen der ersten und zweiten Octavengattung, in mi die der dritten und vierten, in ut connexo die der fünften und sechsten, wie sie jetzt gebraucht werden, und in ut disjuncto die der siebenten und achten Octavengattung. Denn obgleich der Sitz der ersten und zweiten Octavengattung auf D sol re steht, so doch häufiger noch auf G sol re ut, namentlich in Compositionen zu vier Stimmen, dann jedoch nur mit fa auf b clave (= mit dem b rotundum).]

Am schnellsten wird man sich darüber mit Hilfe der alten Solmisationstabelle Klarheit zu verschaffen im Stande sein.

				la
e				
d			la	sol
c			sol	fa
b			fa	mi
a		la	mi	re
g		sol	re	ut
* F		fa	ut	
E	la	mi		
* D	sol	re		
C	fa	ut		
B	mi			
* A	re			
G	ut			

(connexum) — (disjunctum)

Die Beispiele, welche Glarean für diese **3** Finaltöne angiebt, sind folgende:

1. in D und A (re) die **erste** und **zweite** Octavengattung, in welcher z. B. das Symbolum Niceuum,

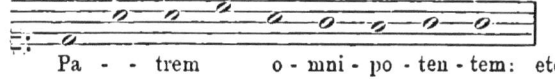

Pa - - trem   o - mni - po - ten - tem: etc.

das sich aber weit häufiger nach G mit b versetzt findet, wie z. B. bei Bartholomäus Gesius, Cantiones sacrae chorales, 1610, 5 vocum, (Siehe den Schlusssatz obiger Bemerkung aus Glarean) oder auch (in D sol re), in welcher unter audern das Salve Regina misericordiae gesetzt ist:

Sal - - ve Re-gi - - na

2. in mi (E—) die dritte und vierte Octavengattung, in welcher unter andern der Hymnus:

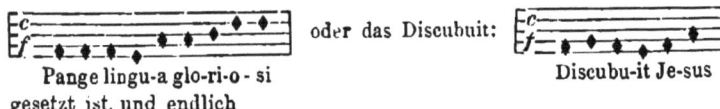

oder das Discubuit:

Pange lingu-a glo-ri-o-si gesetzt ist, und endlich

Discubu-it Je-sus

3a. in ut connexum (F., fa, ut) der fünfte und sechste Modus, Lydisch (F—f mit h), in welchem Modus unter andern der Versus zu dem Osterintroitus gesetzt ist:

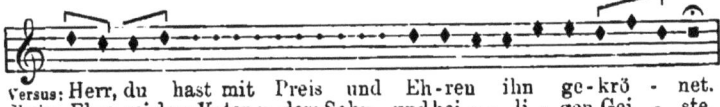

Versus: Herr, du hast mit Preis und Eh-ren ihn ge-krö - net.
Gloria: Ehre sei dem Vater u. dem Sohn und bei - - li - gen Gei - ste.

3b. in ut disjunctum, G—g, der siebente und achte Modus Mixolydisch, in welchem z. B. die beiden Introiten für Weihnachten und Himmelfahrt gesetzt sind:

Pu - er na - tus est no - bis
Uns ist ein Kind ge - bo - ren

Vi-ri Gali-lae - - - - - - - i
Ihr Männer von Ga - li - lä - - - a

Dass je nach der Wahl dieser drei Finaltöne A, D oder F auch die jedesmalige Accidentalen wechseln müssen, hat Ambros ebenfalls schon bemerkt. Um die an und für sich schon nicht ganz leicht lesbare Partitur nicht unnöthig zu belasten, habe ich nur die Accidentalen zu dem Tone A beigefügt, weil dieser wohl darin die meiste Schwierigkeit bieten dürfte. Dieselben sind jeder Zeit über die Noten in Klammer gestellt. Das unter a gegebene Sanctus 4 vocum, nebst dem Osanna, sowie das qui venit 3 vocum erscheinen hier zum ersten Male in Partitur, während das kurze zweistimmige Benedictus sich schon im Glarean und in Forkel T. II, S. 537, jedoch mit falscher Zeichenangabe findet.

Das Stück stammt aus der Vorlagensammlung von Ambros, wo es sich ohne Quellenangabe oder sonstigem Nachweis vorfand. Ich habe dasselbe mit dem Druckwerke: Liber quindecim Missarum, cf. Petrejus, 1539 (nicht 1538, wie Schmid: Petrucci angiebt), nochmals verglichen.

Die Textstellung rührt von mir her, da der Originaldruck von Petrejus nur die Anfangsworte zu jedem Satze giebt und die Vorlage von Ambros eine weitere Durchführung nicht aufzeigte.

Joannes Okeghem.

Nr. 2.   Weltliches Lied: Je nay deul. 4 vocum.   Sei*t*e 10.
(Siehe: Ambros, Tom III, S. 180.)
Partiturvorlage von Ambros. Quelle: Canti cento cinquanta. Petrucci, Venetiis, 1503. (Unicum der kaiserl. Bibliothek zu Wien.) Text nur den obigen Anfangsworten nach vorhanden.

„ **3.**   Weltliches Lied: Lauter dantant, 3 vocum. Seite 12.
Partiturvorlage von Kade. Quelle: Codex No. 208 (S. 44) der Casanatenensis in Rom, im Frühjahr 1873 eigenhändig daselbst spartirt. Text nur den Anfangsworten nach vorhanden.

„ **4.**   Weltliches Lied: Se ne pas jeulx ... 3 vocum.   14.
Partiturvorlage von Kade. Quelle: Codex, 208 der Casanatenensis in Rom, etc. wie bei No. 3. Text nur den Anfangsworten nach vorhanden.

„ **5.**   Weltliches Lied: Se vostre ceur ... 3 vocum .   16.
Partiturvorlage von Kade. Quelle: Codex 208 der Casanatenensis in Rom, etc. wie bei No. 3. Text nur den Anfangsworten nach vorhanden.

„ **6.**   Fuga trium vocum in Epidiatessaron . . . . . 18.
Die gänzlich verfehlte Auflösung dieser Fuge bei Forkel, II, S. 529, schien die Wiederaufnahme dieses Satzes wünschenswerth zu machen.

II. Jacob Hobrecht.
(Siehe: Ambros, Tom III, S. 185.)

„ **7.**   Ave regina, Motette zu 4 Stimmen . . . . . . 20.
Secunda Pars: Funde preces ad filium ...
Partiturvorlage von Ambros. Quelle: Canti C. numero cento cinquanta, Venetiis, Petrucci 1503, Fol. 3. Textstellung zu Pars prima in der Vorlage bereits vorhanden, ob auch schon im Original, ist wohl zweifelhaft. Für die Pars secunda musste ich statt des im Original vorgeschriebenen Textbruchstückes: Funde preces ad filium (siehe die Anmerkung zu Seite 24), dessen Fortsetzung mir bei der Redaction der Notenbeispiele noch nicht zugänglich war, die gebräuchlichere Strophe: Gaude virgo gloriosa aufnehmen, um das Tonstück nicht unvollendet zu lassen. Noch während des Druckes spielte mir der Zufall jedoch die Ergänzung dieser Strophe in einer Motette von Nic. Gombert, 4 vocum von 1541, in die Hände, so dass ich hier an dieser Stelle die Lücke wenigstens nachträglich auszufüllen im Stande bin. Die ersten Strophen zu diesem Marienliede heissen daselbst:

1. Ave regina coelorum
   Mater regis angelorum
   O Maria flos virginum
   Velut rosa et lilium.

2. Funde preces ad filium
   Pro salute fidelium
   Ave Maria Jesu digna
   Ave dulcis et benigna.

Nr. 8. Weltliches Lied: Forseulement, 4 vocum . . 29.

(Siehe Ambros III, S. 186.)

Partiturvorlage von Ambros. Quelle: Canti cento cinquanta, Petrucci, Venetiis, 1503, fol. 41. Text im Originale nicht weiter vorhanden. Das Lied spaltet sich in zwei Textvarianten:

a. Forseulement l'attente, que je meure (siehe die Fortsetzung Monatsh. 1887, No. 4, pag. 59).

und b. Forseulement la mort sans nul autre attente de reconfort soubz doloreuse tante. Ay pris se jour despitieuse demeure comme celuy que desole Prochain de nuy et loing de son atteute. Handschrift Tschudi, siehe: Monatshefte, Jahrg. VI, No. 9, 1874, S. 132 u. f.

Es ist eines der Lieder, die am häufigsten musikalisch bearbeitet wurden. Mir sind allein 18 Tonsätze von folgenden Tonsetzern bekannt·

1. Okeghem . . . 4 vocum . . . . Codex Dijon, No. 24.
2. „ . . 3 „ . . . . Codex Basevi, Florenz.
3. Agricola, Al. . 4 „ . . . . Canti 150, 1503, fol. 6.
4. Reingot . . . . 4 „ . . . . „ „ „ fol. 24.
5. Ghiselin . . . 4 „ . . . . „ „ „ fol. 38.
6. „ . . . . (Nach Ambros III; S. 257). Nicht derselbe von No. 5. Codex Basevi, Florenz.
7. Brumel . . . . 4 vocum . . . „ „ „
8. Pietre de la Rue. 3 vocum . . . . . Canti B. Petrucci u. Codex Basevi. (Nach Ambros III, S. 241, mit der Liedmelodie im Alt.)
9. de Orto. . . . . 3 vocum . . . . Codex Basevi, Florenz. (NachAmbr.,Tom.III,S.57.)
10. Pipelare . . . . 4 vocum . . . . „
11. Costanzo Festa . von Aron in der Aggiunta del Toscanello erwähnt, aber noch nicht aufgefunden.
12. Blankenmüller, Georg. 3 vocum . . Manusc., No. 1516, sub. 131. München. [Jcerg Plankenmüller.]
13. Arnt von Aich . 3 „ . . . . Nürnberg, Petrejus. 1541, No. 73.
14. Incerti auctoris . . 3 „ . . . . Tricinia, Petrejus, 1541, No. 78.
15. „ „ . . 4 „ . . . Canti, 150, 1503, fol. 52.
16. Anonym . . . . 4 „ . . . München, Msc. Coder 204, sub. No. 2.
17. Incerti auctoris . . 4 „ . . . . Augsburg, Manusc. No. 18, sub. 40, fol. 40—42.
18. Willaert, Adr. . 5 „ . . . . Für tiefe Stimmen, Kriesstein, 1540, No. 43.

(Siehe Ambros, Tom. III, pag. 523.)

Mit dieser Zusammenstellung des gewiss noch nicht vollständigen Liedermaterials habe ich nur Anregungen zu strengeren Forschungen, an denen es uns auf diesem Gebiete noch so sehr gebricht, geben wollen. Denn ich bin der festen Ueberzeugung, dass die vergleichenden Studien, die sich auf anderen Gebieten so grossartiger Erfolge zu erfreuen haben, auch unserem Kunststudium nur zum höchsten Vortheile gereichen dürften, nicht blos im einzelnen Falle für das betreffende Stück oder Lied, sondern für die Kunst im Allgemeinen, für die Kunstpflege einer ganzen Zeit.

Nr. 9. Weltliches Lied ohne Text, 4 vocum . . Seite 34.

Aus der Partiturensammlung von Kade. Quelle: Codex, 59 der Maglibecchiana zu Florenz, Unicum, gänzlich unbekannt, selbst von Ambros nicht erwähnt. Ich fand diesen Codex im Frühjahre 1873 bei einem mehrwöchentlichen Aufenthalte in Florenz. Er ist im Catalog mit der Bezeichnung: „Cantiunculae,“ versehen. Die Handschrift in gross Octav ist zwar gut und sehr deutlich, aber ohne besondere künstlerische Ausschmückung. Sie enthält die bedeutende Anzahl von 270 weltlichen, meist französischen Liedern zu 3, 4 und 5 Stimmen von Tonsetzern aus dem Ende des 15. Jahrhunderts. Kehrt auch ein grosser Theil derselben in anderweitigen Quellen wieder, so liefert sie doch eine so wesentliche Vermehrung des weltlichen Liedmaterials älterer Zeit namentlich auch in qualitativer Beziehung, dass ich mir eine besondere ausführlichere Mittheilung über diesen äusserst werthvollen Codex für einen andern Ort vorbehalten muss.

Dass das erste Motiv zu dem obigen Liede fast ganz mit dem Anfang des Ritualmotivs: Virgo prudentissima übereinstimmt, sei nur beiläufig erwähnt. Man vergleiche:

Vir - go pru - den - tis - si - ma.

„ **10.** Weltliches Lied: La tortorella, 4 vocum. Seite 36.

Aus der Partiturensammlung von Kade. Quelle: Codex 59 der Maglibecchiana in Florenz. (Siehe oben die Bemerkung zu No. 9.) Text zwar im Original vorhanden, aber mehr andeutungsweise als genau unter den Noten. Dennoch konnte ich mich nicht entschliessen, das überaus zarte, duftige Liedchen, bei welchem man das liebegirrende Taubenpärchen in Gesellschaft anderer Genossinnen vom Dache herunterfliegen zu sehen meint (man beachte nur die köstlichen absteigenden zwei- und dreistimmigen Stellen in Tact 1—5 oder 31—35), in dieser unvollkommenen Gestalt wiederzugeben. Darum suchte ich hie und da nachzuhelfen.

„ **11.** Weltliches Lied: Se bien fait, 4 vocum . . . 40.

Aus der Partiturensammlung von Kade. Quelle: Codice Membranaico O V. 208, S. 110 der Casanatenensis in Rom. Eigenhändig von mir im Frühjahr 1873 spartirt. Text nur den Anfangsworten nach vorhanden. Das erste Motiv zu diesem Liede in fast gleicher Gestalt auch bei Heinrich Isaac (siehe die Notenbeispiele unter Isaac) ebenfalls in einem vierstimmigen Satze. Ob sich dadurch weitere Schlüsse auf das Lied wie auf den vierstimmigen Satz ergeben dürften, lasse ich dahingestellt. Wenn Ambros über dieses Lied von Hobrecht (siehe Tom. III, S. 186) weniger günstig urtheilt, so geschieht das wohl mit Unrecht. Mir will es scheinen, als ob dieses kleine Kabinetsstück Satzfeinheiten — wenn auch nicht durchgängig — enthielte, wie z. B. von Tact 30 und 50, die es zu einem Musterstücke weltlicher Liedcomposition stempeln dürften.

„ **12.** Salve regina, trium aequalium vocum . . . . . 43.

In Partitur gebracht von Kade. Quelle: Manuscript der bischöflichen Bibliothek Proske in Regensburg, Unicum.

Diese ungemein werthvolle handschriftliche Notensammlung
aus dem Ende des 15., spätestens aus dem Anfange des 16. Jahrhunderts, besteht aus drei sehr gut erhaltenen Stimmbänden
(Octav) mit braunem Ledereinband, auf welchem in reich ververzierten Arabesken die Bezeichnung der Stimmgattungen
Prima vox, Secunda vox, Tertia vox eingepresst waren. Alle
darin enthaltenen Tonsätze sind daher zu 3 Stimmen, mit Ausnahme zweier Sätze zu 2 Stimmen. Der Inhalt ist kurz folgender:

1. Auf der Rückseite des Deckelblattes: Regnum mundi, ohne Angabe
   des Autors, 8 enggeschriebene Zeilen.
2. Illumina oculos meos . . . . Henricus Isaac (fol. 1 ᵃ.—1 ᵇ.)
   Secunda Pars: Fac mecum signum . . . .
3. In domino confido, ohne Autorangabe . . . . fol. 2 ᵃ.
4. Grates nunc omnes, 2 vocum . . . . „   2 ᵇ.
5. Missa Paschale . . . ohne Autorangabe . . . . „   3.
6. Missa solenne ejusdem (?) . . . . „ 10 ᵇ.
7. Missa summum . . . . ejusdem (?) . . . . „ 19 ᵃ.
8. Missa de beata virgine, ohne Autorangabe mit ἄδηλον bezeichnet . . . . „ 28 ᵇ.
9. Missa . . . . (mit ἄδηλον bezeichnet) ˙ . . . ., 37 ᵃ.
10. Veniens o sancte consolator . . . ., 42 ᵃ.
11. Es wolle Gott uns gnädig sein (von späterer Hand) . . . „ 42 ᵇ.
12. Cum ascendisent . . . . т.   „
13. Salve Regina: Jacobus Hobrecht . . . . , „ 43 ᵇ.
14. Resonet in laudibus . . . Joannes Stomius von Muling . . ., 48 ᵇ.
15. Sunt impleta . . . . . ohne Autorangabe . . . . „ 49 ᵃ.
16. Dies est laetitiae . . mit τοῦ ἀυτοῦ . . . . „ 50 ᵃ.
17. Gelobet seist du Jesu Christ . . . (τοῦ ἀυτοῖ, roth) . . . „ 50 ᵇ.
18. Puer natus . . . . ejusdem authoris . . . „ 51 ᵃ.
19. Surrexit Christus hodie . . . . . . (idem roth). . . . . . „ 51 ᵇ.
20. Wo Gott der Herr nicht . . 2 vocum (von späterer Hand) „ 52 ᵇ.
21. Missa de beata virgine. . . . Henricus Finck . . „ 53 ᵃ.
22. Vater unser im Himmelreich . . .) von späterer Hand „ 63 ᵃ.
23. Nun freut euch lieben Christen gmein ⎰ . . . . „ 64 ᵃ.
24. Wir glauben all an einen Gott . . . ., 64 ᵃ.

Das Papier zu dieser Handschrift, das in allen drei Stimmbüchern
ausserordentlich kräftig und stark ist, hat als Wasserzeichen den Anker,
aber ohne Kreis, der mit Kreis vorzugsweise auf italienische Papierfabrikation hinweist. Einer Mittheilung zu Folge, die ich der Güte des
Herrn Dr. Jacob, geistlichen Raths in Regensburg, verdanke, kam das
Manuscript in den vierziger Jahren mittelst Kaufes von dem Antiquar
Butsch sen. in Augsburg in den Besitz des Canonicus Proske, der es
dann der bischöflichen Bibliothek vermachte. Dieser kostbaren Handschrift sind nun die drei jedenfalls bedeutendsten und werthvollsten
Nummern für den vorliegenden Beilageband entnommen worden, nämlich
das kurze, aber prächtige:

1. Illumina oculos meos von Henricus Isaac (siehe unter Isaac),
2. die Missa de beata virgine von Heinrich Finck (siehe unter
   Finck) und endlich
3. Salve Regina von Jacobus Hobrecht.

Dieses herrliche Marienbild, eine Madonna mit dem Christkinde, zwar
nicht in Farben, doch in Tönen, ist die zweite grössere Composition
dieses Meisters, die in Deutschland neu im Druck erscheint, nachdem
seine unvergleichlich schöne Passion zu vier Stimmen, mit den überaus
feinen, lieblichen Umrissen, Linien und Zügen in Raymund Schlecht's
Geschichte der Musik als Belegstück Aufnahme gefunden hat. Hier wie

* Anmerkung: Findet sich auch in einem Manusc. der Breslauer Stadtbibl. mit der
Jahreszahl: 1519, ohne Angabe des Verfassers.

dort bilden die einzelnen Motive des Ritualgesanges, der als Cantus firmus einem Silberfaden gleich in das Stimmengewebe verflochten ist, die Grund- und Strebepfeiler, auf denen das ganze Gebäude ruht. Die starre Formenbildung, welche den Cantus firmus als lyrisch aufgeführten Melodiekörper in älterer Compositionsweise nur einer Stimme anvertraut, um welchen die übrigen Stimmen sich in schwach gegliederten Tonreihen, die auf den Hauptgedanken nur geringen oder keinen Bezug nehmen, als freie Arabesken herumranken, ist bei Weitem nicht in der Strenge festgehalten, wie die Zeit dies wohl erwarten liesse. Sie ist vielmehr einer durchaus geschmeidigeren, mit dem Hauptmotiv mehr im Einklang stehenden flüssigeren Formbildung gewichen. Ist auch die ältere Darstellungsform keineswegs ganz beseitigt, wie z. B. bei den Worten: „in hac lacrimarum valle" (siehe Seite 48, Notensystem 3 u. f.) das Hauptmotiv in tiefer Lage der Bassstimme liegt — wahrscheinlich um die Unergründlichkeit des Thränenthales zu veranschaulichen — um welches in freien Contrapunkten die beiden anderen Stimmen sich herumbewegen, so tritt doch eine innigere Verschmelzung des Chorales mit dem Tonsatze zu auffällig zu Tage, um den wesentlichen Unterschied der Schreibweise nicht sofort erkennen zu lassen. Unstreitig erreicht der Tonsatz bei den Worten: „O clemens, o pia" (siehe Seite 56) den Höhepunkt der künstlerischen Leistung, wo das Hauptmotiv erst in längern, dann in kürzern Noten imitatorisch in allen Stimmen auftritt, und endlich am Schlusse die drei Personen, wie die drei Könige aus dem Morgenlande, einer unmittelbar hinter dem andern, sich herandrängen, ihre Verehrung knieend mit gefalteten Händen der gebenedeiten Jungfrau darbringen. Hier ist mit, von und trotz der Technik eine Weihe erreicht, die alle contrapunktischen Künste vergessen macht. Ich stehe nicht an, die etwas gewagte Behauptung aufzustellen, dass einer solchen Kunstleistung einst ebenso die Anerkennung und Verehrung auch von Seiten des grösseren Publikums entgegengebracht werden wird, wie sie jeder Feingebildete den erhabenen Kunstwerken der altdeutschen Malerschule in der Boisserée'schen Sammlung in München schon jetzt entgegenbringt, die im Anfange dieses Jahrhunderts ebenfalls noch eine terra incognita war. Hier ist ein Wohlgemut in Tönen. ein Muttergottesbild von Hobrecht! —

Text und Melodie dieser Antiphon: Salve Regina rühren übrigens von Hermannus Contractus her, der zu Sulgau in Schwaben im Jahre 1013 als Graf von Vehringen geboren, im Jahre 1054 als Ordensmann von Reichenau verstarb. (Siehe Schubiger, die Sängerschule von St. Gallen, S. 84 u. f.) Die Handschrift No. 33 des Klosters Einsiedeln (ungefähr 1300 geschrieben) weicht textisch von der hier benutzten Lesart nur an zwei Stellen ab, nämlich statt vita dulcedo zeichnet sie vitae dulcedo, etc., und nach exilium schiebt sie das Wort benignum ein.

Das Originalmanuscript besass übrigens ausnahmsweise den besondern Vorzug, eine ungewöhnliche Sorgfalt und Genauigkeit in der Textstellung zu bieten, einen Vorzug, dessen sich die Druckwerke im Anfange des 16. Jahrhunderts in der Regel in dem Grade nicht zu erfreuen haben. Dieselbe war nicht nur vollständig vorhanden, sondern auch mit wenig Ausnahmen so genau unter die Noten gestellt, dass eine Aenderung nur in sehr seltenen Fällen geboten schien. Von diesem Grundsatze bin ich selbst da nicht abgewichen. wo in Bezug auf die Melismen und Neumengruppen des Cantus Gregorianus eine grössere Uebereinstimmung mit der Textstellung der anderen Stimmen in der Absicht des Autors gelegen haben mag. Eine solche Stelle ist unter anderen auf Seite 46, System 3, Tact 1 im Bass, wo das Manuscript textirt, wie bei a. weiter unten angegeben ist, während die Textstellung bei b. sich unbedingt näher an das Motiv des Gregorianischen Chorales angeschlossen hätte, nämlich:

Denn die Tonreihe ist nichts weiter als das nur mässig erweiterte Grundmotiv, das die letzte Silbe auch auf die letzte Note geschoben wissen will.

Einer ähnlichen Gewissenhaftigkeit hielt ich mich auch in Bezug auf die Schlüssel für verpflichtet. Diese wechseln in diesem Tonstücke allerdings häufig, wodurch das Lesen der an und für sich nicht ganz leichten Partitur unleugbar erschwert wird. Dennoch konnte ich mich nicht entschliessen, eine Aenderung, respective Reducirung auf unsere F- und G-Schlüssel eintreten zu lassen. Es würden grössere Unbequemlichkeiten und Inconvenienzen daraus entstanden sein. Namentlich würden die Hülfslinien, zu deren Vermeidung ja eben die drei Schlüsselfamilien (C-, F- und G-Schlüssel fast auf allen Linien) vorhanden sind, in so übermässiger Weise zur Anwendung gekommen sein, dass ich fürchtete, die Uebersichtlichkeit noch mehr zu beeinträchtigen. In welchem Schlüssel hätte z. B. folgende Tonreihe (siehe Seite 58, Noten-

system 3, Prima vox) ohne Hülfslinien gegeben werden können? Compositionsanlage und Schreibweise stehen hier in so inniger verwandtschaftlicher Beziehung zu einander, dass sie gar nicht von einander zu trennen sind. Das Beispiel der neuen Ausgabe von Eccard's geistlichen Liedern bei Breitkopf & Härtel, bei welcher die Altstimme (im G-Schlüssel) selten auf das eigentliche Liniensystem zu stehen kommt, sondern sich meist auf und zwischen den zwei- bis dreifach übereinander gehäuften Hülfslinien hindurchwinden muss, hatte mich zudem genügend davon abgeschreckt. Bei dem Gedanken vollends, dass gegenwärtige Ausgabe für den Musikverständigen, der lernen will, bestimmt ist, schwand schliesslich jedes Bedenken. Ein in Terzen aufsteigendes Schlüsselsystem, wie es die drei Schlüssel C, G und F bieten, kann doch unmöglich Schwierigkeiten bereiten und Anstoss erregen, wo jedes Schulknäblein noch ganz andere Schriftzeichen lernen muss.

III. Josquin de Près.

(Siehe: Ambros, Tom III, S. 227.)

Nr. 13. Stabat mater dolorosa . . . 5 vocum . . Seite 61.

Partiturvorlage von Ambros. Die Quellenwerke, aus denen Ambros dieses Prachtstück der älteren Literatur zusammenstellte, sind:

1. Motetti della corona, 1519. No. 6.
2. Liber selectarum cantionum, etc. 4. 5. 6. vocum, 1520. Augsburg, fol: 157.
3. Secundus tomus novi operis, 4 5. 6. vocum. Nürnberg, Grapheus, 1538.

4. Magnum opus musicum. Nürnberg, Neuber, 1559. Ab-
theilung II, No. 1.

5. Gregorius Faber, Institutio musices. Basel, Petri, 1553.
Diesen fünf Vorlagen konnte ich eine der wichtigsten und
werthvollsten noch hinzufügen, nämlich den

6. Handschriftlichen Codex der Maglibecchiana in
Florenz de anno 1480,
den ich schon im Jahre 1847 bei meinem ersten Aufenthalte
in Italien daselbst aufgefunden hatte.

Das vorliegende Stück ist zwar in dem belgischen Sammelwerke:
Trésor musical, Maldeghem, Band III, 1867, No. 66, S. 27, schon veröffentlicht. Allein diese Sammlung hat in Deutschland wenig Verbrei-
tung gefunden, da sie etwas theuer ist, [100—104 Seiten circa 16 Mark.]
Schwerer noch fällt in's Gewicht, dass der Herausgeber jede Angabe
über Quellennachweis verabsäumt, und man daher Alles, selbst die Ver-
setzungszeichen, auf Treu und Glauben hinnehmen muss. Die vorliegende
Ausgabe, für deren Herstellung so viele und werthvolle Quellenwerke
zur Vorlage und Vergleichung gedient haben, kann daher füglich den
Anspruch auf eine zum ersten Male kritisch zusammengestellte Ausgabe erheben, wie sie eines solchen Hauptwerkes der Literatur und
eines solchen Meisters allein würdig ist.

Freilich hatte es im Plane des Autors wie des jetzigen Herausgebers
gelegen, diesem grossartigen Werke auch sein Gegenstück dazu das
berühmte Miserere von Josquin zu fünf Stimmen an die Seite zu stellen,
weil beide durch einzelne bedeutsame Züge, die sie in Anlage und Ausführung miteinander gemein haben, grosse innere Verwandtschaft aufzeigen. Allein diese Idee ward dadurch vereitelt, dass dieses Miserere
unter der Zeit von Fr. Commer zur Veröffentlichung kam, wodurch sich
eine Aenderung des ursprünglichen Programmes vernothwendigte. Es
wurde statt dessen die folgende Nummer (14), die Missa: pange lingua,
4 vocum, dafür eingeschoben.

Was die Textstellung anlangt, so lag dieselbe in der Vorlage
von Ambros fertig vor. Inwieweit diese in den von Ambros benutzten
Quellenwerken schon vorhanden war, oder was von ihm hat zugefügt
werden müssen, vermag ich nicht anzugeben. Nur so viel ist zu bemerken, dass die Textstellung im Tenor mit dem Cantus firmus des weltlichen Liedes: Comme femme nach der Nürnberger Ausgabe von 1538
von mir eingefügt worden ist, da die Vorlage in dieser Stimme nur die
zwei Worte: „Stabat Mater" aufwies, und zwar die Silbe „Sta" auf
der ersten Note des ersten Theiles, die Silbe „bat" auf der letzten
Note des ersten Theiles (mithin 84 Tacte weit von einander entfernt),
ferner die Silbe „Ma" auf der ersten Note der secunda pars, welcher
auf der drittletzten Note des zweiten Theiles (folglich 90 Tacte weit
aus einander gehalten) erst die Silbe „ter" nachfolgte. Das glaubte ich
nicht verantworten zu können. Darum nahm ich in dieser Stimme die
Textesworte auf, wie sie das Nürnberger Druckwerk von 1538 aufweist.
Im Uebrigen habe ich mir an dieser mit so grosser Mühe und Sorgfalt
von Ambros angefertigten Partitur in diesem Puukte eine weitere Aenderung nicht erlaubt, obgleich ich bei mehreren Stellen keineswegs mit
der Vorlage einverstanden sein kann. So würde ich, um nur einige
dieser Stellen herauszugreifen, Seite 66, System 3, Tact 58—61 im Discant und Alt die Worte „matrem si videret" z. B. so formulirt haben:

ma - - - trem si vi - de - ret

oder: Seite 72, System I, Tact 28 im Bass:

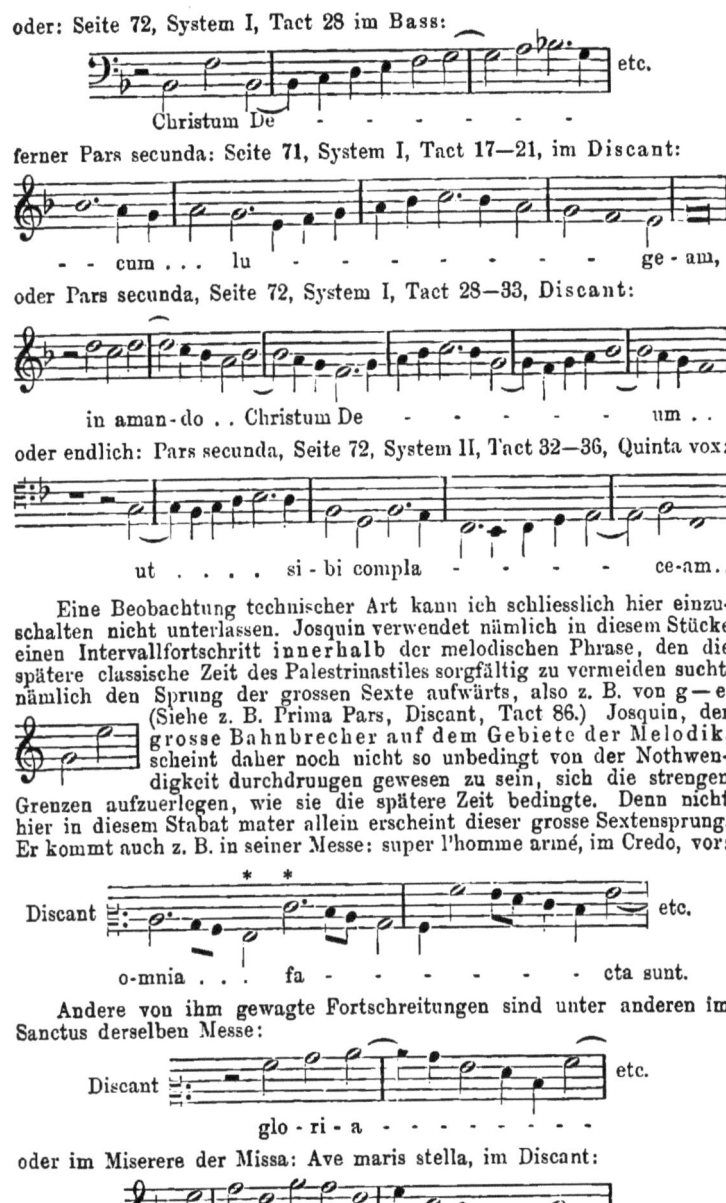

etc.

Christum De - - - - -

ferner Pars secunda: Seite 71, System I, Tact 17—21, im Discant:

- - cum ... lu - - - - - - - - ge - am,

oder Pars secunda, Seite 72, System I, Tact 28—33, Discant:

in aman-do .. Christum De - - - - um ..

oder endlich: Pars secunda, Seite 72, System II, Tact 32—36, Quinta vox:

ut .... si - bi compla - - - - ce-am..

Eine Beobachtung technischer Art kann ich schliesslich hier einzu-schalten nicht unterlassen. Josquin verwendet nämlich in diesem Stücke einen Intervallfortschritt **innerhalb** der melodischen Phrase, den die spätere classische Zeit des Palestrinastiles sorgfältig zu vermeiden sucht, nämlich den Sprung der grossen Sexte aufwärts, also z. B. von g — e. (Siehe z. B. Prima Pars, Discant, Tact 86.) Josquin, der grosse **Bahnbrecher auf dem Gebiete der Melodik,** scheint daher noch nicht so unbedingt von der Nothwen-digkeit durchdrungen gewesen zu sein, sich die strengen Grenzen aufzuerlegen, wie sie die spätere Zeit bedingte. Denn nicht hier in diesem Stabat mater allein erscheint dieser grosse Sextensprung. Er kommt auch z. B. in seiner Messe: super l'homme armé, im Credo, vor:

Discant

etc.

o-mnia . . . fa - - - - - - cta sunt.

Andere von ihm gewagte Fortschreitungen sind unter anderen im Sanctus derselben Messe:

Discant

etc.

glo - ri - a - - - - - -

oder im Miserere der Missa: Ave maris stella, im Discant:

mi - se - re - - - - - re

Schliesslich kann ich die Bemerkung hier beizufügen nicht unterlassen, dass der Riedel'sche Verein in Leipzig am 27. Juni 1880 eine
Aufführung dieses Riesenwerkes veranstaltete, und zwar nach der Partitur, die von mir nach dem Florentiner Codex von 1480 im Jahre 1847
angefertigt worden war. Diese Handschrift giebt auch folgenden etwas
abweichenden Schluss von Tact 88 an [siehe Seite 78: System II].

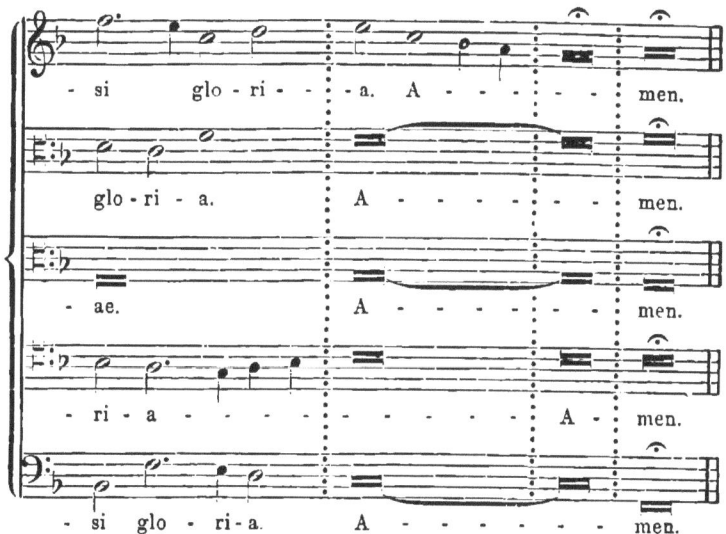

- si   glo - ri - - - a. A - - - - - men.

glo - ri - a.   A - - - - - men.

- ae.   A - - - - - men.

- ri - a - - - - - - - A - men.

- si   glo - ri - a.   A - - - - - - men.

Josquin de Près.

(Siehe: Ambros, Tom III, S. 222.)

Nr. 14. Missa pange lingua .... 4 vocum . . Seite **79.**

Partiturvorlage von Kade. Quelle: Missae tredecim, quatuor
vocum, etc. Joannes Otto, Nürnberg 1539, No. 7. Textstellung im Kyrie, Pleni sunt, Osanna, Benedictus, Agnus Dei I
und Agnus Dei II, nur den Anfangsworten nach, äusserst
mangelhaft und sporadisch, bisweilen sogar nur mit den An-
fangssilben angegeben, im Gloria wie im Patrem jedoch, mit
Ausnahme des Amen, bei welchem die Pausen und Eintritte
textisch nicht beachtet waren, ausserordentlich sorgfältig und
genau untergelegt.

Zu bemerken habe ich noch, dass die auf Seite 79 gegebene deutsche
Uebersetzung dieses Hymnus: Pange lingua, aus dem Senfl'schen Tonsatze von 1534: „Herr durch dein plut" noch gänzlich unbekannt zu
sein scheint, da sie wenigstens bei Wackernagel nicht zu finden ist.

Josquin de Près.
(Siehe: Ambros, Tom III, S. 235.)

Nr. 15. Weltliches Lied: Jai bien cause ... 6 vocum 125.

Partiturvorlage von Kade. Quelle: Sechs alte handschriftliche Stimmhefte: Discant, Altus, Tenor, Bassus, Bassus secundus, sexta vox, mit 10 französischen Liedern auf der Hamburger Stadtbibliothek. (Näheres darüber: Serapeum 1859, No. 13 vom 15. Juli, Seite 203—207.)

Diese zehn Lieder sind:

1. Jai bien cause . . . . , ... Josquin.
2. Alligies moy, dolce plaisir brunette . . Barbe (auch im German.Museum zu Nürnberg).
3. Petite camusette . . . . Adrian Willaert.
4. Douleur me bat et tristesse . . . . „ „
5. Mille regrets de vous abandonner . . . Nicolaus Gombert.
6. Tout jour leal a ma maistresse . . . . . Joannes Courtois.
7. Tous les plaisirs qne la terre supporte Benedictus.
8. Si je suis en tristesse . . . . Lupi.
9. Je ne scay pas comment . . . . Benedictus.
10. Tout le confort de me jeunesse . . . . . Courtois.

Obgleich die Stimmhefte von der Zeit etwas gelitten haben, so dass einzelne Nummern (wie z. B. das wichtige Lied: Petite camusette von Willaert) nicht mehr vollständig herzustellen sind, so besitzen sie doch den seltenen Vorzug, den Text meist vollständig und correct zu enthalten, der in älteren Druckwerken in der Regel nur den Anfangsworten nach gegeben ist. Dies ist auch der Grund, warum ich das vorliegende Lied trotz einiger schadhaften Stellen nach diesen Stimmheften hier gebe, weil meines Wissens der Text zu demselben noch nicht bekannt ist, obgleich das Lied in Melchior Kriessstein's Sammlung von 1540 gedruckt vorliegt.

Aus diesen handschriftlichen Stimmheften möge hier noch ein andrer französischer Liedtext folgen, der in der Musikgeschichte des französischen weltlichen Liedes eine nicht unbedeutende Rolle gespielt hat und dennoch bis auf die Anfangsworte jetzt verklungen ist. Derselbe lautet:

Pe - ti - te ca - mu-set-te   a la mort m'avez mis Ro-bin et

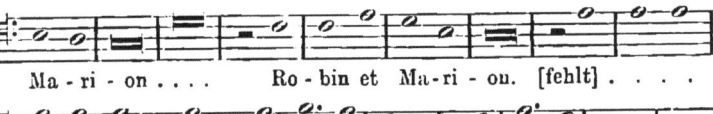

Ma - ri - on . . . .   Ro - bin et Ma - ri - on. [fehlt] . . . .

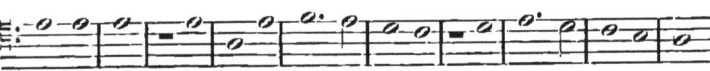

bras en bras   Pe - ti - te ca - mu-set-te   a la mort m'avez mis.

Die Textstellung zu dem hier gegebenen Liede: Jai bien cause war nur im Tenor vorhanden. Sie ergab sich aber für die anderen Stimmen so naturgemäss, dass ich der Versuchung, auch in einer fremden Sprache zu textiren, nicht zu widerstehen vermochte. Das Lied hat inzwischen mit dem Originaldrucke, Kriessstein Selectissimae nec non familiarissimae etc. No. 31. 1540, Wien, verglichen und in den fraglichen Stellen textisch wie musicalisch berichtigt werden können. Hiernach sind die Tacte 11 bis 20 wie folgt zu lesen:

siehe die
Fortsetzung
auf Seite 127.
System I.

Nr. 16. Weltliches Lied: Je say bien dire, 4 vocum. Seite 129.

(Siehe: Ambros III, S. 234.)

Partiturvorlage von Ambros. Quelle: Canti cento cinquanta, fol. 65. Text nur den obigen Worten nach vorhanden.

„ **17.** Weltliches Lied: Adieu mes amours, 4 vocum. 131.

Partiturvorlage von Kade. Quelle: Codice Membranaico O. V. 208, S. 106 der Casanatenensis in Rom. Eigenhändig spartirt im Frühjahr 1873. Text nur den Anfangsworten nach vorhanden. Von mir im Tenor nach Ambros III, S. 276, Zeile 10 von unten ergänzt.

„ **18.** Weltliches Lied: Scaramella va alla guerra, 4 vocum . . . . 134.

Partiturvorlage von Kade. Quelle: Codex 59, Cantiunculae, Unicum der Maglibecchiana in Florenz. Eigenhändig spartirt im Frühjahr 1873. Text zwar vorhanden, aber so gut wie nicht den Noten angepasst.

IV. Pierre de la Rue.

(Siehe: Ambros III, S. 238.)

„ **19.** Sanctus aus der Missa: tous les regrès, 4 vocum. 137.

Partiturvorlage von Kade. Quelle: Liber quindecim missarum etc. Nürnberg, Petrejus, 1539, No. 9. Textstellung nur nach den Anfangsworten der Sätze vorhanden. Sie hat von Grund aus geordnet werden müssen.

VIII. Loyset Compère.
(Siehe: Ambros, Tom III, S. 252.)

Nr. 25. Weltliches Lied: Nous sommes de l'ordre de St. Babouin. 4 vocum . . . . Seite 186.

Partiturvorlage von Ambros. Quelle: Harmonice musices Odhecaton, Petrucci, 1501. Unicum der Lyceumsbibliothek zu Bologna. (Liceo musicale in Bologna.) Text nicht weiter vorhanden.

IX. Johannes Ghiselin.
(Siehe: Ambros, Tom III, S. 257.)

„ 26. Weltliches Lied: La Alfonsina . . . 3 vocum 190.

Partiturvorlage von Ambros. Quelle: Harmonice musices Odhecaton, Petrucci, Venezia, 1501, fol. 87. Unicum der Lyceumsbibliothek zu Bologna. Text nicht weiter vorhanden.

X. de Orto.
(Siehe: Ambros, Tom III, S. 258.)

„ 27. Ave Maria . . . . . 4 vocum . . . . 193.

Partiturvorlage von Ambros. Quelle: Harmonice musices Odhecaton, Petrucci, 1501, fol. 1. Unicum der Lyceumsbibliothek in Bologna. Textstellung zum grössten Theil in der Vorlage vorhanden, nur hie und da von mir ergänzt.

„ 28. Letztes Agnus Dei der Missa: mi-mi . . 4 vocum 198.

Partiturvorlage von Ambros. Quelle: Codex No. 1783 der k. k. Hofbibliothek in Wien, ehemals im Besitze König Emanuel des Grossen von Portugal 1495—1521. Textstellung sehr unvollständig in der Vorlage vorhanden. Sie hat fast ganz neu geordnet werden müssen.

XI. Franciscus de Layolle.
(Siehe: Ambros, Tom III, S. 276.)

„ 29. Salve virgo singularis: ad beatam Mariam virginem Anna, 4 vocum, ad aequales . . . . 201.

Partiturvorlage von Kade. Quelle: Contrapunctus seu figurata musica super plano cantu missarum solennium totius anni. Cum Privilegio Regio per quinquennium ab Anno Domini 1528, mense Augusto. Venum dantur Lugduni in edibus Stephani guaynard prope divam virginem Mariam de Confort. Gross Folio, 80 Blätter. Unicum der fürstl. Wallerstein'schen Bibliothek zu Maihingen, jetzt in der königl. Bibliothek zu München. (Näheres über dieses seltene Werk siehe: Monatshefte, Jahrgang II, vom Jahre 1870, S. 107 u. f.) Der Text zu diesem Marienmotett scheint ganz unbekannt zu sein. Wenigstens kennen ihn Daniel wie Wackernagel nicht. Ob er überhaupt vollständig vorliegt, ist fraglich. Denn die Textstellung

war ganz im Allgemeinen angedeutet und jede Textzeile nur
einmal in den verschiedenen Stimmen gegeben. Dies reichte
aber insbesondere im Tenor, der den Cantus firmus zu führen
hat, offenbar nicht aus, indem die öfteren Wiederholungen ein
und derselben Note unmittelbar hintereinander einen raschen
Verbrauch von Textsilben mit sich brachten. Ich war daher
genöthigt, einzelne Zeilen oder Worte zu wiederholen, um für
die vielen gleichen Noten eine entsprechende Textbelegung
zu gewinnen.

Nr. **30.** Pia ad Deum precatio: Media vita in morte sumus.
4 vocum, ad aequales . . . . Seite 204.

Partiturvorlage von Kade. Quelle wie bei No. 29. Textstellung
äusserst mangelhaft im Originale. Im Tenor, der den Cantus
firmus zu führen hat, ist sie nach Schubiger's Sängerschule
von St. Gallen (Beispiel No. 39), wo dieser Melodiekörper von
Notker Balbulus nach einem alten Codex (5463) gegeben ist,
soweit die mehrfachen Abweichungen von Text und Melodie
es irgend zuliessen, ergänzt und geordnet worden.

XII. Antonius Fevin.

(Siehe: Ambros, Tom III, S. 279.)

„ **31.** Motette: Descende in hortum meum . . 4 vocum 208.

Partiturvorlage von Ambros. Quelle: Cantiones selectissimae
nec non familiarissimae ultra centum, 2—8 vocum. Augsburg,
Melchior Kriessstein, 1540. Textstellung in der Vorlage vollständig vorhanden. •

XIII. Eleazar Genet, gen. Carpentras.

(Siehe: Ambros, Tom III, S. 281.)

„ **32.** Bruchstücke aus dem Libro II der Lamentationen,
3—4 vocum, ad aequales . . . . 212.

    a. Incipit lamentatio Jeremiae . . 4 vocum.
    b. Beth. Plorans ploravit . . . . 4 vocum.
    c. Non est qui consoletur . . . . 3 vocum.
    d. Omnes amici . . . . 4 vocum.
    e. Migravit Judas . . . . 3 vocum.
    f. Omnes persecutores . . . . . 3 vocum.
    g. Jerusalem convertere . . . . . 4 vocum.

Partiturvorlage von Kade. Quelle: Handschriftlicher Codex
(gänzlich unbekannt), O. I. 30 der Casanatenensis in Rom.
Von mir spartirt daselbst im Frühjahr 1873. Textstellung im
Ganzen ziemlich genau im Originale ausgeführt. Im Satze f.
und g. Text nur in der Oberstimme vorhanden. Etwaige Abweichungen von demselben sind im Notentexte durch Bemerkungen angegeben.

Obgleich die beiden Oberstimmen zu diesem Stücke im C-Schlüssel
auf der dritten Linie gezeichnet stehen, so versteht es sich doch von
selbst, dass darunter nicht etwa heutige Altisten, sondern hohe Tenor-
stimmen zu denken sind, da bekanntlich der Alt in früherer Zeit nur
von Männerstimmen gesungen ward.

Das Stück findet sich mit Ausnahme der Sätze sub. c. d. und f. auch gedruckt in: Piissimae ac sacratissimae lamentationes Jeremiae Prophetae nuper a variis auctoribus compositae: etc. Lutetiae apud Adrianum le Roy et Robertum Baillard: etc. 1557, fol. 2. Es steht daselbst eine Quarte tiefer [in F dur statt in B dur] mit dem C-Schlüssel auf vierter

Linie ≡ für die beiden Oberstimmen, mit F-Schlüssel auf der dritten

resp. vierten Linie: für die beiden Unterstimmen. Kleinere Abweichungen sind im Text bemerkt. Grössere Verschiedenheiten mögen hier folgen. Seite 217, System I, von oben, Tact 25—28 sind im Druck:

Ferner: Seite 221, System II, Tact 17—20.

XIV. Nicolaus Gombert.

(Siehe: Ambros, Tom III, S. 298.)

Nr. 33. Ave regina coelorum . . . 4 vocum . . Seite 225.

Partiturvorlage von Kade. Quelle: Nicol. Gomberti, Motecta, 4 vocum. Venetiis, per Hier. Scotum, 1541, No. VII. Unicum.

Jetziger Besitzer dieses seltenen Werkes ist Herr Geheimer Medicinalrath Dr. Mettenheimer in Schwerin i. M., Leibarzt Sr. königl. Hoheit des Grossherzogs. Das vollkommen gut erhaltene schöne Werk in vier Stimmbüchern ward von einem Freunde des Besitzers, von Herrn Dr. Adolph Torstrick aus Bremen, 1877 in Madrid aufgefunden, und bei dem erfolgten Ableben des Finders dem jetzigen Besitzer geschenkt. Auf Wunsch der Verlagshandlung ertheilte der derzeitige Inhaber in zuvorkommenster Weise die besondere Vergünstigung, das seltene Werk für den gegenwärtigen Zweck durch Entnahme und Herausgabe einiger Tonsätze benutzen zu dürfen, wodurch der vorliegende Beilageband um einige äusserst werthvolle Zierden (siehe auch die Beilagen unter Escobedo und Morales aus demselben Werke) bereichert werden konnte. Ueber das Werk selbst vergleiche man meine Anzeige in den Monatsheften, Jahrgang X, 1878, Seite 65 u. f.

Die Textstellung ist im Originale mit grosser Sorgfalt angegeben. Es versteht sich dabei jedoch von selbst, dass dennoch einzelne Aenderungen vorgenommen werden mussten, namentlich an den Stellen, wo der Text gruppenweise auf die ersten Noten der Tonreihe aufeinander gehäuft war, ohne auf die Unterbringung der Endsilbe Rücksicht zu nehmen. Diese musste daher vorzugsweise in den Fällen, wo die Wiederholung ein und derselben Note am Ende der Tonreihe das Hinausschieben der Schlusssilbe unbedingt verlangte, um eine oder mehrere Stellen weiter rechts gestellt werden. Ein solcher Fall trat z. B. bei der Stelle im Alt ein, Tact 95—100, wo das Original heisst wie sub a:

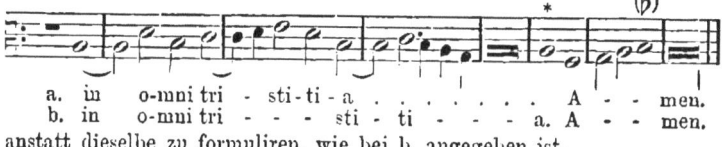

a. in   o-mni tri - sti-ti - a . . . . A - - men.
b. in   o-mni tri - - - sti - ti - - - a. A - - men.

anstatt dieselbe zu formuliren, wie bei b. angegeben ist.

XV. Benedict Ducis.

(Siehe: Ambros, Tom III, S. 302.)

Nr. 34. Sechs geistliche deutsche Lieder . . 4 vocum S. 232.

 a. Es wollt uns Gott genedig sein.
 b. Vater unser im Himmelreich . . .
 c. Aus tiefer Not schrei ich zu Dir.
 d. Erbarm Dich mein o Herre Gott.
 e. Ich glaub und darum rede ich, Psalm 116, v. 10.
 f. An Wasserflüssen Babylon . . .

Partiturvorlage von Kade. Quelle: 123 Newe Deudsche Geistliche Gesenge, Georg Rhaw, Wittenberg 1544, No. 66, 46, 74, 94, 100 u. 108. Textstellung nur in einer Stimme, bald im Discant, bald im Tenor vorhanden. Der Text zu dem Liede sub: e: Ich glaub und darum rede ich, scheint noch unbekannt. Wackernagel kennt ihn nicht. Der Text kommt übrigens schon in Petrejus. Carmina trium vocum, von 1541, sub. No. 22 in einer Bearbeitung von Ben. Ducis vor.

XVI. Henricus Finck.

(Siehe: Ambros, Tom III, S. 377.)

Nr. 35. Missa de beata virgine, trium aequalium vocum. Seite 247.

Partiturvorlage von Kade. Quelle: Manuscript der Proske-Bischöflichen Bibliothek in Regensburg, Unicum. (Siehe die nähere Beschreibung dieser Handschrift bei No. 12, Salve regina von Hobrecht.

Das hier gegebene Werk ist zunächst darum von hohem Werthe, weil bis jetzt eine Messe von Heinrich Finck nicht bekannt ist, so thätig dieser Meister auch sonst im Hymnenfache, in der geistlichen wie weltlichen Liedcomposition gewesen ist. Sieht sich doch selbst Ambros zu der Bemerkung (Tom III, Seite 378, Zeile 4 von oben) genöthigt: „So ist auch von Heinrich Finck eine Messe nicht nachweisbar." Zu diesen äusseren Gründen kommen aber auch innere, die das hochbedeutende Werk uns werthvoll und schätzbar machen. Allerdings ist die Muse unseres Meisters keine gefällige Schöne, die sich sofort auf den ersten Anlauf ergiebt. Es wird der ernstesten und strengsten Hingabe bedürfen, um diese spröde Jungfrau zu gewinnen. Einen um so nachhaltigeren Eindruck bietet sie der Ausdauer. Muss auch zugegeben werden, dass nicht alle Theile der vorliegenden Messe auf gleicher Höhe der·Kunstleistung stehen, treten ohne Frage einzelne unfruchtbare Parthieen darin sporadisch auf, so legt doch das ganze eigenthümliche Werk von dem grossen Reichthum genialer Erfindungsgabe, getragen von hoher edler schwungvoller Begeisterung des Autors, glänzendes Zeugniss ab. Insbesondere werden diejenigen Sätze und Parthieen, die nicht mit dem besondere Raffinement intricater Rhythmik angelegt sind, in sehr wenig Ausnahmen, unter welche ich gleich den ersten Kyriesatz mit dem charakteristischen staffelartigen Aufbau rechnen muss, unsere Hingabe am raschesten gewinnen. Eigenthümlich sind meist die Schlüsse der einzelnen Sätze, wie z. B. der Schluss des Benedictus mit dem Octavenaufgang der Terz des Grundtones in der Prima vox, ferner der tiefergreifende Schluss des ersten Agnus Dei auf dem Worte „miserere", sowie die Schlüsse vom Patrem und Gloria. Für die schwerwiegendsten Sätze würde ich das erste Kyrie, das cum sancto spiritu und das Osanna halten, wenngleich auch hier die melodische Gruppe der Tonreihe in den einzelnen Stimmen durchaus mehr, als der harmonische Zusammenklang und Fortgang im Vordergrund der Beurtheilung stehen muss. Dem ersten Kyrie im Tripeltact hat Finck die Bemerkung beigefügt (wenn sie nicht etwa Zuthat des Schreibers ist): „Si quid difficilius erit, in duplo canitor." (Wem dieser Satz zu schwer fallen sollte [scilicet im Tripeltact], der nehme·ihn im Zweiteltacte.) Es scheint, als ob Finck dem Vorurtheile seiner Zeitgenossen dadurch habe vorbeugen wollen, die seine Arbeiten für schwierig und „seltsam" erklärten. Eine von Hulrich Brätel vierstimmig bearbeitete Liedstrophe in den 65 deutschen Liedern, Peter Schöffer und Apiarius, sine anno (jedenfalls vom Jahre 1536) beschuldigt geradezu Heinrich Finck einer schwierigen Satzweise. Ich lasse um so lieber diese Liedstrophe hier folgen, als sie auch eine Kritik über drei andere gleichzeitige Meister ausübt, deren Schreibweise durch Stilproben hier dargelegt ist, die eine Prüfung, respective Untersuchung wenigstens annäherungsweise ermöglichen.

Daselbst heist es:

> So ich betracht vnd acht
> der alten gsangk, mit dank
> will ich jr kunst hoch preisen.
> Den Ockeghem fürnem

ist seer kunstreich, der gleich
thut Larue beweisen.
Sein scharpffen sinn, Josquin
acht ich subtil, vnd will
des Fincken kunst auch rüren,
braucht seltzam arth, verkarth
auff frembd manier, wie schier
thut Alexander (Agricola) füren.

Nun ist an und für sich Heinrich Finck's Schreibweise nicht com-
plicirter und schwieriger, als die eines jeden Andern dieser Zeit. Seine
Tonreihe — ein wesentlich charakteristisches Merkmal der alten Composition — ist noch ebenso wenig gegliedert und ebenso reich versetzt
mit üppig umrankenden Melismen, wie bei Hobrecht und Anderen. An
die classische Gliederung derselben mit dem sparsamen Gebrauch des
Melisma ist hier wie dort, wenige Stellen ausgenommen, noch kaum zu
denken (man halte nur einen Satz aus der classischen Zeit, etwa von
Gombert z. B., dagegen), die contrapunctischen Künste sind hier wie
dort nicht mehr noch minder verwendet, denn das Kunststückchen in
dieser Messe im Agnus Dei, No. II, bei welchem zwei Stimmen ein und
denselben Tonkörper auszuführen haben, nur die eine Stimme um die
Hälfte langsamer als die andere, ist nicht eine Eigenthümlichkeit, die
Heinrich Finck allein zugeschrieben werden kann, sie kehrt fast bei
allen Meistern dieser Zeit wieder.   Auch der gewaltige Umfang, den
seine Stimmen, namentlich die Prima vox, in Anspruch nehmen, ist keine
specifische Eigenthümlichkeit Finck's. Hobrecht benutzt seine Prima vox
beinahe ganz in demselben Umfange, nämlich vom unteren f bis in's
obere c, 12 Töne der Reihe nach, wie schon oben gezeigt. Finck erweitert
diese Zahl nur um einen Ton, nämlich vom unteren g bis in's obere e,
den er nur sehr vorübergehend der Imitation wegen benutzt. Es kann also nur in der eigenartigen Verwendung
des ganzen Tonmaterials, namentlich in der charakteristischen Bildung der Tonreihe liegen, die seinen Zeitgenossen
Schwierigkeiten in der Ausführung bereitete. Und da ist
allerdings seine Führung eine so ausserordentlich kühne,
kräftige und ungewöhnliche, besonders in rhythmischer Beziehung eine
so „seltsame“, dass das Augenmerk des Kenners vorzugsweise auf
diesen Punkt gelenkt werden muss. Welch ein Aufschwung gleich in
dem ersten Kyrie in der Prima vox bei den ersten vier Tacten. Die
ganze Octave vom unteren d—d wird in rascher Folge durchmessen.
Noch gewaltiger stürmt dieselbe Stimme von Tact 5—8 in mehrfach
übereinander gestellten terrassenförmigen sprungweisen Intervallfortschrei-
tungen nach oben, während der weit natürlichere Secundfortschritt
(weil einzig die melodische Folge) fast gar nicht an dieser Stelle in
Verwendung kommt. Wie anders ist dagegen die mild gehaltene,
nur auf Secundfortschritt in Terzengängen gebaute Stelle aus dem Gloria
auf die Worte: Miserere nobis (Tact 95—105) oder das ganze Cum sancto
spiritu (Tact 126—155) mit dem prachtvollen breit austönenden Amen
formulirt! Gerade der Vergleich zweier derartig grösserer Tonwerke,
wie das Salve Regina von Hobrecht und die vorliegende Missa von
Heinrich Finck, die unter gleicher Beschränkung der Kunstmittel von
zwei so hochbedeutenden Meistern geschaffen wurden, macht das Ein-
gehen in die Kunsttechnik, das hier nur leicht angedeutet, nicht ausgeführt werden konnte, so interessant und lehrreich. Was der erste
an Milde, Innigkeit und Lieblichkeit besitzt, das ersetzt der andere durch
Kraft, Kühnheit und Stärke des Ausdrucks! — Was die Textstellung
anlangt, so bot das Originalmanuscript in diesem Tonstücke bei Weitem
nicht die Sorgfalt und Genauigkeit dar, wie bei dem Salve Regina von

Hobrecht. Die Sätze: 1. Kyrie, Christe, Kyrie, 2. Pleni sunt und 3. die drei Agnus Dei I, II und III, hatten nur die Anfangsworte. Dagegen bedurften die folgenden Sätze: 1. Et in terra, 2. das Patrem und 3. das Sanctus mit dem Osanna. nur hie und da einer kleinen Nachhülfe. Dass Heinrich Fink übrigens in den Jahren 1512 bis 1513 Kapellmeister am Würtembergischen Hofe war, hat ganz neuerdings Jos. Sittard in der „Geschichte des Theaters und der Musik am Würtemberg. Hofe im 15—18. Jahrh." wohl zur Evidenz nachgewiesen.

XVII. Thomas Stoltzer.

(Siehe: Ambros, Tom III, S. 380.)

Nr. 36. Psalm 12: **Hilf Herr, die Heylligen haben ab- genommen** . . . 6 vocum . . . . . . Seite 280.
Pars I, Vers 1—5. Pars secunda, Vers 6—9.

Partiturvorlage von Kade. Quelle: Manuscriptsammlung der königl. Bibliothek zu Dresden (Unicum), angekauft mit acht anderen handschriftlichen Sammelwerken aus dem 16. Jahrhundert durch meine Vermittelung von dem Antiquar Butsch sen. in Augsburg im Jahre 1858. Ars musica, B. No. 1270, No. VIII. Ambros kannte von diesem Meister nur die lateinischen Tonsätze. Die deutschen waren ihm gänzlich unbekannt geblieben. Dass diese letzteren aber ihrer hohen Bedeutung wegen einen wesentlichen Bestandtheil der künstlerischen Wirksamkeit dieses Meisters bilden, habe ich schon in einer Anmerkung zur neuen Auflage, Tom III, S. 381, ausgesprochen. Daselbst finden sie sich auch sämmtlich namhaft gemacht. Stoltzer eröffnete diese Serie von Psalmenbearbeitungen im Jahre 1526 mit dem grossartigen Psalme 37: Erzürne Dich nicht über die Bösen etc., in sieben Abtheilungen zu 3—7 Stimmen. Diesem folgten noch Psalm 12: Hilf, Herr, die Heiligen haben abgenommen etc. (siehe die vorliegende Nummer), zu 6 Stimmen in zwei Abtheilungen, ferner der Psalm 86: Herr neige Deine Ohren, zu 6 Stimmen in drei Abtheilungen, ferner der Psalm 13: Herr wie lange willtu etc., zu 5 Stimmen in drei Abtheilungen und endlich der Psalm 16: Bewahr mich Herr, zu 6 Stimmen in zwei Abtheilungen, die sämmtlich von mir in Partitur gebracht sind. Vergleiche über diese deutschen Psalmenbearbeitungen den Aufsatz von mir über Stoltzer's Psalm 37: Noli aemulari, Monatshefte, Jahrg. VIII, 1876, No. 11 und 12, wo auch eine Probe aus diesem Psalme als Beilage gegeben ist.

Der Text zu dem vorliegenden Psalme, dem offenbar die erste Lesart der Luther'schen Psalmenübersetzung zu Grunde gelegt ist, weist nicht unwesentliche Abweichungen im Ausdrucke von dem spätern Bibeltexte auf. Noch grösser ist vielleicht die Verschiedenheit des Originals in Bezug auf die Schreibweise, wo die sechs Stimmbücher unter sich eine grosse Willkür aufzeigen. Selbst nicht einmal das einzelne Stimmbuch bleibt der Schreibweise treu, sondern nimmt beliebig bei ein und demselben Worte oft unmittelbar hintereinander verschiedene Orthographie an, dass es oft schwer hielt, das leitende einheitliche Princip aus diesem Sprachgemengsel herauszufinden. So wechselte, um nur einige der wesentlichsten Verschiedenheiten daraus hervorzuheben, das Original z. B. ausrotten mit ausrotthen, handeln mit handlen, erhöhet mit erhoben werden, vnder mit vndther, whan oder wan mit wol, aus mit ausz, sye mit sie, wyl mit will etc. Dieses Gemisch in der Schreibweise der einzelnen Stimmbücher bei einer Partitur beizubehalten, hielt ich nicht für gerathen. Vielmehr glaubte ich wenigstens eine Einheit erzielen und eine Schreibweise wählen zu müssen, die dann in der ganzen Partitur allgemein zur Anwendung zu bringen sei, um der leidigen Buntscheckigkeit auf diese Weise vorzubeugen. Freilich hat dabei die unbedingte Anlehnung an das Original in diesem Punkte hie und da eine Modiücation erleiden müssen. Ich kann aber soviel mit Bestimmtheit versichern, dass die hier gegebene Schreibweise durchaus dem Originale in einem der verschiedenen Stimmbücher entnommen ist, wenn auch dieselbe nicht in allen Stimmen bei ein und derselben Stelle gleichzeitig zu finden sein dürfte. Als einen besonders glücklichen Umstand muss ich schliesslich bezeichnen, dass mir die Druckbogen zu diesem Stücke während meines Ferienaufenthaltes in Dresden im Juli d. J. zukamen, wo ich dieselben nochmals mit den Originalstimmen vergleichen und die Correctur derselben mit dem Originalwerke in der Hand beschaffen konnte.

Die Textstellung selbst war mit sehr geringen Ausnahmen vollständig und correct in den Originalstimmen vorhanden. Auch hier bestätigte sich die schon öfter gemachte Erfahrung, dass die Handschriften bis um die Mitte des 16ten Jahrhunderts weit sorgfältiger in diesem Puncte hergestellt sind, als die Druckwerke, die gerade bei den lateinischen Werken dieses Meisters soviel zu wünschen übrig lassen. (Siehe die Bemerkung von Ambros, Tom III, Seite 380, Anmerkung 2.)

XVIII. Paulus Hoffheymer.
(Siehe: Ambros, Tom III, S. 382.)

Nr. **37.** Drei deutsche weltliche Lieder, 4 vocum. Seite 299.
 a. Ach lieb mit leid,
 b. Ich hab heimlich ergeben mich, und
 c. Meins trauerns ist . . . .
Partiturvorlage von Kade. Quelle: Auszzug guter alter vnd newer Teutscher Liedlein, etc. Nürnberg, Forster, 1539. Tom. I. No. 97, No. 49 und 91. Textstellung sehr unvollständig vorhanden, meist nur im Tenor oder Discaut eine Zeile.

XIX. Henricus Isaac (auch yzach geschrieben).
(Siehe: Ambros, III, S. 389 und f.)

Nr. **38.** Motette: Illumina oculos meos . . . Trium aequalium vocum . . . Secunda pars: Fac mecum signum . S. 305.
Partiturvorlage von Kade. Quelle: Manuscript der Proske-Bischöflichen Bibliothek in Regensburg, 3 Stimmhefte, Unicum. (Siehe das Nähere über dasselbe in der Bemerkung zu Nr. 12 bei dem Salve Regina von Hobrecht, sowie im Vorwort.)

Dieser ungemein durchsichtige, kostbare Satz ist die einzige mit dem vollständigen Namen des Autors beglaubigte Composition von H. Isaac in dieser Handschrift, während die anonymen meist mit άδηλον bezeichneten Messen dieser Handschrift nur traditionell diesem Meister zugeschrieben werden. Schreibweise wie andre Kennzeichen stellen aber dieser Ueberlieferung starke Zweifel entgegen. Wahrscheinlich birgt sich ein ganz andrer Tonsetzer hinter diesem: άδηλον. Aus dem Grunde ist von der früher beabsichtigten Aufnahme einer dieser Messen mit Recht hier wohl Abstand genommen worden. Die Textstellung ist, wie schon oben bei dem ersten Stücke dieser köstlichen Handschrift bei dem Salve regina von Hobrecht als besonders werthvoll hervorgehoben werden musste, auch bei dieser Nummer meisterhaft, freilich sehr erleichtert durch die knappe Gliederung der Tonreihe und durch den sparsamen Gebrauch des Melisma, die einen Zweifel fast nirgends aufkommen liessen. Es brauchte daher nicht eine Silbe geändert zu werden.

Im Uebrigen verweise ich, was das Leben und Wirken dieses ersten deutschen Tonsetzers von namhafter Bedeutung betrifft, auf eine ausführlichere biographische Skizze von mir, die sich in dem Künstler- und Gelehrtenlexikon der bairischen Academie der Wissenschaften unter Artikel Isaac befindet.

Nr. 39. Zwei Motetten auf das Ritualmotiv: Virgo prudentissima . . . . S. 314.

(Siehe: Ambros, III, 389.)

a. Christus filius Dei (eigentlich: Virgo prudentissima) . . . 6 vocum. Secunda pars: Ergo te Deum patrem . . .

Partiturvorlage von Kade. Quelle: Secundus Tomus novi operis musici, Johannes Otto, Nürnberg. 1538, Nr. 2.

Die Textstellung war im Originale ungenau, ja sogar sehr flüchtig angegeben. Möglich, dass dieselbe durch Uebertragung des veränderten Textes gelitten hat. So sind unter andern die Ligaturen an einigen Stellen unbeachtet geblieben, wie z. B. Pars secunda, Bass II, Tact 154—156 zu den Worten: homo tecum, ferner stimmt die Anzahl der Silben nicht immer mit der betreffenden Tonreihe, entweder sind zu wenig Silben auf mehrfache Wiederholung ein und derselben Note, wie z. B. Secunda pars, Bass II, Tact 135—139, wo bei den Worten Christum nostrum der weitere Text für die Notenwiederholungen fehlt, oder eine zu geringe Notenanzahl reichte nicht für die Silbenanzahl aus, wie z. B. Pars secunda, Bass I, Tact 108 bei dem Worte: remitte. Es hat daher die Textstellung fast ganz neu hergestellt werden müssen. Bei einer im Original wohl gänzlich corrumpirten Stelle (siehe: Pars II, Tact 124—132) sah ich mich sogar genöthigt, eine zweite Textirung darunter in Klammern zu stellen, weil die eigentliche Originaltextirung mir völlig untauglich schien.

b. Virgo prudentissima . . . 4 vocum . . . . S. 337.

Partiturvorlage von Kade. Quelle: Novum et insigne opus musicum, Joannes Otto, 1537, Nr. 37. Textstellung ebenfalls nur sehr ungenau und flüchtig angegeben, so dass fast durchweg eine Umarbeitung sich vernothwendigte.

Nr. 40. Zwei Introiten de nativitate Jesu Christi nebst drei Alleluja auf die Epistelverlesung . . . 4 vocum.

a. Introitus: Puer natus est . . . . 4 vocum . . . . S. 341.

b. Introitus: Puer natus est (eine andre Fassung) 4 vocum S. 345.

c. Alleluja zu dem Officium de nativitate Jesu 4 vocum S. 349.

d. Alleluja zu dem Officium de nativitate Jesu (eine andre Fassung) . . . 4 vocum . . . . S. 350.

e. Alleluja zu dem Officium de circumcisione Domini 4 vocum . . . . S. 350.

Partiturvorlage von Kade. Quelle: Officiorum de nativitate etc: Tomus primus, Georg Rhaw, Wittenberg, 1545. Der Introitus sub b und die beiden Alleluja c und e auch in einer Manuscriptsammlung der Königl. Bibliothek zu Dresden, Musica B. 265. aber ohne Autorbezeichnung.

Die Textstellung bedurfte in allen obigen Nummern stark der Nachhülfe.

Auch bei diesen Stücken erleichterte der Umstand, dass der Druck dieser Nummern gerade in meinen Ferienaufenthalt in Dresden fiel, die Correctur der Druckbogen wesentlich, die mit dem Originale in der Hand nun auf diese Weise erfolgen konnte. Ausser den schon im Notentext bemerkten kleineren Abweichungen ergaben sich noch folgende grössere:

1. Im Alt fehlten bei dem Introitus sub b die Worte „nomen ejus" gänzlich, statt deren sich die Worte: magni consilii wiederholt fanden.

2. Im Tenor desselben Stückes wichen folgende zwei Stellen in Notirung und Textirung ab, nämlich:

a: Tact 38 — 40   und b: Tact 49 — 52.

con - si - - - - - li - i   an - ge - - lus.

Nr. 41. Vier weltliche Lieder: (henricus yzach).

a. Doppellied: Donna di dentro . . in Verbindung mit dem Liede: Fortuna d'un gran tempo . . 4 vocum. S. 351.
b. Lied ohne Text . . . . 5 vocum . . . S. 355.
c. Lied ohne Text . . . . 4 vocum . . . S. 357.
d. Lied ohne Text . . . . 3 vocum . . . S. 359.

Partiturvorlage von Kade. Quelle für alle vier Lieder: Manuscriptcodex 59, der Maglibecchiana in Florenz Nr. 150. 164. 175 und 253. Der Codex ist noch gänzlich unbekannt. Die Lieder von mir im Frühjahr 1873 spartirt.

Der Text zu dem sub a gegebenen Doppelliede: Donna di dentro scheint noch ganz unbekannt zu sein. Ich stelle darum beide Lieder einander gegenüber:

Donna di dentro della tua casa   Fortuna d'un gran tempo
Son rose gigli e fiori   Gran tempo mi se stato
Dammene di quella mazzachroca   Totela io per la pretiosa
Ne sente ghusto alcuno (letzte Silbe undeutlich) O gloriosa donna ma bella
Non mene dar troppo
Dammene una rosa.

Was das Lied sub b zu 5 Stimmen ohne Text anbelangt, so kann ich die Vermuthung nicht ganz los werden, dass dieses kleine Meisterstück im engsten Rahmen zu jener Gattung Lieder gehören müsse, die für den Carneval in Florenz so vielfältig von Isaac geschaffen wurden und unter der Bezeichnung „canti carnascialeschi" von Ambros (siehe Tom III. S. 494, Anmerkung 1) erwähnt werden. Ist es doch, als ob man den Ausrufer von frischem Wasser, Apfelsinen, Weintrauben, Limonen: aqua fresca, aranci, limoni, comprate uva etc. aus dem Tonstücke selbst vernehmen sollte. Mindestens ist der schöne Melodiekörper im Tenor, wenn er nicht dem Volksgesange entnommen ist, vollständig eines Meisters wie Isaac würdig.

XX. Mathes Greiter.
(Siehe: Ambros, III, S. 406.)

Nr. 42. Weltliches deutsches Lied: Ich stund an einem Morgen
4 vocum . . S. 361.

Partiturvorlage von Kade. Quelle: Gassenhawerlin, 1535, Nr. XV.
Unicum der Rathsbibliothek zu Zwickau.
Text nur im Tenor angegeben. Die andern 6 Strophen siehe:
Publication, Jahrgang II, 1874. Lieferung II, No. 73. S. 199.

Das Lied findet sich von den bedeutendsten Tonsetzern Deutschlands
gesetzt. Am öftersten hat sich Senfl mit ihm beschäftigt, nämlich:
zweimal vierstimmig in Otts Liederbuche von 1534, Nr. 22 und 25,
dann dreimal fünfstimmig ebendaselbst, Nr. 23, 24 und 26, und endlich
dreimal dreistimmig, nämlich bei Formschneider 1538, Nr. 95, 96
und 67. An diese schliessen sich noch mit je einer Bearbeitung an:

1. Arnoldus de Bruck, 6 vocum, in Verbindung mit dem
   Doppelliede: Ade mit laid etc. und Ach Gott, wem soll ich
   klagen, in Otts Liedersammlung von 1534, Nr. 3.
2. Heinrich Finck, 4 vocum, Finck's Lieder, 1536, Nr. 18.
3. Heinrich Isaac, 4 vocum, Ott's Liederbuch von 1544, Nr. 73.
4. Thomas Stoltzer, 2 vocum, in Rotenbacher: Bergkreyen
   1551, Nr. 5 (dieselbe Bearbeitung auch in den Bicinien von 1545,
   Tom I, Nr. 95, aber ohne Namen, und endlich
5. Incerti auctoris, 3 vocum, in Rotenbacher: Bergkreyen 1551,
   Nr. 28.

Die Tonsätze von Ludwig Senfl, Heinrich Finck, Heinrich
Isaac und Math. Greiter haben alle ein und denselben Melodiekörper. Ob auch die übrigen, habe ich nicht ermitteln können.

XXI. David Köler (aus Zwickau).
(Im Ambros nicht genannt. Gehört in die Gruppe deutscher Kleinmeister: Tom III, S. 406).

Nr. 43. Geistliches deutsches Lied: O dw edler brun der
freuden . . . 4 vocum . . von 1553 . . . . S. 363.

Partiturvorlage von Kade. Quelle: Manuscriptsammlung der
Königl. Bibliothek zu Dresden aus den Jahren 1546—1553.
(Unicum) Mus. Man. B. 1276. No. 23.

Den Text zu diesem geistlichen Liede, das in Wackernagel nicht
steht, veröffentlichte ich schon in den Monatsheften (siehe Jahrgang X,
1878. Nr. 5. S. 57). Der Tonsatz tritt hier zum ersten Male an die
Oeffentlichkeit.

Die Textstellung im Originale genau angegeben.

Da der Componist noch durchaus unbekannt ist (selbst Fétis kennt
ihn nicht), so verweise ich auf die kurze biographische Skizze von mir
in dem Künstler- und Gelehrtenlexikon der bairischen Academie der
Wissenschaften. Eine kurze Zusammenstellung der ausser obigem Liede
mir bekannt gewordenen Compositionen dieses äusserst tüchtigen deutschen Kleinmeisters möge hier folgen:

1. Zehen Psalme Davids des Propheten mit vier, fünf vnd sechs
   Stimmen gesetzt durch David Köler von Zwickau, Leipzig, Wolfgang Günther, Anno 1. 5. 5. 4.

   1. Psalm 22: Mein Gott, warumb hast du mich verlassen 5 vocum
      in sieben Abtheilungen.
   2. Psalm 136: Danket dem Herrn, denn er ist freundlich 5 „
      in 3 Abtheilungen.

Das Werk ist ein Unicum, das sich auf der Zwickauer Bibliothek befindet.

Die Nr. II, Psalm 136: Danket dem Herren . . . 5 vocum, steht auch in der Manuscriptsammlung der Königl. Bibliothek zu Dresden Musica B. 1270, Nr. 59, aber ohne Angabe des Autors.

2. Missa super: Benedicta es coelorum . . . Josquini . . . 7 vocum Manuscript der Rathsbibliothek zu Zwickau. Unicum.

3. Rosa florum gloria, 5 vocum, ex 2. 1567, in dem Sammelwerke: Suavissimae et jucundissimae harmoniae octo, quinque et quatuor vocum ex duabus vocibus, a praestantissimis artificibus hujus artis compositae, etc. Clemente Stephani Buchaviense M. D. LXVII. Nr. I. (Bischöffliche Bibliothek zu Regensburg).

XXII. Arnoldus de Bruck.

(Siehe: Ambros, Tom III, S. 410 und f.)

Nr. 44. Zwei geistliche Tonsätze . . . . . .

a. O du armer Judas . . . 6 vocum . . . . S. 369.

Partiturvorlage von Ambros. Quelle: 121 newe Lieder, Johannes Ott. 1534, Nr. 17. Textstellung vollständig in der Vorlage gegeben.

Ich habe diesem Stücke zwar ausser den Originalschlüsseln eine Schlüsselserie vorgesetzt, um Anfängern die Uebersicht der Partitur zu erleichtern. Es ist aber damit durchaus nicht gesagt, dass der Satz nun auch in dieser tieferen Tonlage (nämlich: D dur statt F dur) zur Ausführung kommen könne. Für diese bleibt im Gegentheil die hohe Lage in F durchaus wünschenswerth.

b. O allmächtiger Gott: . . . 5 vocum . . . . S. 377.

Partiturvorlage von Kade. Quelle: 123 Newe deutsche Geistliche Gesenge, Georg Rhaw, Wittenberg 1544, Nr, 114. Text nur im Tenor angegeben. Alle übrigen Stimmen haben ganz neu textirt werden müssen.

Bei diesem Stücke bin ich zum ersten Male dem einmal angenommenen Principe untreu geworden, die Originalschlüssel unverändert zu lassen. Ich habe hier den Discant II aus dem G schlüssel auf der dritten Linie in den C schlüssel auf der ersten Linie umgewandelt, weil beide in der That identisch sind. Wenn es um die Originalzeichnung zu thun ist, braucht nur ohne eine Note zu verändern, den G schlüssel auf der dritten Linie wieder vorzusetzen.

Nr. 45. Weltliches Deutsches Lied: Es geht gen diesem
sumer . . . 4 vocum . . . . Seite 383.
Partiturvorlage von Ambros, Quelle: 121 newe Lieder,
Joh. Ott, 1534. Nr. 4. Textstellung in der Vorlage vorhanden.
Doch haben einige Stellen in Folge einer nochmaligen Vergleichung mit dem Originale textisch geändert werden müssen,
so namentlich bei dem Ausrufe: oho! den Ambros anfänglich
in eine Wiederholung der Worte: „las einher gau" umgewandelt hatte.

XXIII. Ludwig Senfl.
(Siehe: Ambros, III, Seite 404.)

Nr. 46. Motette: Ave rosa sine spinis . . . 5 vocum S. 385.
Auf das Volkslied: Comme femme gegründet.
Secunda Pars: Dominus tecum . . . . . . S. 391.
(siehe Nr. 13 Stabat mater von Josquin auf Seite 61.)
Partiturvorlage von Ambros. Quelle: Novum et insigne opus
musicum, 6, 5, 4 vocum, etc. Nürnberg, Formschneider(Grapheus)
1537. Das ganze Stück ist in allen Stimmen nochmals mit dem
Originaldrucke von mir verglichen worden. Textstellung lag
in der Vorlage mit geringer Ausnahme fertig vorhanden vor,
obwohl der Originaldruck darin sehr mangelhaft ist. Auch in
diesem Stücke habe ich in Bezug auf den Schlüsselwechsel,
der ebenfalls häufig wiederkehrt, nicht selbständig und ge-
waltsam eingreifen wollen, sondern liess die Partitur in diesem
Puncte unverändert in dem Zustande, wie sie Ambros hinter-
lassen hatte. Die Gründe, die mich zu diesem Verfahren be-
stimmten, sind genau dieselben wie die bei Nr. 12 dem Salve
regina von Hobrecht ausführlich auseinander gesetzten.

Nr. 47. Zwei Frühlingslieder . . . 4 vocum . . . S. 398.

a. Wol kumpt der Mai . . . .

b. Im Maien, im Maien.

Partiturvorlage von Kade. Quelle: 121 newe Lieder etc.
Johannes Ott, Nürnberg, Formschneider, 1534. Nr. 55 Nr. 95.
Textstellung in a: nur im Tenor vorhanden, bei b. im Tenor
und Bass vollständig, im Discant und Alt nur sporadisch angegeben.
Senfl ist der letzte Vertreter der ältern deutschen Liedcomposition in ihrer reinsten Eigenthümlichkeit. Mit ihm schliesst sie beinahe
jäh ab; denn der Einfluss des italienischen Madrigals trat um die
Mitte des 16. Jahrhunderts so überwiegend in den Vordergrund, dass
unser ureigenstes Nationaleigenthum, unser deutsches weltliches Lied,
wenn auch nicht völlig verdrängt, so doch stark bei Seite geschoben
ward. Als besondre Eigenthümlichkeit dieser ältern Compositionsgattung
muss bezeichnet werden, dass der Tonsatz weniger durch den Sympho-
nismus der einzelnen Tonreihen wirkt, als vielmehr durch einen ab-
geschlossenen, in einer einzelnen Stimme, meist im Tenor, für sich selbst
aufgeführten lyrischen Melodiekörper. In dieser Compositionsgattung
war Senfl unstreitig einer der begabtesten und fleissigsten Tonsetzer,
so dass man ihn wohl den Liedcomponist des 16. Jahrhunderts nennen
könnte. Seine Arbeiten auf dem Gebiete sind so zahlreich, dass sie ein
Studium für sich beanspruchen. Die sieben bedeutendsten Liedersamm-
lungen aus den Jahren 1534—1544, von Ott (2), Egenolff (2), Finck,
Förster und Peter Schöffer enthalten nach Abrechnung der lateinischen

und geistlichen Lieder circa 185 Nummern von ihm, von denen nur ein ganz kleiner Theil als doppelt vorhanden ausscheidet. Jedes dieser Lieder ist ein in sich vollendetes Meisterwerk im engsten Rahmen. Namentlich ist Senfl, abgesehen von seiner prachtvollen Melodik, gross in der Contrapunctik zu diesen Liedern, worin er eine Mannigfaltigkeit der Anordnung und des thematischen Baues entwickelt, die ein besondres contrapunctisches System zusammen bilden, dessen rother Faden nur durch die Vorlage sämmtlicher Arbeiten dieser Gattung erkannt zu werden verspricht. Um ihn wenigstens nach zwei Seiten hin zu vertreten, habe ich zwei Frühlingslieder herausgesucht, von denen das eine: „Wohl kommt der Mai" etc. als hoch poetische zarte, duftige Dichtung, das zweite: „Im Maien, im Maien, hört man die hanen kreen" mehr als derber, humoristischer Spass der niedern Komik aufzufassen ist, wobei das canonartige Nachtreten des Basses mit demselben Thema des Tenors sein Guttheil zur Wirkung beitragen dürfte. Ob Senfl zugleich auch als der Erfinder der Liedmelodieen, die er seinen Arbeiten unterlegt, zu bezeichnen ist, steht noch dahin. Bei mehreren Bearbeitungen ist es erwiesen, dass er einen schon vorhandenen Melodiekörper benutzt und verwendet hat, während umgekehrt wieder ein ganz bestimmtes Zeugniss für seine Autorschaft der Liedmelodie zu: „Mag ich vnglück nicht widerstan" vorliegt, indem Georg Forster bei diesem Tonsatze die Bemerkung hinzufügt „welchen ton etwan Ludwig Senfl vor jaren gemacht hat". (Siehe: Forster, Theil I, Nr. 102, 1539). Erst eine nähere Untersuchung wird den Antheil genauer festzustellen haben, der unserm Meister als „Sänger" bei der Erfindung neuer Weisen zukommt.

Das sub a gegebene Lied: „Wohl kommt der Mai" findet sich auch anderwärts behandelt, so von Orlando Lassus, 1583, vierstimmig von Leonhart Lechner, 1577, bei beiden aber mit anderem Melodiekörper. Nur Forster, 1539, Nr. 66, bringt dieselbe Tonreihe in einem vierst. Tonsatze unter Grefinger's Namen, was aber nach Eitner, Bibliographie, Seite 612, falsch ist, da dieser Tonsatz von Ludwig Senfl herrührt.

Das sub b angeführte Lied: „Im Maien" hat Senfl ausser der vorliegenden Bearbeitung noch zweimal immer mit derselben Liedweise behandelt, nämlich bei Ott, 1534, Nr. 96 und 97, von denen Nr. 96 wieder in die Forster'sche Sammlung von 1540, Nr. 45 überging.

XXIV. Johann Walther.
(Siehe: Ambros, III, S. 421.)

Nr. 48. Zwei deutsche Lieder . . . .

a. Geistliches Lied: Holdseliger meins Hertzen trost . . . . 6 vocum . . . . S. 404.

Partiturvorlage von Kade. Quelle: Das christlich Kinderlied Dr. Martini Lutheri: Erhalt vns Herr bei deinem Wort etc. auffs new in sechs Stimmen; etc. durch Johan Walter, Wittembergk, Johann Schwertel, 1566, Nr. XXI.

b. Ein newes Christliches Lied, dadurch Deutschland zur Busse vermanet, Vierstimmig gemacht durch Johann Walther, Gedruckt zu Wittemberg durch Georgen Rhaven Erben, 1561. Wach auff, wach auff, du Deutscheslandt, du hast genug geschlafen etc. (26 Strophen Text) . . . . S. 419.

Partiturvorlage von Kade. Quelle: fliegendes gedrucktes Blatt 1561, mit obigem Titel; Originaldruck in meinem Besitze.

Die mehr als kühle Beurtheilung der Walther'schen Thätigkeit sowohl bei Ambros, als auch weit mehr noch bei v. Winterfeld hat mich jeder Zeit veranlasst, die Ehrenrettung dieses tüchtigen Meisters zu übernehmen. (Siehe darüber unter andern meine Schrift über: Le Maistre, 1862. Seite 103, ferner die Vorrede zu der von mir besorgten neuen Ausgabe des Walther'schen Gesangbuches von 1524 in den Publicationen Band VII, 1878, sowie auch Luthercodex 1871 und mehrfach anderwärts.) Auch habe ich meine Anschauung jeder Zeit mit Belegen aus den Werken dieses Meisters zu erhärten gesucht. Doch immer vergeblich. (Man vergleiche darüber die Recension des Luthercodex, Monatshefte V. 1873, S. 732.) Trotzdem nun, dass mit eingewurzelten Vorurtheilen schwer kämpfen ist, namentlich wenn, wie jener Recensent es thut, mit der Waffe der Quint- und Octavparallele der Boden vertheidigt wird, als ob der ältere Tonsatz nicht nach ganz andern Factoren bemessen werden müsste, so kann ich doch die Gelegenheit nicht vorüber gehen lassen, auf den viel und oft verkannten Meister wiederzurückzukommen. Drängt doch der ganze vorliegende Zusammenhang, sowie die ihn umgebende Tonsetzergruppe gebieterisch auf ihn wieder hin. Und zwar lag es mir hier vorzugsweise daran, ein oder das andere Beispiel von einer Kunstthätigkeit aufzustellen, die dem ganzen Leben und Wirken Walther's fern lag, um ihn von einer beinahe ganz neuen Seite betrachten zu können. Ich meine die nicht streng kirchliche oder geistliche Composition, welcher Walter sich während seiner Amtsthätigkeit zuzuwenden keine oder nur wenig Zeit und Gelegenheit hatte. Nur später erst, nachdem er sich von der amtlichen Wirksamkeit in seine stille Torgauer Beschaulichkeit seit dem Jahre 1554 hinübergeflüchtet hatte, fand er Musse, sich auch der Gelegenheitscomposition (— denn als solche möchte ich trotz der Abwehr des Autors selbst die beiden hier gegebenen Stücke am liebsten bezeichnen —) zu widmen. Zu dem Ende habe ich zwei Liedbearbeitungen ausgewählt, die ein halb geistliches halb weltliches Gepräge, das letztere Lied sogar mehr eine politische Färbung an sich tragen. Das unter a. gegebene Lied zu 6 Stimmen zeigt auch schon in der Anlage, bei welcher drei hohe und drei tiefe Stimmen fast durchgängig einander gegenübergestellt sind, einen von sämmtlichen Arbeiten Walther's gänzlich verschiedenen Charakter. Dass er diesem Liede auch äusserlich eine Ausnahmestellung angewiesen hat, zeigt schon die Art der Veröffentlichung. Walther hat es als letzte Nummer ganz am Ende in unscheinbaren Winkel der sehr bedeutenden Sammlung geistlicher deutscher wie lateinischer Antiphonen und Lieder von 1566 gestellt, deren Schreibweise nicht das Mindeste mit der Lied- und Zeilencomposition des vorliegenden gemein hat. Welchen Werth er nun auf diese Sammlung legte, zeigt die Vorrede, an deren Schlusse er in die Worte ausbricht: „Solche Geseng wil ich allen Gottesfürchtigen Cantoribus, die Christum und das reine Wort Gottes lieben, als zu meinem Valete mitgetheilt haben"; etc. Dass Walther selbst das Gefühl hatte, man könne dieses stark an das Liebeslied streifende Lied: Holdseliger meins Hertzen Trost, etc. auch wirklich in weltlichem Sinne auffassen und deuten, beweist die Bemerkung, die er Vorsichts halber beizufügen sich gezwungen sah:

Dis Liedlein, obs wol Weltlich scheint
Wird alles Geistlich doch gemeint.

Von wem die Dichtung zu diesem Liede herrührt ist noch fraglich. Zwar steht sie unmittelbar nach den beiden Nummern, die ausnahmsweise mit der Chiffer I. W. in diesem Druckwerke bezeichnet sind, was sich nur auf die Dichtung beziehen kann, da der Tonsatz selbstverständlich von J. Walther herrührt, wie auch Mützell (geistliche Lieder der evangelischen Kirche, I. S. 384), sowie Wackernagel (siehe Tom: III, Nr. 228.

S. 205) annehmen. Wackernagel dehnt sogar diese Autorschaft auch auf das vorliegende, nicht mit der Chiffer I. W. bezeichnete Lied aus. Michael Praetorius giebt dieses Lied zwar auch in seinen: Musae Sioniae, Tom. VII. 1609, Nr. 213 und 214, aber in einer reducirten völlig überarbeiteten Gestalt, nämlich erstens nur vierstimmig, dann zweitens ohne die beiden letzten Strophen Text.

Ob die grossen Anfangsbuchstaben, mit welchen mehrere Worte im Original-Drucke durch fette Schrift ausgezeichnet sind, eine besondere Bedeutung haben, konnte ich nicht ermitteln. Auf die Jahreszahl können sie sich nicht beziehen, da auch Buchstaben darin vorkommen, die keine Zahlbedeutung haben. Mir hat es nicht gelingen wollen einen Sinn herauszufinden. Das Breslauer Exemplar dieses Druckes hat hie und da kleine Abweichungen. Namentlich ändert es die Stelle im ersten Theile, Seite 410, System 1, Tact 35, um den Octavenparallelen zwischen Disc. II und Vagans [Ten. II.] aus dem Wege zu gehen, den Tenor II wie folgt ab:

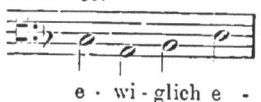

e · wi · glich e ·

woraus jedoch wieder Quintparallelen mit dem Altus II auf 1. und 2. Note entstehen.

Das zweite sub. b. hier gegebene Lied 4 vocum trägt einen vorwiegend politischen Charakter. Ich habe es vorzugsweise aus dem Grunde mit beigelegt, weil man geneigt ist, im Punkte der Erfindung unserem Meister wenig oder nichts zuzutrauen. (Ich verweise darüber auf meine Vorrede zu dem Walther'schen Gesangbuche von 1524). Hier liegt nun ein scharf ausgeprägter, ungemein kräftiger, schwungvoller Melodiekörper vor (siehe den Tenor dieses Tonsatzes), an dessen Autorschaft selbst die peinlichste Kritik nichts auszusetzen haben dürfte. Denn dass dieser von einem andern als Walther verfasst sein könne, wird doch Niemand behaupten wollen, wo sogar auch die Dichtung jedenfalls von ihm herrührt, wie selbst Wackernagel (siehe Band III, Nr. 220, Seite 190) anzunehmen kein Bedenken trägt. Was die Textstellung anlangt, so war dieselbe sowohl bei dem sechsstimmigen sub. a., als auch bei dem vierstimmigen Liede sub. b. im Originale genau angegeben.

XXV. Matthäus Le Maistre.
(Siehe: Ambros, Tom III, Seite: 326.)

Nr. 49. Zwei Lieder . . . 4 vocum.

a. Geistliches Lied: Hör Menschenkind . . . S. 421.

b. Weltliches Lied: Schem dich du tropf, du hasts im kopf. . . . . S. 424.

Partiturvorlage von Kade. Quelle: Geistliche vnd Weltliche Teutsche Geseng mit vier vnd fünff Stimmen: etc. durch Matthaeum Le Maystre, Churf. Sächs. Capellmeister zu Dresen: etc. Wittenberg Johann Schwertel, 1566, Nr. LVIII und Nr. 82. Näheres über diese umfangreiche Sammlung von 92 theils geistlichen, theils weltlichen Liedern in meiner Schrift über Matthäus Le Maistre, Niederländischen Tonsetzer und Churf. Sächs. Capellmeister, Mainz, bei Schott's Söhnen, 1862. Seite 51 u. f. Preisschrift der niederländischen Gesellschaft zur Beförderung der Tonkunst in Amsterdam. Der Verfasser des Textes sub. b. ist mir nicht bekannt. Ferd. Böhme hat das Lied nicht. Textstellung im Originale genau angegeben.

XXVI. Antonius Scandellus,

(geb. in Brescia 1517), qui 18 Januarii, die vesperi hora 7 Anno 1580, aetatis suae 63.
obiit, wie dem handschriftlichen Exemplare seines Schwanengesanges: Christus vere languores,
in der Rathsbibliothek zu Zwickau beigefügt steht.

(Von Ambros gar nicht erwähnt.)

Nr. 50. Bruchstücke aus der Missa: super Epitaphium Mauritii
Electoris Saxoniae . . . 6 vocum. 1553. . . . S. 428.

a. Sanctus		6 vocum
b. Pleni sunt		4 vocum
c. Osanna		6 vocum
d. Agnus Dei I		6 vocum
e. Benedictus		3 vocum

mit der Bemerkung: Benedictus post Osanna cantetur,
und endlich:

f. Agnus Dei II . . . . 7 vocum.

Partiturvorlage von Kade. Quelle: Handschriftlicher Codex im
grössten Landkartenformat in der Stadtkirche zu Pirna bei
Dresden. Unicum. Das Manuscript. das mit grosser, ausserordentlich schöner Schrift angefertigt ist, führt den vollständigen Titel:

Missa sex vocum super Epitaphium Illustrissimi Principis ac
Domini, Domini Mauricii Ducis et Electoris Saxoniae, ect-ab
Anthonio Scandello Italo composita. Anno 1562.

Auf der Rückseite des Titelblattes stehen folgende lateinische Disti-
chen von Georg Fabricius aus Chemnitz, die sich auf den Tod des in
der Schlacht bei Sievershausen 1553 gefallenen Churfürsten Moritz von
Sachsen beziehen:

Mauritius cecidit bellax Germania plange
    Amissa imperii quanta columna tui.
In tua Mars armis cur impie viscera saevis?
    Ecce tuum cecidit saeva per arma decus.
Mauricii tumulum cernens Germania plange
    Pectore magnanimo non habitura parem.

Dieser Prachtcodex ist von dem Pirnaer Stadtkinde Moritz Bauer-
bach (laut Verzeichnisses vom Jahre 1553 Kapellmitglied der kurfürst-
lichen Kapelle) zu Torgau im Jahre 1562 angefertigt worden, wie die
auf der Rückseite des letzten Blattes befindliche Inschrift: Torgae scri-
bebat Mauricius Bauerbachius Pirnensis. Anno 1562. ausdrücklich be-
sagt. Die Messe war zwar schon im Jahre 1553 gedruckt erschienen,
wie das Verzeichniss der Musicalien ausdrücklich angiebt, welches der
pensionirte Kapellmeister Johann Walther seinem Amtsnachfolger Matthäus Le Maistre im Jahre 1553 mit eigenhändiger Unterschrift übergab,
wo unter andern das vorliegende Werk mit den Worten angeführt wird:
„VI kleine gedruckte Partes (Stimmbücher) in grün pergament, darinnen
das Epitaphium Electoris Mauricii Antonii Scandelli". Es hat bis jetzt
aber nicht gelingen wollen, dieses Druckwerk irgendwo aufzufinden,
weshalb das obige Pirnaer Manuscript von 1562 als Unicum bis auf Weiteres
zu betrachten ist. Ich fand dasselbe auf einer meiner Ferienreisen im
Jahre 1856. (Näheres darüber in meinem Aufsatze: „Zur Musikgeschichte
Sachsens im 16. Jahrhunderte, in dem Feuilleton der ehemaligen Consti-
tutionellen Zeitung, vom 10. December 1856.) Was die Messe selbst betrifft, so liegt ihr ein scharf ausgeprägtes kurzes, aber höchst ergiebiges

Motiv von nur zwei Tacten zu Grunde, das durch dreimalige Wiederholung, in verschiedener Tonlage zu einem Ganzen verbunden ist. Dasselbe kehrt bei allen Sätzen theils in allen Stimmen harmonisch und
thematisch verarbeitet, theils nur als lyrischer Melodiekörper in einer
Stimme ausgeführt unausgesetzt wieder. Die verschiedenen Textesworte,
mit denen es belegt ist, machen hie und da andere Rhythmisirung und
Gliederung nöthig, wie man aus folgender Zusammenstellung beispielsweise ersehen kann:

Ky-ri-e   e-lei-son, Christe e-le-i-son,   Ky-ri-e   e-lei-son.
Et   in ter-ra pax ho-mi-ni-bus bo-nae
               bo-nae vo-lun-ta-tis   be-ne-di-ci-mus te.
Qui tol-lis pec-ca-ta   mi-se-re-re no-bis, mi-se-re-re no-bis.
Et   in spi-ri-tum, A-gnus De - - i,   sae-cu-li A - - men.
                  u. s. w.

Von dieser Anordnung ist nur das Crucifixus (3 vocum) ausgenommen,
das ganz auf freien contrapunctischen Motiven beruht.

Das vorliegende Werk ist die erste grössere Arbeit dieses ausserordentlich talentvollen fruchtbaren Meisters. Denn vor 1553 ist Scandellus
nur mit einigen lateinischen Motettenstücken meist zu 6 Stimmen (siehe
weiter unten das angefügte Verzeichniss) vom Jahre 1551 nachweisbar.
Um die reiche, bis zum Jahre 1580 sich erstreckende Thätigkeit dieses
Meisters nur einigermassen anzudeuten, lasse ich hier einige seiner Haupt-
werke folgen, ohne damit ein vollständiges Verzeichniss etwa geben zu wollen.

1. Motette: Dies sanctificatus est . . . 6 vocum, 1551. Manu-
     script der Stadtkirche zu Pirna.
2. Motette: Hodie Christus natus est . . . 6 vocum, 1551, desgl.
3. Motette: Illumina Jerusalem . . . 6 vocum, 1551, desgl.
4. Motette: Domine noli me condemnare . . . ⎫   Manuscript
     6 vocum. pars secunda: Amplius lava me. ⎪ der Stadtkirche
5. Motette: Angelus Domini locutus est mu- ⎬   zu Pirna.
     lieribus . . . 6 vocum, pars secunda: Ecce ⎪ Leider nicht
     praecedet vos in Galilaeam. ⎭   vollständig.
6. Motette: Christus dicit ad Thomam . . . 6 vocum. Manu-
     script der Königl. Bibliothek zu Dresden. 2. Theil: Dicit ei
     Jesus . . .
7. Motette: Magnus Dominus . . 6 vocum, Manuscript der Raths-
     bibliothek zu Zwickau.
8. Officium de Sancta Trinitate, Antonii Scandelli, in dem In-
     ventarium der kurfürstlichen Kapelle von Johann Walther
     1553 mit der Bemerkung angeführt: „Ein dünn Gesangbuch
     in gelb Leder gebunden." Verschollen, noch nicht wieder
     aufgefunden.
9. Missa: sex vocibus decantanda super: O passi sparsi (Gedicht
     von Petrarca) authore Anthonio Scandello, etc. . . . Manu-
     script der Königl. Bibliothek zu München. Mus. Ms. 509. fol. 2.
10. Missa super: au premier jour, . . 6 vocum. Manuscript
     der Königl. Bibliothek zu München ebenda. fol. 52. Diese
     Messe ist auch handschriftlich in der Rathsbibliothek zu
     Zwickau, jedoch unter der Bezeichnung: Orlandus Lassus.
     Handschriftlich auch in Breslau, Stadtbibliothek.
11. El primo libro delle Canzoni Napolitane, à 4 voci 1572.
     Erste Ausgabe von 1566 mit der Vorrede unterzeichnet von
     Augsburg 1566, 24 Nummern. Originaldruck in Grimma
     (Fürstenschule).

12. Der Hochzeitsgesang: Beati omnes, qui timent Dominum . . .
6 vocum. Secunda pars: Ecce sic benedicetur . . . Nürnberg,
Theodor Gerlach, in officina Joannis Montani piae memoriae.
1568. Originaldruck in Grimma, Liegnitz und anderwärts.
13. Nawe teutsche Liedlein 4—5 vocum, Nürnberg, Dietrich
Gerlatz, in Johann vom Bergs seligen Druckerey, 1568.
(12 geistliche Lieder) Originaldruck in München.
14. Epithalamium in honorem etc.: Christopheri Waltheri etc.
et honestissimae foeminae Catharinae Tolaue, . . . 6 vocum
compos. ab Antonio Scandello, anno 1574. Unbekanntes Werk
der Bibliotheca Rudolfina zu Liegnitz.
15. Nawe teutsche auserlesene geistliche Lieder, 4—5 vocum
Dressden, Gimel Bergen, 1575, 23 Nummern, nebst einem
Dialogo zu 8 Stimmen. Originaldruck der Fürstenschule zu
Grimma, und anderwärts.
16. Nawe vnd Lustige weltliche Deudsche Liedlein, 4—6 vocum
Dressden, Gimel Bergen, 1578. 21 Nummern. Discantus,
Altus, Bassus, Quinta Pars, Sexta Pars, auf der Bibliothek in
Kassel, Tenor, ehemals (1853) im Besitze des Cantor Strauch
in Ernstthal bei Chemnitz in Sachsen. Vollständiges Exemplar
in der Bibliotheca Rudolfina in Liegnitz; seit 1878 erst bekannt. Von diesem Werke wird auch eine frühere Ausgabe von 1570 in Kassel aufgeführt, leider unvollständig,
nämlich nur: Altus, Bassus und Vagans, die mir aber nicht
zu Händen gekommen ist.

17. Il Secondo libro de le Canzoni Napolitane, à 4 et à 5 voci,
novamente date in luce. Monacho per Adam Berg, 1577.
5 Stimmen Querquart, 24 Nummern, Unicum der Bibliotheca
Rudolfina in Liegnitz. Siehe: Mittheilungen über die Bibl.
Rud. von Ernst Pfudel, III. S. 88, 1878. Dass dieses Werk
nicht eine zweite Ausgabe von der Canzonettensammlung
unter Nr. 11 ist, beweisen die bei Pfudel angeführten Nummern.

18. Ultima Cantio; Christus vere languores, 5 vocum Prima et
secunda pars: 1580. Manuscript der Rathsbibliothek zu
Zwickau. Steht auch gedruckt als Cantio cygnea: in Lindners
Corallarium 1590, Nr. 22, ohne jedoch den Autor namentlich
aufzuführen.

19. Choralbearbeitung: Nu komm der Heiden Heiland, 5 vocum
Manuscript der Rathsbibliothek zu Zwickau. Unicum.
20. Missa super: Maria Magdalena . . . 6 vocum, Augsburg,
Msc. No. 21, sub. e. [siehe Catalog Schletterer pag. 5. 1596.]
(handschriftlich auch Breslauer Stadtbibl.)
21 Missa super: Tom io son Giovanetta . . . 5 vocum, handschriftl. Breslau, Stadtbibl.
22. Missa super: Avecque vous . . . 5 vocum, handschriftl. Breslau,
Stadtbibliothek.
23. Missa super: Ich weiss mir ein fest gebawtes Haus . . .
5 vocum, [siehe: Rauffuf, Missae, 4. 5. 6. vocibus, 1621,
sub. VI. Ritteracademie zu Liegnitz, Catalog Pfudel, pag. 81.]
Das Lied von Scandellus selbst gesetzt, siehe in Rinkhardt
Triumphi de Dorothea, 1619, Grimma, Fürstenschule, Eitner
Bibl. pag. 264, sub. 1619b.
24. Melodia Epithalamii in honorem etc. Martini Henrici et
filiae Barbarae viri Joh. Schildbergii etc. 6 vocum Wite-
bergae, 1568, a D. Antonio Scandello.

25. Passio et Resurrectio Domini nostri Jesu Christi ab Antonio
Scandello compositae. Msc. des Colditzer Cantors Joannes
Gengenbachius von 1593. Unicum der Fürstenschule zu
Grimma.
Auf dem Titelblatte zur Passion stand das Distichon:
  O nimium felix; o ter quaterque beatus,
  Qui memori Christe vulnera mente canit.
Am Schlusse derselben war die Bemerkung beigefügt: Passionis hujus
descriptio finita est Dei gratia prospere 2. die Martii 1593 coepta autem
describi 15. die Februarii. Auf dem Titelblatte der Auferstehung
war die Bemerkung eingetragen: Hujus Resurrectionis descriptio finita
est feliciter 9. Martii hora tertia pomeridiana anno exhibiti Messiae 1593.
Am Ende derselben stand das Distichon:
  Cui soli semper decus atque aeterna potestas
  Sit patre cum summo flamine cumque sacro.
Dass die Auferstehung sich in dem Neu-Leipziger Gesangbuch von
Vopelius 1682 ohne Autorbezeichnung vollständig wieder abgedruckt
findet. sei nur beiläufig hier erwähnt. Die Angabe bei Schöberlein und
Riegel, die den Componisten nicht zu bezeichnen vermögen, ist hiernach
zu vervollständigen. Von der Auferstehung habe ich ganz neuerdings
ein sehr schön erhaltenes vollständiges handschriftliches Exemplar
in Folio in dem Musikalienvorrathe der Rathsschule zu Löbau entdeckt,
leider ohne Autorbezeichnung. Das ganze aus Passion und Auferstehung
bestehende Werk erwähnt Scandellus selbst schon in einem Schreiben
vom 15. Juli 1573. [Siehe Geheimes Staatsarchiv in Dresden.]
  Das Originalmanuscript dieses überaus wichtigen Werkes fand ich
in der reichen Bibliothek der Fürstenschule zu Grimma im Jahre 1853,
deren Catalog ich dann zum ersten Male veröffentlichte (siehe Serapeum:
Jahrgang 1855, Nr. 20 vom 31. October). Von den hier angeführten
Werken sind in vollständigen Partituren meiner Sammlung einverleibt
die Nummern: 9. 10. 11. 12. 13. 14. 15. 16. 18. 19. 24 und 25. Was die
Textstellung zu den hier angegebenen Messenbruchstücken anlangt, so war
diese im Original zwar vollständig vorhanden, aber nur skizzenhaft angedeutet, so dass es erst einer durchgreifenden Ausarbeitung bedurfte,
um die Partitur vollständig zu machen. An zwei Stellen des Benedictus
bin ich in der Textirung von der Originalhandschrift abgewichen.
Diese sind: Tenor: S. 443. Tact: 25, unterste Zeile:

in   no - - - - - mi - ne   do - mi - ni.

und Altus: S. 443. Tact 22.

- - mi - ni   qui . . . . ve - nit   in   no - mi - ne
                                                              (♮)

do - mi - ni   in   no - - - - - mi - ne do - mi - ni.

Auch bei der Correctur dieses Messenbruchstückes von Scandellus traf es sich insofern günstig, dass mir die Druckbogen noch während meines Ferienaufenthaltes in Dresden im Sommer 1881 zugingen, wo ein kleiner Ausflug in das reizend gelegene Gebirgsstädtchen Pirna eine nochmalige Vergleichung mit dem Originale ermöglichte, zu welcher mir der dortige Herr Cantor Biber in liebenswürdigster Bereitwilligkeit seine Vermittelung und Wohnung zur Verfügung stellte.

Antonius Scandellus.

Nr. 51. Der geistliche deutsche Tonsatz: Nu komm der Heiden Heiland (vor 1580) ... 5 vocum . . . . . S. **449**.

Partiturvorlage von Kade. Quelle: Handschriftliche Sammlung der Rathsbibliothek zu Zwickau, ohne nähere Bezeichnung. Unicum.

Dieser wunderbar schöne, in knappster Form gehaltene Tonsatz im einfachen Style ist unstreitig eine der reifsten und vollendetsten Arbeiten dieses Meisters. Edle, ausdrucksvolle, gesangreiche Tonreihe in allen Stimmen, Beschränkung des Melisma auf das äusserste Maass, nervige Harmonieführung, vollendete Klangwirkung erheben diese kleine, aber hohe künstlerische Leistung zu einem Meisterwerke erster Gattung. Dazu schwebt die Choralweise wie ein feiner Saum im Discant, getragen von vier Unterstimmen in meist tiefer Tonlage über dem in einfacher Bearbeitung (nota contra notam) gehaltenen Kunstbau. Dass dieses Urtheil nicht übertrieben ist, hat die Erfahrung gelehrt, indem ich diesen Tonsatz, theils in meinen öffentlich zu Dresden im Winter 1853 gehaltenen Vorlesungen über „die Geschichte der Sächsischen Kapelle im 16. Jahrhunderte", theils in den Kirchenconcerten des Grossherzogl. Schlosschores in Schwerin öfters mit Erfolg verwerthete. Nur dürfte sich bei der Ausführung die um einen Ton erhöhte Tonlage nach A (mit einem ♯) sehr empfehlen.

Die Textstellung im Originale ziemlich genau und sorgfältig angegeben, so dass nur geringe Nachhülfe nöthig war.

Antonius Scandellus.

Nr. 52. Das Trinklied: Der Wein, der schmeckt mir also wohl ... 6 vocum . . . . S. **451**.

Partiturvorlage von Kade. Quelle: Nawe vnd lustige weltliche Deudsche Liedlein mit Vier, Fünff und Sechs Stimmen auff allerley Instrumenten zu gebrauchen und lieblich zu singen durch Antonium Scandellum etc. Gedruckt zu Dresden, durch Gimel Bergen, Anno M. D. LXXVIII, Nr. 19.

Die Anfertigung der Partitur zu dieser Sammlung war mit besondern Schwierigkeiten verknüpft. Das Werk war nämlich bis zum Jahre 1878, wo ein vollständiges Exemplar in der Rudolfina zu Liegnitz durch Prof. Dr. Ernst Pfudel aufgefunden wurde, überall unvollständig, indem die wichtigste Stimme, das Tenorheft durchaus fehlte. Ein glücklicher Zufall führte endlich diese Stimme mir auf einer Ferienreise im sächsischen Erzgebirge in die Hände, indem ich sie bei dem nun längst verstorbenen Cantor Strauch in Ernstthal bei Chemnitz auf dem Oberboden fand. Auf diese Weise konnte ich das Werk, dessen drei andre Stimmbände in Cassel aufbewahrt werden, zu meiner Freude vervollständigen.

Die Textstellung im Originale genau angegeben.

Antonius Scandellus.

Nr. 53. Neapolitanische   Canzonetta: **Bonzorno**   Madonna:
4 vocum   .   ·   .   .   .   .   S. 460.

Partiturvorlage von Kade.   Quelle: El primo libro delle Canzoni Napolitane, a 4 voci, composti (sic) per Messer Antonio
Scandello, Norinbergae, in officina Viduae et haeredum Ulrici
Neuberi, anno M. D. LXXII. (Vorrede unterzeichnet von Augsburg 1566), Nr. 21.

Ob in dieser Perle der italienischen Liedproduction irgend eine
volksthümlich schon bekannte Tonweise vorliegt, und Scandellus hier
demnach weniger für den Erfinder und Sänger, als vielmehr für den
Bearbeiter anzusehen ist, wage ich nicht zu entscheiden. Der reizende
heitere, höchst gefällige Schlusssatz mit dem allerliebsten Refrain: tan
tan dari don: lässt allerdings auf die Benutzung eines älteren Motives
schliessen. Jedenfalls ist der ungemein melodische gesangreiche Satz
ausserordentlich geeignet für die Aufführung in historischen Concerten,
wie ich denselben auch mit überraschender Wirkung bei meinen Vorlesungen über die ältere sächsische Kapelle im Winter 1853 in Dresden
zur Ausführung gebracht habe.

Die Textstellung, die hier übrigens keine Schwierigkeit bot, lag im
Originaldruck genau angegeben vor.

XXVII. Rogier Michael.

(In Ambros nicht aufgeführt.)

Nr. 54. Ein geistlicher Tonsatz: Ein feste Burg ist unser
Gott. 1593. . . . 4 vocum   .   .   .   .   S. 463.

Partiturvorlage von Kade. Quelle: Der Ander Theil: Die
Gebreuchlichsten vnd voruembsten Gesenge D. Mart. Luth. vnd
andren frommen Christen (Portrait Luthers). Itzo auffs newe
mit fleis componieret vnd den Choral durchaus in Discant geführet, durch Rogier Michael, dieser Zeit Churf. Sächs. ver-
ordneten Cappelmeister. Dressden bei Gimel Bergen Anno
1593. Nr. 28. (52 Choralbearbeitungen enthaltend.) Diese
Sammlung vierstimmiger geistlicher Liedbearbeitungen im
einfachen Tonsatze (nota contra notam) bildet nämlich den
zweiten Theil (— daher die Titelbezeichnung —) zu dem grossen
Dresdner Gesangbuche von 1593. So vielfältig der erste Theil
dieses Gesangbuches zu finden ist, so selten hat sich der zweite
mit den mehrstimmigen Bearbeitungen von Rogier Michael
nachweisen lassen. Bis jetzt hat es mir nicht gelingen wollen,
mehr als ein Exemplar desselben aufzufinden. Dasselbe befindet sich auf der ehemaligen Universitätsbibliothek zu Wittenberg, von wo ich es im Jahre 1865 durch die Güte des dortigen
Consistorialrathes Herrn Dr. Schmieder zur Benutzung geliehen
erhalten hatte. Es ist daher bis auf Weiteres als Unicum zu
bezeichnen. Siehe Näheres über dieses Gesangbuch sowie über
die künstlerische Thätigkeit dieses Meisters in meinem Aufsatze: „Rogier Michael, ein deutscher Tonsetzer des 16. Jahrhunderts", in den Monatsheften für Musikgeschichte Jahrgang
II, 1870, Nr. 1. Seite 3—18.

Textstellung im Originale genau angegeben.

Rogier Michael gehört zu der deutschen Tonsetzergruppe, die speciell für die protestantische Kirche arbeitete, im Ambros aber leider eine besondere Zusammenstellung nicht erhalten hat. Trotz aller Einsprache, die man dagegen erheben durfte, stützt diese Gruppe sich auf den Mitarbeiter Luther's Johann Walther, als ihren ersten Ausgangspunct und vornehmsten Führer. Man denke nur an das Walther'sche Gesangbuch von 1524, das in fünf Auflagen bis zum Jahre 1551 das alleinige Monopol in der protestantischen Kirchenpraxis besass! An diesen wichtigsten Vertreter schlossen sich dessen Amtsnachfolger Le Maistre († 1577), Ant. Scandellus († 1580), Rogier Michael († circa 1620) unmittelbar, sowie der Leipziger Cantor Seth Calvisius aus Thüringen, der Torgauer Georg Otto in Cassel, der Magdeburger Cantor Leonhart Schroeter, der Cantor Bartholomäus Gesius in Frankfurt a. d. Oder, Melchior Vulpius in Weimar, endlich der wichtigste Hans Leo von Hasler in Nürnberg und Dresden in weiteren Kreisen an, eine Gruppe hochbegabter Tonsetzer, die vorzugsweise für den einfachen Tonsatz (nota contra notam) zur protestantischen Gemeindeweise von höchster Bedeutung ist. Rogier Michael muss durch die Herausgabe vorliegender Sammlung als einer der frühesten Vertreter dieser Gattung Tonsätze bezeichnet werden.

XXVIII. Leonhart Schroeter.

Nr. 55. Te Deum laudamus ... (deutsch) componieret durch Leonhartum Schroetern, Octo auf zween Chor Anno Domini, 1571 . . . . S. 465.

Partiturvorlage von Kade. Quelle: Manuscript in Folio der Rathsbibliothek zu Zwickau. Unicum.

Das Original erregt schon in der Art der Niederschrift unser Interesse. Es ist nämlich in Gestalt unsrer heutigen Partitur mit Untereinanderfügung der einzelnen Stimmen angelegt. An Genauigkeit und Sorgfalt darin, vielleicht gar mit Hülfe von Tactstrichen, darf freilich hierbei noch nicht gedacht werden. Im Gegentheil bot die richtige Zusammenstellung und die Spartirung oft nicht unerhebliche Schwierigkeiten dar. Nichts desto weniger bleibt auch schon die Anordnung allein und die Anwendung des Principes um das Jahr 1571 ein höchst seltener Fall, ja vielleicht der früheste der Art. Dazu kam, dass die Schrift selbst durchaus nicht den Charakter einer Copistenhand trug, daher der Fall nicht undenkbar wäre, dass dieses Manuscript die eigenhändige Niederschrift des Tonsetzers sei. Zu dieser Annahme berechtigen auch die mehrfachen Correcturen, die in dem Manuscript vorhanden waren. Bedenkt man ferner, dass die bedeutendstdn Tonsetzer der damaligen Zeit Exemplare ihrer veröffentlichten Werke mit eigenhändiger Dedication dem Zwickauer Magistrate zu übersenden pflegten, wie z. B. Jacob Mailand das Exemplar seiner „Nawen auserlesenen Teutschen Liedlein mit 5 und 4 Stimmen vom Jahre 1569 (nicht 1575 wie v. Winterfeld angiebt) mit der eigenhändigen Aufschrift: „Senatui Cygnaeo dedicavit Autor" versah, so kann obige Annahme nichts Befremdendes haben. Leider zeigt das Werk selbst, in welches die Gregorianische Gesangsweise höchst kunstvoll verwebt ist, eine kleine Lücke. Es waren nämlich in dem Manuscript der zweite Chor zu dem Stollen XIIa: „Du König der Ehren Jesu Christ," sowie der Respons zu diesem Stollen XIIb zu den Worten: „Gott Vaters ewiger Sohn du bist" nicht zu finden.

Diese kleine Lücke konnte mich aber nicht bestimmen von der Veröffentlichung dieses so hochbedeutenden Werkes überhaupt abzustehen, das
bis jetzt nicht einmal dem Namen nach bekannt ist. Becker führt zwar
Seite 123 ein Te Deum von Schroeter unter ähnlichem Titel an: Can-
ticum Sancti Ambrosii et Augustini: Te Deum laudamus: etc. Magde-
burgi, 1584, 4to. Ob dasselbe aber identisch mit dem obigen deutschen
Te Deum ist, scheint sehr fraglich. Auch haben die sorgfältigsten Nach-
forschungen und Untersuchungen, die mein geehrter Freund Herr
Custos Maier in der Königl. Bibliothek zu München über dieses äusserst
werthvolle Tonwerk anzustellen die Güte hatte, nur zu dem Ergebniss
geführt, dass es weder selbständig noch in einem Sammelwerke daselbst
nachweisbar ist. Es tritt somit hier zum ersten Male in die Oeffentlichkeit. Dass unser Meister dem Kurfürsten Christian I. von Sachsen
ein von ihm componirtes „Symbolum Ambrosii et Augustini“ im Jahre
1587 „zu unterthünigsten Ehren“ überreichte, und dafür „zehn Thaler
zu einer Verehrung aus Gnaden“ bewilligt erhielt, habe ich schon Monatshefte, Jahrgang X. 1878, S. 146, mitgetheilt. Möglich dass das vorliegende Te Deum darunter gemeint ist. Weiteres biographisches Material über Schroeter siehe: Serapeum, Jahrgang 1843, Nr. 6, Seite 83:
Umrisse zur Geschichte der Wolfenbüttler Bibliothek vom Hofrath Schöne-
mann. Die Textstellung bei einem Tonwerke in so einfachem Satze
(beinahe nur nota contra notam) war von selbst vorgeschrieben. Ganz
neuerdings hat sich nun von dem Werke ein Originaldruck gefunden,
der etwas später im Jahre 1576 erschien. Da dieser bis jetzt gänzlich
unbekannte Druck behufs dieser neuen Ausgabe dem Herausgeber bereit-
willigst zur Verfügung gestellt wurde, so konnten die sich ergebenden
Abweichungen resp Verbesserungen und Ergänzungen theils dem Texte,
theils beifolgend einverleibt werden. Der vollständige Titel lautet:

   Der schöne Lobgesang | Te Devm lavdamvs | Durch Dr. Mart.
Luth. ver | deutscht, jtzo mit Acht Stimmen vff zween | Chor
componiret | Durch Leonhart Schröter von Torgaw. | Gedruckt
zu Magdeburgk durch Wolfgang Kirchner, Anno 1576.
   Die Dedication an den „Thumherrn Georgen von Carlowitz“ ist
von Magdeburgk d. 10. Maii, Anno 1576 unterzeichnet. Vier
Stimmb. in kl. Quer 4o. 1. Altvs et Tenor primi Chori. 2. Bassvs
et Tenor primi Chori. 3. Primvs et Secvndvs | iscantvs Secvndi
Chori. 4. Tenor et Altvs Secvndi Chori.
Der Druck von 1576 notirt nun zunächst Discantus I im C-Schlüssel

erste Linie: [notation] und Discantus II im G-Schlüssel zweiter Linie:

[notation] . Die Strophe I nebst Respons zu Strophe I ist im Drucke von
1576 zweichörig. wie folgt:

*1. Die Quintparallelen zwischen Altvs I und Tenor II originalgetreu.

Ferner weicht die Fassung des zweichörigen Satzes in Stollen V, Seite 474, System II, gänzlich ab. Sie lautet :

Respons zu Strophe V. zu Seite 474, System II u. Fortsetzung auf Seite 475 gehörig. Beide Chor zusammen.

Eine weitere Abänderung betrifft den Schluss von Strophe XI, den der Druck
von 1576 formulirt wie folgt:

Schluss von Strophe XI. zu Seite 488, Tact 213–217.

Eine der wesentlichsten Umänderung nahm Schröter aber mit Strophe XII: „D v
K ö n i g   d e r   E h r n " vor. Sie lautet in der neuen Fassung nun wie folgt:

Strophe XII, zu Seite 489, Tact 218–233.
Beide Chor zusammen.

Zwei kleinere Abänderungen sind ferner in Strophe XIV. die beiden Tacte **259** und **260**, auf Seite **493**. System I, die nun heissen:

und in dem Respons zu Strophe XIV, auf Seite **493**, System IV die Tacte **264** und **265**.

Strophe XVII, Seite **499**, System II, Tact **313**, hat er wie folgt umgestaltet:

Strophe XVII zu Seite 499, System II Tact 313 —
Beide Chor zusammen.

Im Respons zu Strophe XX, Seite 509, System 1, Tact 396–397 ändert er den Discant I wie folgt ab:

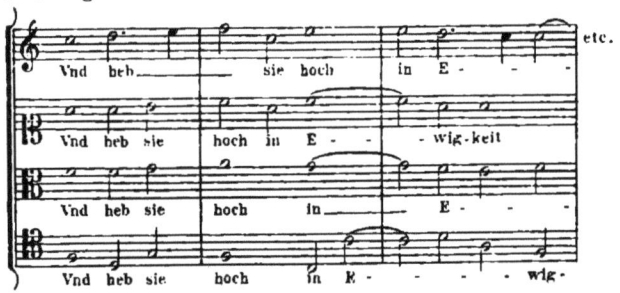

In der zweiten Hälfte der Strophe XXI, (Beide Chor zusammen) von Tact 412–420 auf Seite 511 – textirt der Druck von 1576 anders, nämlich:

Die auf Seite 522, Tact 512, befindlichen Octavenparallelen zwischen Tenor I (h-d) und Discant I (h-d) ändert der Druck von 1576 nicht ab!

Man ist bis jetzt immer gewöhnt die Thätigkeit des ausserordentlich begabten Tonsetzers in die Jahre von 1571 bis circa 1602 zu verlegen. Allein der neuerdings erfolgte Fund einer Sammlung von 55 geistlichen Tonsätzen zu lateinischen und deutschen Kirchenliedern vom Jahre 1562 mit der Dedication Schröters von „Salfeld Anno Christi 1561" beweist unzweideutig, dass unser deutscher Tonsetzer schon zehn Jahre früher eine hoch bedeutsame Künstlerthätigkeit entwickelte. Die eben angeführten 55 Bearbeitungen im grössten Stile zu 4–7 Stimmen sind zwar Hymnensätze andrer Art, als die seines berühmten Zeitgenossen und Rivalen Palestrina in Rom, aber darum nicht minderwerthige! — Partitur von zwölf Nummern in meinem Besitze. K.

XXIX. Thomas Walliser.
(Siehe: Ambros, III, Seite 577.)

Nr. 56. Der 46. Psalm Davids. Deus noster refugium. „Ein feste Burg ist unser Gott" ... 5 vocum . . S. 523.
Partiturvorlage von Kade. Quelle: Ecclesiodae: das ist Kirchengesenge, etc. mit 4, 5 u. 6 Stimmen, componirt von Ch. Thomas Walliser, Argentorati, 1614, Nr. XVI.
Textstellung im Originale genau angegeben.

XXX. Sieben Frottole.

Nr. 57. a. Bartholomeus, organista de Florentia Si talor questa
... 3 vocum . . . . S. 530.
(Siehe: Ambros, III, Seite 488.)

b. Alexander Florentinus... ohne Text... 4 vocum. S. 531.
(Siehe: Ambros, III, Seite 489.)

c. Alexander Agricola ... ohne Text ... 3 vocum. S. 532.
(Siehe: Ambros, III, Seite 488.)

d. Franciscus de Layolle ... ohne Text ... 3 vocum. S. 533.
(Siehe: Ambros, III, Seite 488.)

e. Joh. Baptist Zesso .. E quando andarete 4 vocum. S. 534.
(Siehe: Ambros, III, Seite 469.)

f. Paulus Scotus ... Fallace speranza .. 4 vocum. S. 535.
(Siehe: Ambros, III, Seite 501.)

g. Francesco d'Ana ... Nasce l'aspro ... 4 vocum. S. 536
(Siehe: Ambros, III, Seite 499.)

Partiturvorlage für alle sieben Nummern von Ambros. Quelle für a. b. c. und d. kleiner Pergamentcodex aus der Zeit um 1480 in der Sammlung des Professor Abraham Basevi in Florenz. Für e. f. und g. Petrucci, Frottole, Libro VII. VIII und II.
Text für a. in allen drei Stimmen in der Vorlage vorhanden, für e. f. und g. nur im Discant angegeben.

XXXI. Adrian Willaert.
(Siehe: Ambros, III, Seite 517.)

Nr. 58. Pater noster ... 4 vocum . . . . S. 538.
Secunda Pars: Ave Maria ...
Partiturvorlage von Ambros. Quellenwerke:
a. Adriani Willaert musici celeberrimi ac chori divi Marci illustrissimae Reipublicae Venetiarum Magistri. Musica quatuor vocum (Motecta vulgo appellant) Venetiis apud Ant. Gardane M. D. XXXXV, libro II, Nr. 1.
b. Modulationes aliquot quatuor vocum quas vulgo Motettas vocant, a praestantissimis Musicis compositae, jam primum typis excusae. Norimbergae, Petrejus, 1538. Nr. 1.
Das Stück ist zwar wie das unter Nr. 13 gegebene Stabat mater von Josquin schon einmal veröffentlicht, ebenfalls im Tresor musical Maldeghem (Band VIII, Jahrgang XII, 1866, Nr. 38, pag. 25). Aber auch hier sprechen dieselben wie die bei jenem Stücke angeführten Gründe für eine nochmalige Aufnahme. Namentlich fällt wiederum ins Gewicht die kritische Sorgfalt und Sichtung, die durch Heranziehen und Vergleichen

der beiden wichtigen Quellenwerke bei der Anfertigung der Partitur obwaltete, wodurch der vorliegenden Ausgabe besonderer Werth verliehen wird. Das Stück steht übrigens schon in: Liber secundus 24 musicales quatuor vocum Mottetos habet: Attaignant, 1534, sub. No. I, jedoch ohne zweiten Theil. Daselbst führt es die Ueberschrift: Oratio dominicalis. Der Discant ist im C-Schlüssel auf zweiter Linie notirt.

In Bezug auf die Textstellung lag die Vorlage Ambros leider nicht in ganz druckreifem fertigen Zustande vor, das Stück bedurfte daher hie und da grösserer Nachhülfe meinerseits. Auch die von Petrejus 1538 gegebene Umänderung des specifisch katholischen Textes im zweiten Theile bei dem Anrufe der Maria in: Jesu fili Dei u. s. w. ist von mir aus diesem Quellenwerke hinzugefügt worden.

XXXII. Hans Leo von Hassler.
(Siehe: Ambros, III, Seite 447.)

Nr. 59. Geistliches Lied: Herzlich lieb hab ich dich, o Herr . . .

8 vocum, zu zwei Chören, Prima pars . . . S. 552.
Secunda pars: Es ist ja, Herr . . . . . . S. 558.
Tertia pars: Ach Herr lass dein lieb Engelein S. 566.

Partiturvorlage von Kade. Quelle: Kirchengesäng, Psalmen vnd geistliche Lieder, auff die gemeinen Melodeyen mit vier Stimmen simpliciter gesetzt durch Hanns Leo Hasler, Nürnberg. Paul Kauffmann, M. D. C. VIII, Nr. 68—70.

Diese äusserst werthvolle Sammlung von 71 mehrstimmigen Bearbeitungen zu protestantischen Gemeindeweisen für vier Stimmen, — das beste geistliche Liederbuch, das die protestantische Kirche im einfachen Tonsatze (nota contra notam) überhaupt besitzt — ist zwar schon durch W. Teschner im Klaviersatz neu herausgegeben worden. Dieser Ausgabe fehlen aber gerade die beiden grösseren Stücke zu acht Stimmen, die gleichsam als Zugabe von Hassler hinzugefügt wurden, ohne auf dem Titel noch besonders ihrer zu erwähnen. Diese beiden Stücke sind einmal obiger Satz zu dem Liede von M. Schalling: Herzlich lieb hab ich dich o Herr, und zweitens der ebenfalls achtstimmige Tonsatz für zwei Chöre zu dem Liede: Das alte Jahr vergangen ist. Dass letzteres in Praetorius Musae Sioniae, Tom. V. Nr. 1, 1607 wieder Aufnahme gefunden hat, wenn auch ohne Autorbezeichnung und in reducirtem vierstimmigen Satze, sei nur beiläufig hier erwähnt. Darum schien es mir angemessen, nun auch den andern Satz dieses berühmten Liederbuches hier zur Veröffentlichung zu bringen und somit eine alte Schuld zu tilgen. Ueber die Entstehung des Melodiekörpers zu diesem Liede siehe die ausführlichen Untersuchungen von Bode, (Monatshefte, Jahrgang V. S. 123) und von Faisst (ebendaselbst VI, S. 26). Das biographische Material zu Hassler nebst einer kurzen Characteristik seiner Künstlerwirksamkeit von mir zusammengestellt, findet sich in dem Künstler- und Gelehrtenlexicon der bairischen Academie unter Hassler.

Die Textstellung genau im Originale angegeben.

XXXIII. Jacobus Gallus.
(Siehe: Ambros, III, S. 574.)

Nr. 60. Zwei Motetten . . . 6 vocum.

a. Jerusalem gaude . . . . S. 574.
b. Laetentur coeli . . . . S. 580.

Partiturvorlage von Kade. Quelle: (Jacobus Gallus) Opus musicum, Cantiones sacrae 4. 5. 6. 8 et plurium vocum. Prima Pars. Pragae apud Nigrinum, 1586, Nr. 8 und 12. Textstellung, die in keiner Weise Schwierigkeiten bot, genau im Originale angegeben.

XXXIV. Bartolomeo Escobedo.
(Siehe: Ambros, III, Seite 586.)

Nr. 61. Introitus in Domenica Sexagesima:

Exurge quare obdormis: 4 vocum . . . . . S. 584.

Secunda pars: Quoniam humiliata est . . . S. 589.

Partiturvorlage Kade. Quelle: Nicolai Gomberti excellentissimi et inventione in hac arte facile Principis, Chori Caroli quinti imperatoris Magistri Musica quatuor vocum (vulgo Motecta nuncupatur). Additis etiam nonnullis Excellentissimi Morales Motectis summo ipsius studio concinnatis, opus nunquam alias typis excussum ac nuper accuratissime in lucem aeditum Liber primus etc. Venetiis apud Hieronymum Scotum, 1541. Nr. 21 u. 22.

Von diesem spanischen Componisten ist äusserst wenig durch Neudruck veröffentlicht worden. In Deutschland sucht man seinen Namen vergeblich. Nur Eslava (D. Hilarion) der jüngst' verstorbene Director des Conservatoriums zu Madrid hat von Escobedo drei Motetten zu 4 Stimmen in seiner: Lira Sacro-Hispana herausgegeben. Um so willkommener und wichtiger war daher der Fund obigen Tonsatzes, der sich mir in dem schon oben bei Nr. 33, Nicolaus Gombert (XIV) erwähnten Druckwerke (siehe obige Quellenangabe) bot. Dass wir die Benutzung dieses seltenen Druckes der zuvorkommenden Güte des Herrn Geheim. Medicinalrathes Dr. Mettenheimer, Leibarztes Se. Königl. Hoheit des Grossherzogs, in dessen Besitze es sich zur Zeit befindet, zu verdanken haben, ist schon früher bei Nr. 33 erwähnt worden. Die Seltenheit des Druckwerkes kann aber nach der Bemerkung auf dem Titel, dass das Werk niemals anderwärts in Typendruck herausgegeben worden sei(— opus nunquam alias typis excussum —) nicht mehr auffallen.

Was die Textstellung anlangt, so habe ich bei dieser Nummer dasselbe Verfahren eingeschlagen, das ich schon bei Nr. 33 (Nicolaus Gombert) die auch diesem Druckwerke entnommen ist, angewendet habe. Bei aller Correctheit und Sorgfalt des Originals im Allgemeinen, liess doch die Textstellung Manches zu wünschen übrig. Namentlich gruppirt das Original sehr häufig die ganze Textreihe unter die ersten Noten der Notengruppe, ohne auf die Unterstellung der letzten Silben besondere Rücksicht zu nehmen. Ich habe daher einmal die Textstellung des Originals wie sie im Drucke vorlag, gegeben, und dann meine Aenderungsvorschläge in Klammer (. . . .) entweder darunter gestellt oder hinterdrein folgen lassen.

XXXV. Cristophero Morales.
(Siehe: Ambros, III, Seite 587.)

Nr. 62. Motette: Sancte Antoni . . . 4 vocum . . . . . . S. 595.

Secunda pars: O sancte Antoni . . . . S. 600.

Partiturvorlage Kade. Quelle: Nicolai Gomberti Musica quatuor vocum (vulgo Motecta nuncupatur.) Liber primus. Venetiis apud Hieronymum Scotum, 1541. Nr. XI . . . (siehe den ausführlicheren Titel bei Nr. 61. Escobedo (XXXIV.)

Für diese Nummer gelten in Bezug auf Erwerbung, Veröffentlichungsrecht, und Textstellung dieselben Bemerkungen wie die zu Nr. 33 Nicolaus Gombert und Nr. 61 Escobedo gegebenen.

Alphabetisches Verzeichniss der Tonstücke.

Alphabetisches Verzeichniss der Tonsetzer.

C. G. Röder in Leipzig.

I.

Joannes Okeghem.

Nº 1. a. Sanctus, 4 vocum.
 b. Benedictus, 2–3 vocum
aus der *Missa cujusvis toni.*

(Siehe: Ambros, Tom. III. Seite 172.)

Hier mit den Accidentalen zu dem Tone *A* gegeben.

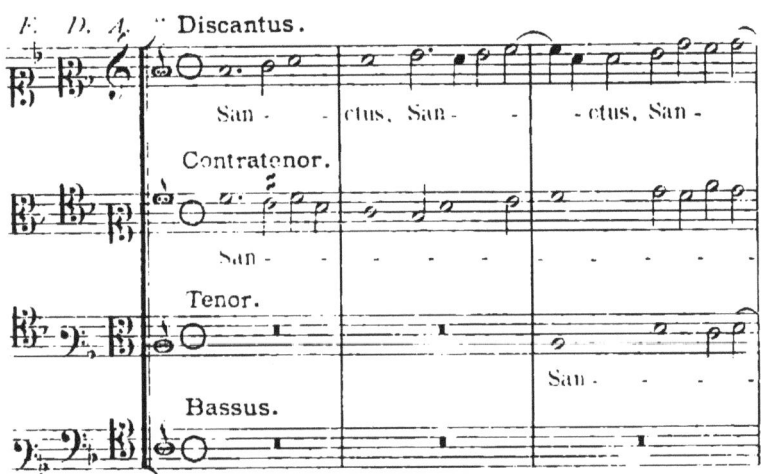

*) Soll wahrscheinlich eine *Minima* (ρ) auf der zweiten Linie sein. R.

Stich und Druck der Roder'schen Officin in Leipzig.

Verlagseigenthum von F. E. C. Leuckart Constantin Sander in Leipzig.

F. E. C. L. 3514.

*) Im Originaldrucke der Satzfehler [notation] statt: [notation] In einem solchen Werke ganz besonders angenehm. Ambros.

Joannes Okeghem.

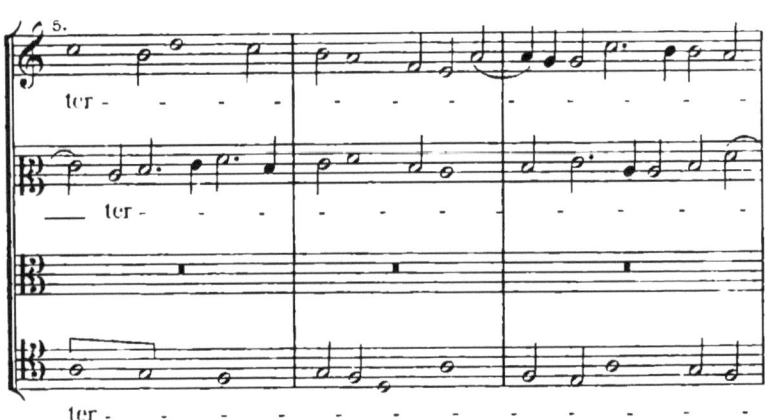

*) Petrejus 1539 hat diese Stelle wie folgt: etc. R.

Joannes Okeghem.

*) Diese Ligatur soll wahrscheinlich heissen:

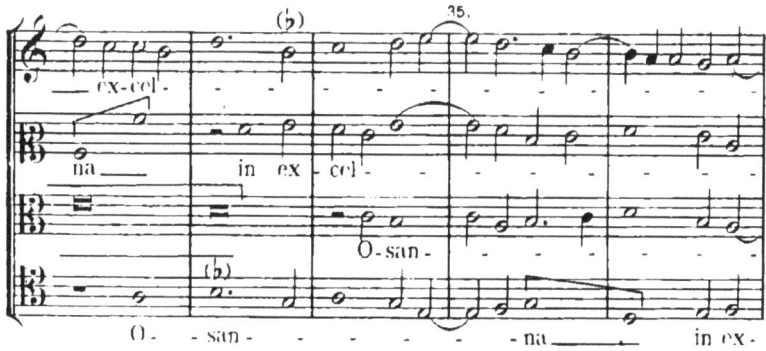

*) Originalgetreu. Soll wahrscheinlich eine *Minima* (♀) auf der 9ten Linie sein.

F. E. C. L. 3514.   K.

Joannes Okeghem.

b. Benedictus

aus der *Missa ad omnem tonum, duarum vocum.*

*) *Glarean*, S. 455 hat als Tactzeichen nur **C**, ohne Strich, Petrejus 1539 hingegen **₵** mit Strich.

Anmerkung: Ob die Anwendung des Tripeltactes überhaupt zu rechtfertigen ist, scheint fraglich. Der Satz leidet offenbar an einer rhythmischen Verschiebung, die sich in Tact 4 auf der ersten *Semibrevis* der Oberstimme kundgiebt, wo statt des erwarteten Vorhaltes von 4 – 3 der Dreiklangsfortschritt auf dem schlechten Tactgliede erscheint. Gleichwohl bietet der Satz im *Tempus imperfectum* wieder andere Unregelmässigkeiten wie z. B. in Tact 3–4 in der Oberstimme die verlängerte *Brevis* (▬·) bei welcher dann die l a n g e Note an die k u r z e erscheinen würde, was zwar nicht undenkbar wäre, aber doch nur selten und ausnahmsweise im ältern Tonsatze vorkommt. Forkel. (Tom. II. S. 537.) half sich dadurch, das er die e r s t e Note beider Stimmen mit einem Punkt verlängerte. K.

*1.)Anmerk. Soll wohl eine *Semibrevis* auf zweiter Linie sein: ═══ R.

F.E.C.L. 8514

Joannes Okeghem.

2. Weltliches Lied: *Je nay deul.* 4 vocum.

(Siehe: Ambros, III. S. 180.)

Aus:
Canti cento cinquanta.
Petrucci, Venedig 1503.

*1.) Das Wiener Exemplar notirt den Cantus: und den Bassus: K.

F.E.C.L. 8515

*) Gesang schönster Art. Ambros.

E.E.C.I. 3514

Joannes Okeghem.

3. Weltliches Lied: *Lauter dantant,* 3 vocum.
(Siehe: Ambros, III. S. 180.)

Codex 208. S. 44.
der Casanatenensis in Rom.

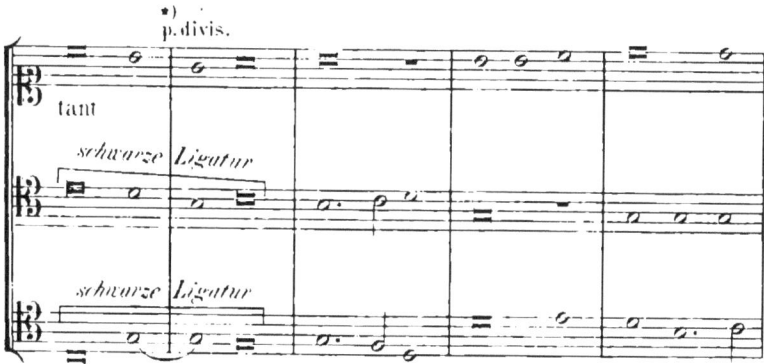

*) punctum divisionis.

Joannes Okeghem.

4. Weltliches Lied: *Se ne pas jeulx,* **3** vocum.
(Siehe: Ambros, III. S. 150.)

Codex 208
der Casanatenensis in Rom.

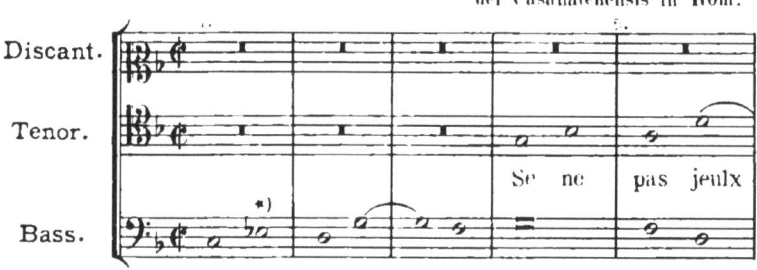

*) Originalgetreu.

*) Die ganze Stelle Originalgetreu, in Notation und Schlüsseln.   R.

E. E. C. I. 3513.

Joannes Okeghem.

5. Weltliches Lied: *Se vostre cœur,* 3 vocum.

(Siehe: Ambros, III. S. 180.)

Codex N° 208,
der Casanatensis in Rom.

Discantus.

Se   vo - stre   cœur

Tenor.

Se   vo - stre   cœur

Bassus.

*1.) Die ungleiche Vorzeichnung Originalgetreu. K.

*2.) Originalgetreu. Soll wahrscheinlich eine *Minima* (♭) auf der dritten Linie
sein K.

E. E. C. I. 3514

*) Originalgetreu. R.

*2) Originalgetreu. Soll wahrscheinlich eine *Minima: c* sein. R.

Verlagseigenthum von F. E. C. Leuckart (Constantin Sander) in Leipzig.

F. E. C. L. 3514

Joannes Okeghem.

6. Fuga trium vocum in Epidiatesseron.

(Siehe: Ambros, III. S. 160.)
Forkel, Tom. II. S. 529.

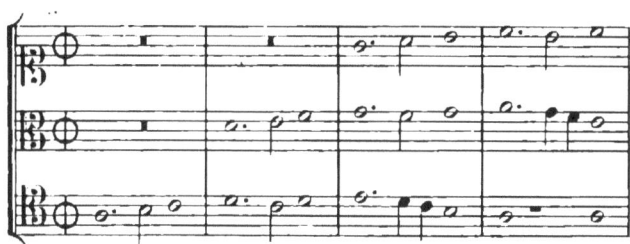

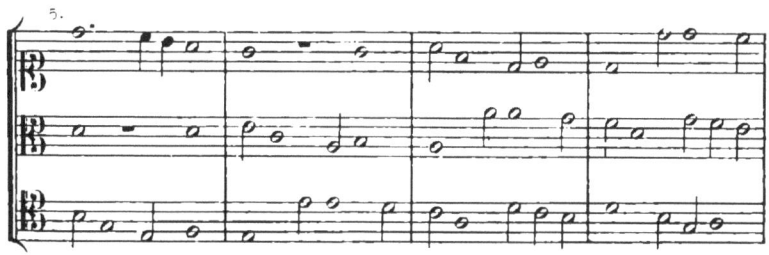

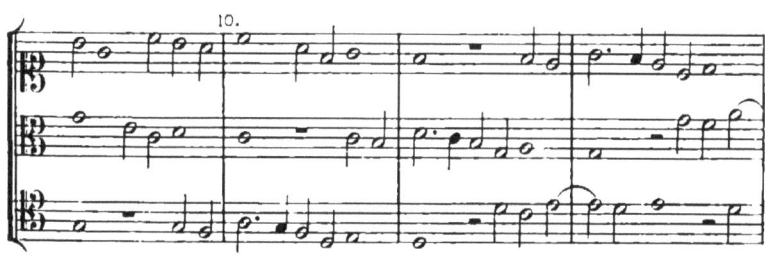

Es ist aufmerksam zu machen, dass das erste Motiv genau mit dem Liede: *Lauter dantant* von *Okeghem* (siehe № 3 dieser Beilagen) übereinstimmt. K.

II.

Jacob Hobrecht.

7. Ave regina, Motette zu 4 Stimmen.

(Siehe: Ambros, III. S. 185.)

Aus: Petruccis Canti C
numero cento cinquanta.
Venedig, 1503. Fol. 3.

*) Weshalb Ambros diesen tiefernsten Satz in hohe Schlüssel versetzt wissen will,
ist mir unverständlich. K.

Jacob Hobrecht.

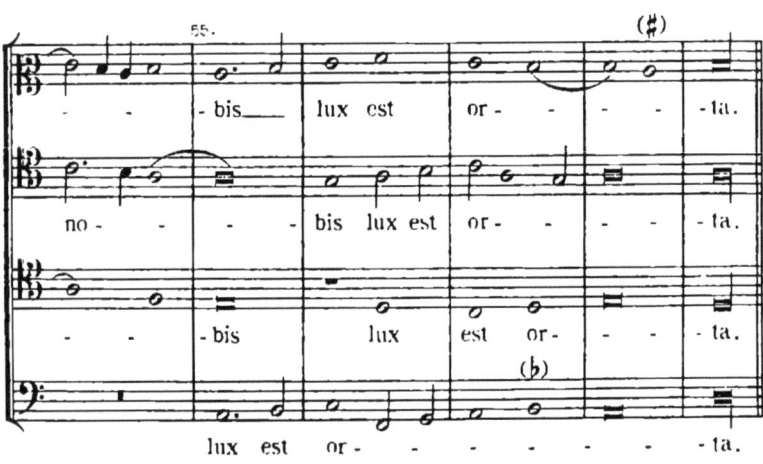

24

Jacob Hobrecht.

Secunda pars. *)

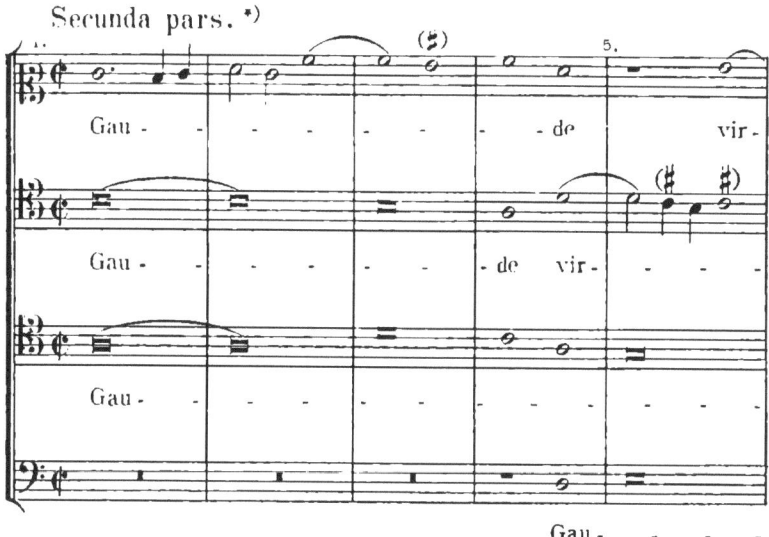

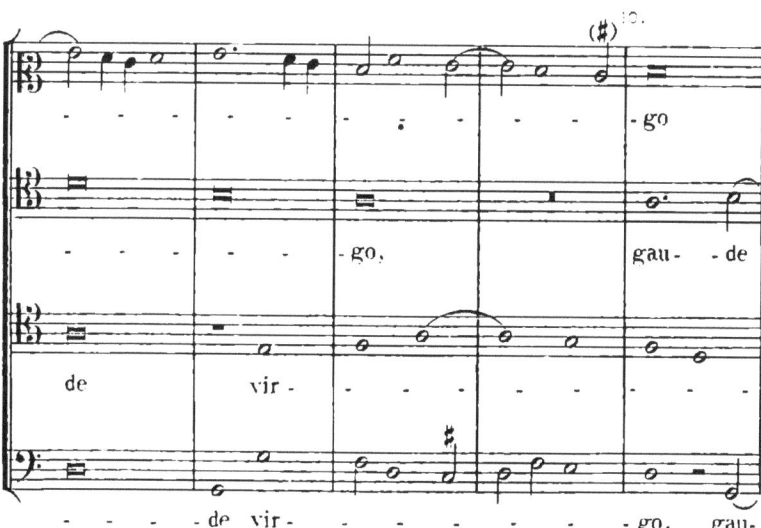

*) Dieser zweite Theil hatte in der Vorlage von Ambros — ob auch im Original, weiss ich nicht — eigentlich das Textbruchstück: *Funde preces ad filium*, ohne es weiter auszuführen. Da es mir nicht gelang diese Strophe aufzutreiben, auch fast alle Compositionen älterer Zeit zu diesem Mariengesange (wie z. B. von *Palestrina, Aichinger, Ortiz, Fux*, u. v. A. siehe *Proske, Bellermann* (Motetten Palestrinas, Mettenleiter *Enchiridion chorale*) die hier aufgenommene Strophe: *Gaude virgo gloriosa:* geben, so glaubte ich lieber diese nehmen, als den Tonsatz unvollständig lassen zu müssen. R.

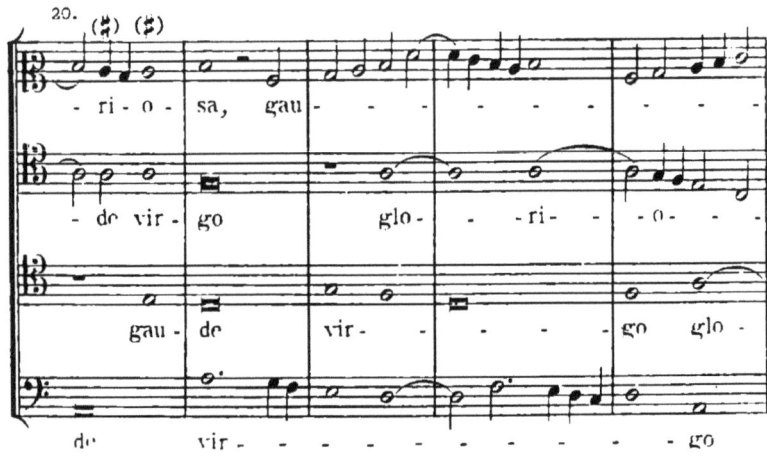

Jacob Hobrecht.

- de vir - - - sa.

- ri - o - - sa. Su - - per

Su - per o - mnes spe - - - ci - o - -

go glo - - - - ri o - - sa.

o - - - - - mnes su -

Su - - per o - - - - - -

- - - - - - sa, va - -

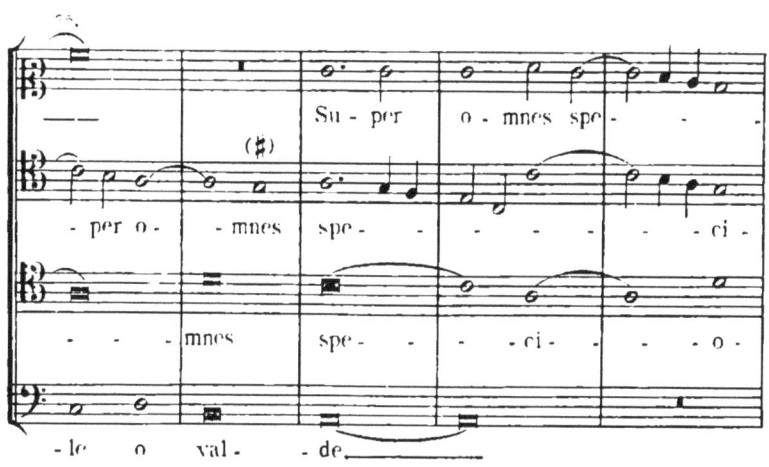

Su - per o - mnes spe - - - -

- per o - - mnes spe - - - - ci

- - mnes spe - - ci - - - o -

- le o val - - de

*) Im Originale stand die *Semibrevis:* , statt *g.* Vergleiche dieselbe Stelle in *Pars prima,* Tact 40. K.

F. E. C. L. 8614

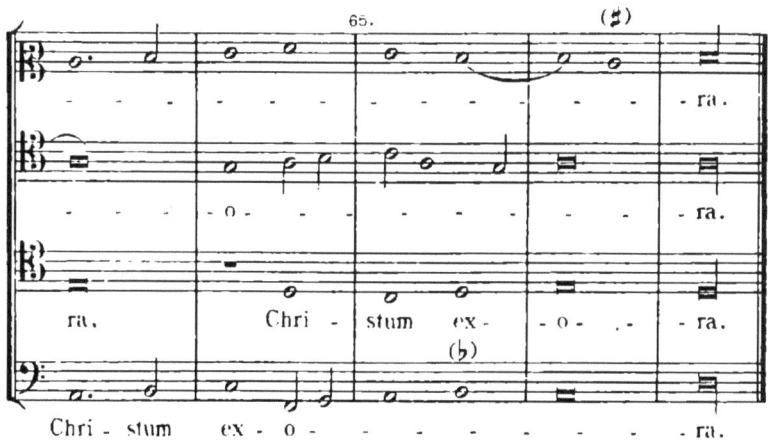

Jacob Hobrecht.

8. Weltliches Lied: *Forseulement.* 4 vocum.

(Siehe: Ambros, III. S. 186.)

---

*) Die Vorzeichnung im *Discantus* zu diesem Stück *G*schlüssel auf der *zwei-ten Linie* mit ♭ vor *f* kommt in ältern Tonwerken häufig vor. Sie wurde zur Bezeichnung der *mixolydischen* Tonart benutzt um anzuzeigen, dass nicht *fis* zu singen sei, wie *Glarean, Dodecachordon,* Lib. III. S. 349, als Beispiel dieser Tonart die Motette von HEINRICH ISAAC: *Anima mea liquefacta est* " ausdrücklich mit dieser Vorzeichnung anführt. K.

Jacob Hobrecht.

*) In diesem Tacte sind die 9 Viertel entweder ein Druck- oder Schreibfehler. Die Stelle wird wahrscheinlich heissen sollen wie folgt:

K.

Jacobus Obrecht.

9. Weltliches Lied ohne Text, 4 vocum.

Codex No 59
der Maglibecchiana zu Florenz.

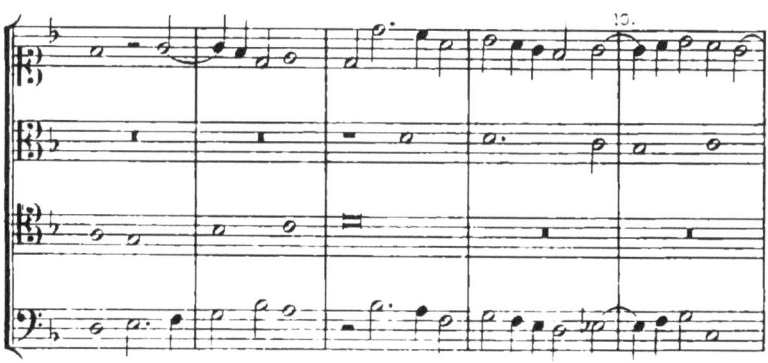

Anmerkung: Das erste Motiv zu diesem Liede kehrt in der Composition zum französischen weltlichen Liede des 15. Jahrhunderts mehrfach wieder. So beginnt das Lied: *Ma doulce cœur*, von BUSNOYS zu 3 Stimmen, mit demselben Bass:

Ma doul - ce cœur

Auch bei JOSQUIN findet sich das Motiv in dem wunderschönen Liede: *Adieu mes amours*, zu 4 St., das mit folgendem Tenor anhebt:

Adieu mes amours

Von Heinrich ISAAC wird es gleichfalls in einem Liede o h n e Text zu 3 Stimmen benutzt, wo der Tenor beginnt:

Es wird sich daher die Schwierigkeit, die scheinbar übereinstimmenden Lieder von einander zu trennen und zu sichten, sowie ferner den *richtigen* Text zu den Liedern *ohne* Textangabe aufzufindig zu machen, bei diesem Liede um ein Wesentliches steigern. R.

Jacobus Hobrecht (obrech).

10. Weltliches Lied: *La Tortorella,* **4 vocum.**

(Siehe: Ambros, III. S. 186.)

Codex № 59: „Cantiuncula" der Maglibecchiana zu Florenz.

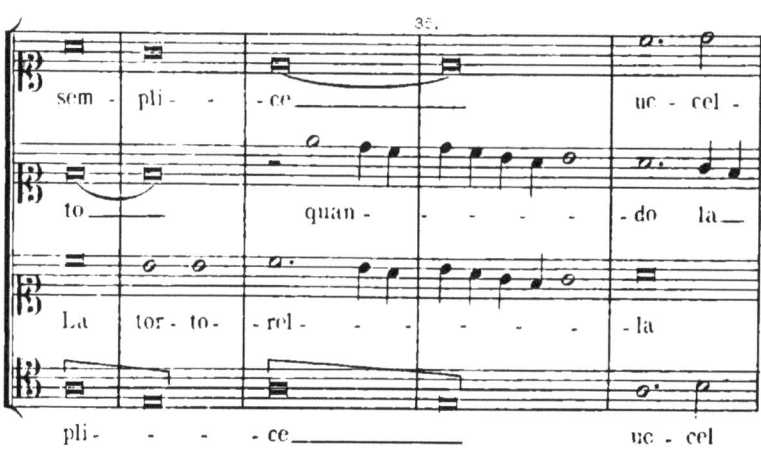

Jac. Hobrecht.

11. Weltliches Lied: *Se bien fait*, 4 vocum.
(Siehe: Ambros, III. S. 486.)

(Codex Membranaico,
Casamatenensis, in Rom
O. V. 208. Seite 110.)

Discant. Se bien fait

Altus. Se bien fait

Tenor. Se bien fait

Bassus. Se bien fait

Jac. Hobrecht.

*) Au dieser Stelle notirt das Original wie folgt: etc.

Jacobus Hobrecht.

12. *Salve Regina, trium aequalium vocum.*

(Siehe: Ambros, Tom. III. S.182 u.f.)

Das Ritualmotiv zu diesem Mariengesange gebe ich zunächst aus einer älteren Sammlung Responsorien und andrer Gregorianischer Gesänge von 1572, die in Bezug auf Fassung und Vollständigkeit des Melodiekörpers die meiste Garantie zu geben schien. Trotzdem dieses Druckwerk den katholischen Text in protestantischem Sinne mit leiser Abänderung einiger Stellen umwandelt, entlehne ich doch um so lieber den melodischen Gedankengang aus demselben, als dasselbe auf die sonst meist arg vernachlässigte Textstellung selbst grossen Werth legt, wie aus den Anfangsworten der lateinisch geschriebenen Vorrede deutlich erhellt, die mit den Worten beginnt: *Quoniam juvenes candidi certum est, nisi quis a pueris Musicam, id est, canendi artem addiscat, apteque verba notis accommodet:* etc. Dieses bisher noch unbekannte Druckwerk führt den Titel: *Responsoria, quae annuatim in veteri ecclesia, de Tempore, Festis et Sanctis cantari solent, etc. Noribergae, M. D. LXXII apud Valentinum Neuberum.*[*] Daselbst lautet der obige Mariengesang Seite 146ᵇ wie unter *A* folgt.

Sodann gebe ich dasselbe Marienlied noch einmal aus einem vierstimmigen Tonsatze von GREGOR AICHINGER vom Jahre 1603, um die Verarbeitung des CANTUS GREGORIANUS in den Tonsatz zur Anschauung zu bringen. Dasselbe folgt unter *B*. Man vergleiche darüber ferner auch die Fassung von HEINRICH von LAUFFENBERG, siehe MEISTER, katholische Kirchenlied, unter den Kopieen (No 4) und WOLF, über Lais und Sequenzen, 1841.

A. Sal - - ve Je - - su___ Chri - - ste___
Rex mi-se-ri - cor-di - - æ. Vi - - ta dul - - -
ce - - - - - do et spes no - stra sal - - - ve.
Ad te cla-ma - - mus ex-u - - les fi-li-i E-væ.
Ad te su-spi-ra - - mus___ et__ flen - - tes
ex hac mi - se - - ri-a - rum val - - le.

[*] Von diesem Notendrucke existirt auch eine frühere Ausgabe von 1550, die ich jedoch nicht vergleichen konnte. K. F.E.C.L. 8514

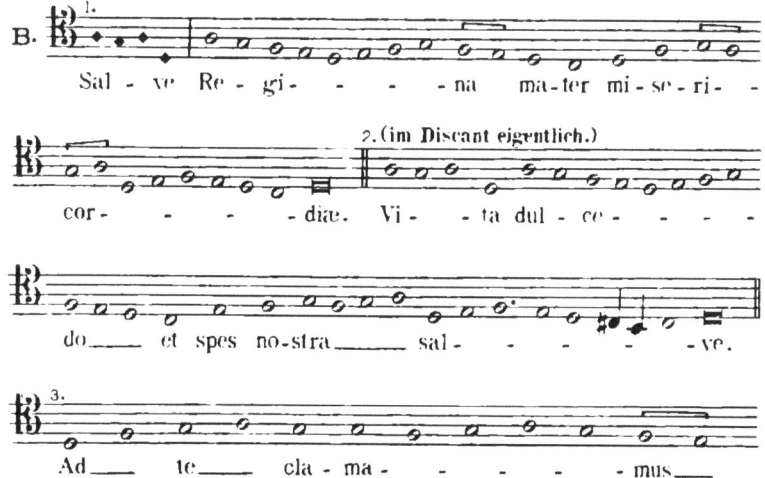

Jacobus Hobrecht.

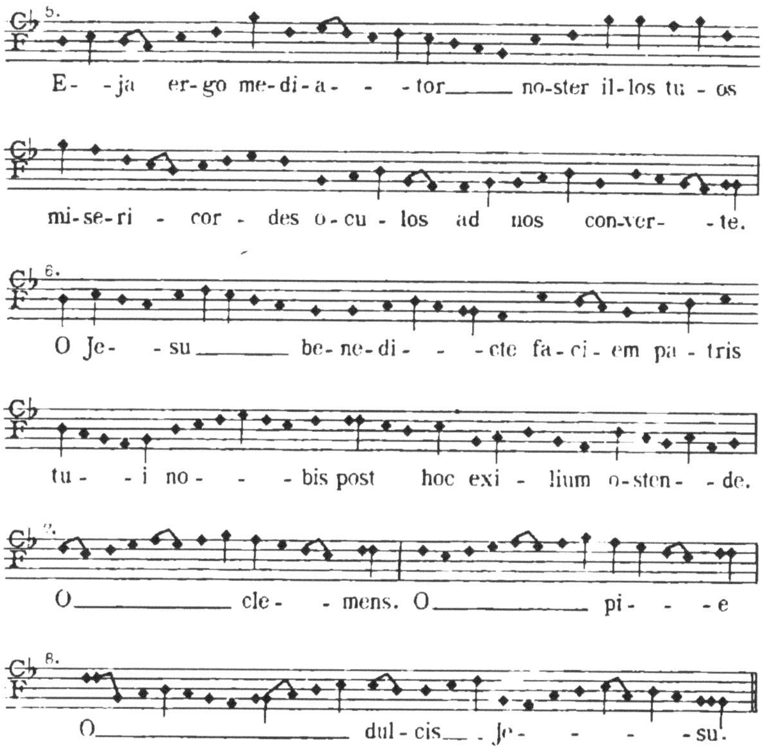
5.
E- -ja er-go me-di-a- - -tor___ no-ster il-los tu-os
mi-se-ri - cor - des o-cu-los ad nos con-ver- -te.
6.
O Je- -su___ be-ne-di- - -cte fa-ci-em pa-tris
tu- -i no- - -bis post hoc exi - lium o-sten- -de.
7.
O___ cle- -mens. O___ pi- - -e
8.
O___ dul-cis__ Je- - - -su.

Aichinger, Gregor, in einem vierstimmigen Satze (siehe Proske, Tom. III. 474.) giebt dasselbe so:

B.
1.
Sal - ve Re - gi- - - - -na ma-ter mi-se-ri- -
2. (im Discant eigentlich.)
cor- - - -diae. Vi- -ta dul - ce- - - - -
do___ et spes no-stra___ sal- - - - - -ve.
3.
Ad___ te___ cla-ma- - - - - -mus___

exu - les____ fi - - - li - i E - - - - - væ.

4.
Ad te su - spi - ra - - mus ge-men-tes et flen -

tes in hac la - - cry - ma - rum val - - - - le.

5.
E - ja er - go ad - vo - ca - ta____ no-stra il - los tu - - -

os____ mi - se - ri - - cor - - - des____ o - - cu -

los ad nos con - - - ver - - - - - te.

6.
Et Je - sum be - ne - - di - - - ctum fru - - ctum

ven - tris tu - - i no - - - - bis post____ hoc

(♮♯)
ex - - i - li - - - um o - - - sten - - - - - de.

7.
(♮♯) 8.
O____ cle - - - - - mens. O____
O____ pi - a.

_____ dul - cis___ vir - go Ma - - - - ri - a.

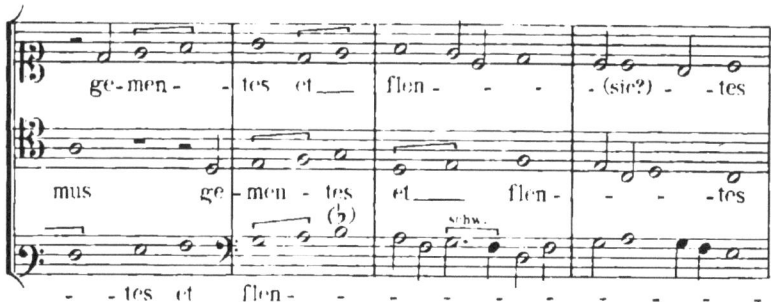

in hac____ la-chry-ma--rum val_____

_____ le_____

chry-ma---rum val_____

_____ le.

val_____ le.

_____ le.

Ei-_____

Ei-_____

Ei-__-a_____ er-_____

_____-a_____ er-_____

_____-a er-_____

(sie)

_____-go ei-

*) Soll wahrscheinlich eine *Minima g:* ⊟ sein. R.

Verlagseigenthum von F.E.C.Leuckart (Constantin Sander) in Leipzig

F.E.C.L. 3514

*1) Im Original ♩.   *2) Originalgetreu. Soll wahrscheinlich heissen:

*3) Im Original ♩.

F. E. C. L. 3514   K.

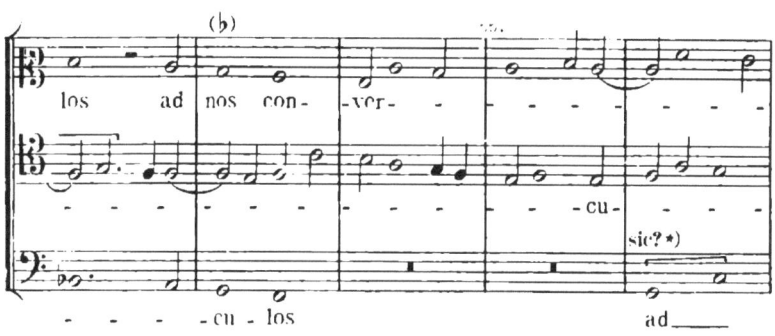

*) Soll wahrscheinlich eine *Semibrevis* f sein: ☰☰ K.

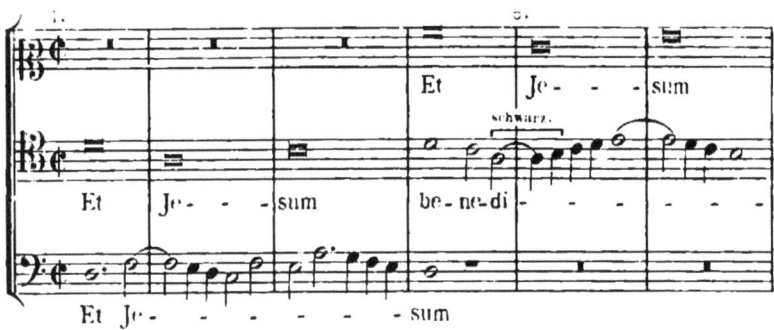

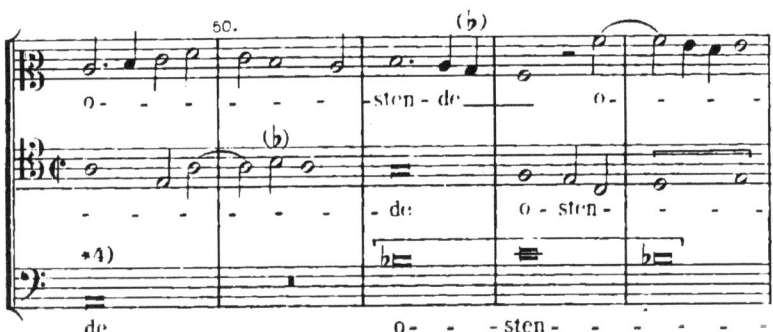

---

*1) Im Originale:
mit rother Tinte: vt nigræ (unleserlich)

*2) Im Originale: etc. o h n e Tactzeichen.
- um

*3) Ohne besonderes Tactzeichen.

*4) Ueber diesen beiden Noten standen im Originale zwei Strichelchen: was
sich jedenfalls auf die Textirung bezieht, da in Folge der Ligatur die Silbe „sten"
gar nicht unterzubringen wäre, wenn diese *Brevis* nicht in zwei *Semibrevis* zer-
legt werden sollte, nämlich: und:
o - - - stende   o - - - sten - de
wie auch die folgende Parallelstelle, Tact 59, richtig angiebt.

*5) Original:

F. E. C. L. 8613.

Jacobus Hobrecht.

*) Original:  etc. K.

*1) Die Tacte 3–6 im Bass und 5–6 in der *Prima vox* lies wie folgt:

ect. K.

III.

Josquin de Près.

13. Stabat mater: 5 vocum.

(Siehe: Ambros, III. S. 227.)

Tenor des *Stabat* von JOSQUIN.

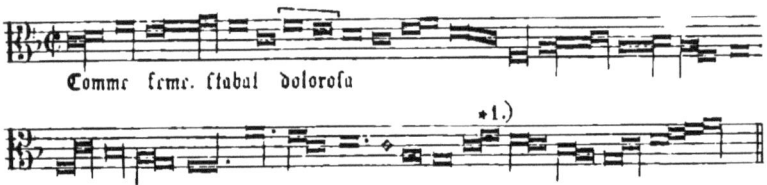

Comme femc. ftabal dolorofa

*1.) ≡≡≡ Florentiner Codex 1480.

Tenor des Liedes: *Comme femme* nach der Bearbeitung ALEX.
AGRICOLA'S *Canti cento cinquanta* Fol. $^{146}_{147}$

Gegenwärtige Partitur ist nach folgenden Vorlagen zusammengestellt:

1.) *Moletti della Corona* (Petrucci, Fossembrone 1519 die VII. Septembr.) *Libro tertio* N⁰ 6.

2.) *Liber Seleclarum Cantionum quas vulgo Mutetas vocant, sex, quinque et qualuor vocum* (Augsburg. S. Grimm & M.Wyrsung 1520) Fol. 157 sqq.

3.) *Secundus Tomus novi operis musici sex, quinque et qualuor vocum, nunc recens in lucem editus* (Nürnberg, Graphaeus 1538) N⁰ 10.

4.) *Magnum opus mus.* (Nürnberg, Montanus & Neuber 1559.) 2. Abth. N⁰ 1.

5.) GREGORIUS FABER. *Institutio musices sive Musices practicæ Erotemata.* (Basel, Petri 1553.)

6.) *Codex* der Maglibechiana in Florenz de anno 1480.

A. W. Ambros.

Verlagseigenthum von F.E.C.Leuckart (Constantin Sander) in Leipzig

F.E.C.L. 8514

Dell. undecimo Modo. _ Questo modo
dai Moderni è tanto in uso e tanto a-
mato, che molte cantilene composte nel
Quinto Modo per l'aggiuntione della chor-
da ♭ in luogo della ♮ hanno mutato in
Undecimo. _ Li Musici hanno composte
in questo Modo molte Cantilene, tra le
quali è *Stabat mater dolorosa* di Josquino a cinque voci. (Zarlino. Istit.
harm. IV. 28.)
    ARON (Tratt. della nat. et Cogn. de tutti i to-
ni cap.V) bezeichnet das „Stabat mater"
di Josquino, als dem 5. Tone angehörig.

Discantus.

Contratenor.

Tenor.
*1)

Quinta vox.

Bassus.

*1) Die Textstellung des *Stabat mater* im Tenor ist nach der Nürnberger Ausgabe von 1538 geordnet. K.

*2) Diese Beischrift *Comme femme* steht beim Tenor im Florentiner Codex und im *Liber Selectarum Cantionum.* (s. Anhang.) A.u.K.

*3) Im *Secundus Tomus novi operis musici*, Nürnberg, 1538, war
der „Bassus" im Fschlüssel auf der dritten Linie gezeichnet. Die Stelle
„dolorosa" ist daselbst folgendermassen notirt: ════ et. wie
auch im Florentiner Codex 1480. K.   do-loro- -sa

*4) *Motetti della corona:* ════ offenbar irrig, wie die Analogie der übrigen Stimmen zeigt. A

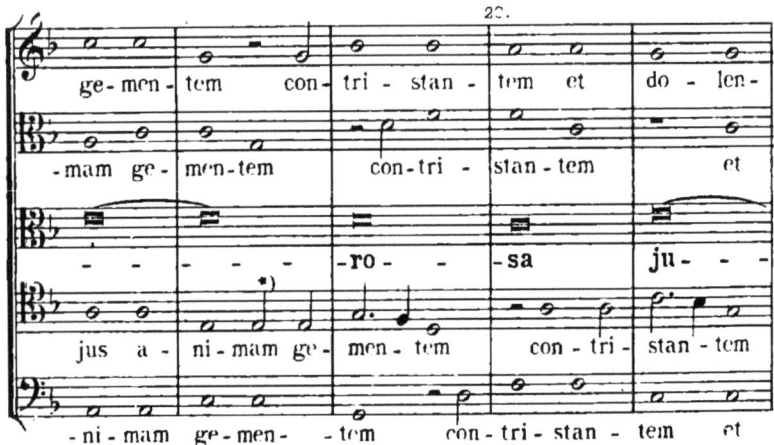

*) Bei Faber: A.

*1) Bei Faber und Otto, 1538.

*2) Bei Faber und Otto, 1538.

A.

*3) Florentiner Codex. ect. K.
tran-si- -vit gla- - di-us

*4) 1538. ect. K.
- - - di-us

*5) 1538. ect. K.
o quam tri- - stis

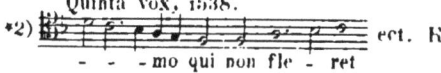

na - - -ti pœ-nas___ in-cli-

-bat na - ti pœnas in - - -cli - ti

- mo -

-bat na - ti pœnas in-cli - ti

- bat na - - -ti pœ-nas in - - - - - -

-ti na - -ti pœ-nas___ in-cli - ti

quis est ho-mo qui non fle- -ret

-sa

quis___ est ho - mo, qui

-cly - -ti___ quis est ho - - -mo

Chri - sti ma- -trem si vi - de-

Christi ma- -trem si vi - de- -ret in

dum___

non fle-ret___ in

qui non fle - ret in

*1) Discantus, 1538.   Quinta vox, 1538.

*1) ... ect.   *2) ... ect. R.
___ in-cly - ti R.   - - -mo qui non fle - ret

*3) Vorzeichnung originalgetreu. R.   F. E. C. L. 3514

*1) Die Quintparallelen originalgetreu. R.

*2) In der Nürnberger Ausgabe von 1538, ist das ♭ nicht vorhanden. R.

F.E.C.L. 8514

vi-dit su-um dulcem na-tum morri-entem de-so-

-gel-lis sub-di-tum vi-dit su-um dul-cem natum mo-ri-entem

- - - - - us.

in tormen - -tis mo-ri-entem de-so-

-gel-lis sub - di-tum (1532.)

vi-dit su-um dulcem na - tum mo-ri-entem de-

-la - tum dum e-mi-sit spi - - -ri - tum.

de - so - - -la-tum dum e - mi - -sit spi-ri-tum.

-la-tum dum e-mi-sit spi - -ri - tum.

so - la - - tum dum e-mi - - -sit spi-ri-tum.

*1) 1538. - cem na - -tum R.   *2) de-so-la- - -tum R.

Discantus, 1538.

*3) de-so-la- - - -tum R. *4) tum. R.

*1)

Eva

*2)

*3) Secunda pars.

E - ja ma - - -ter fons
Chri-ste ver-bum fons a -

E - ja ma - - - -
Chri-ste ver - - - -

Chri - - - - - - -ste

E - ja ma - - - -ter fons a - mo - - -
Christe ver - bum fons a - mo - - - -

E- -ja ma - - -ter
(Chri - ste ver - - bum, 1538, Otto.)

*1) Die Nürnberger Ausgabe von 1538 hat den C-Schlüssel auf der 3ten Linie beibehalten. K. Florentiner Codex 1480 desgl.

*2) Die Nürnberger Ausgabe von 1538 hat hier K. desgl. Florent. Codex 1480.

*3) Die Nürnberger Ausgabe von 1538 hat die ältere Notirungsweise den G-Schlüssel mit zwei ♭ zu bezeichnen aufgegeben, und schreibt nur ein ♭ auf der dritten Linie vor. K.

10.

*) Originalgetreu, statt: ♮.

F.E.C.L. 8514

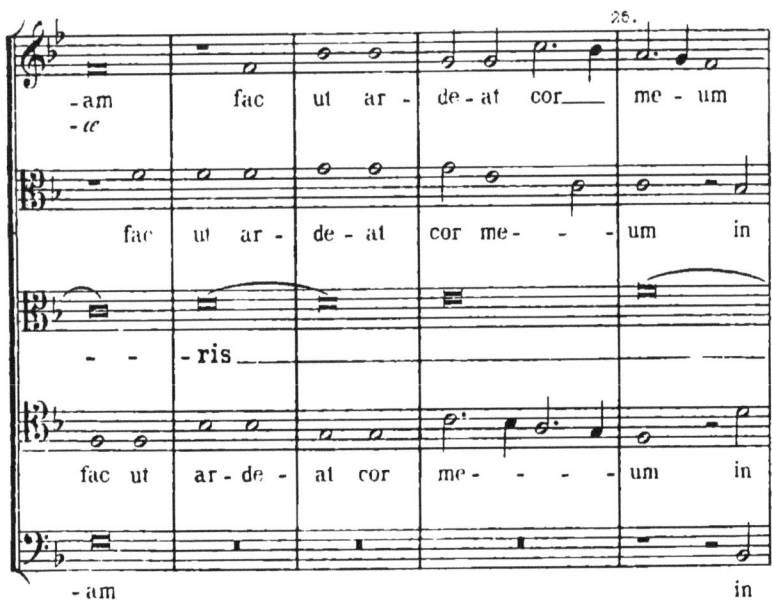

*) Discantus, 1538. ect. K.

F. E. C. L. 3514

Josquin de Pres.

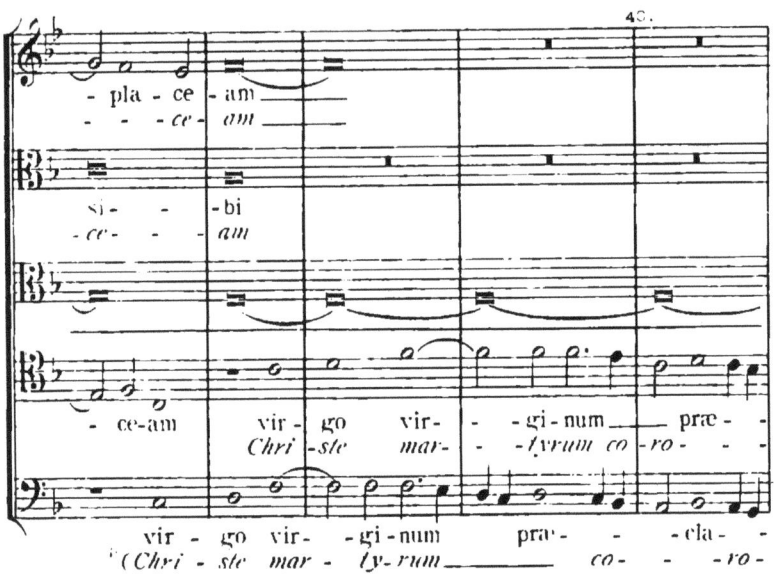

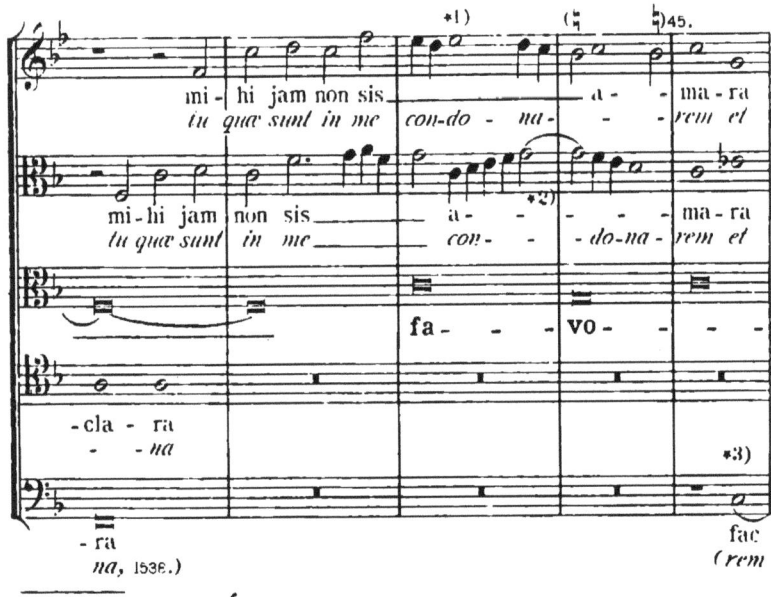

*1) Discantus, 1538.
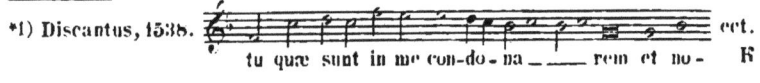
tu quæ sunt in me con-do-na____rem et no-   K

*2)  ect. K.
— — do-na-rem et no-men cri-
1538, (ohne ♭ im Contratenor.)

*3) Die Ausgabe von 1538 hat von hier an den F-schlüssel auf der 4ten Linie.
    K

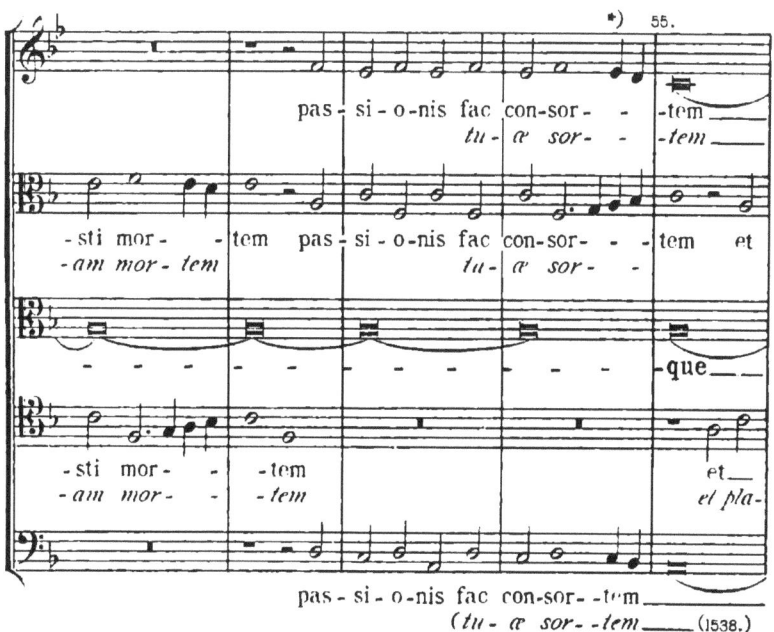

*) Discantus, 1538.   desgl. auch der Florentiner Codex.

sor tein____   K.

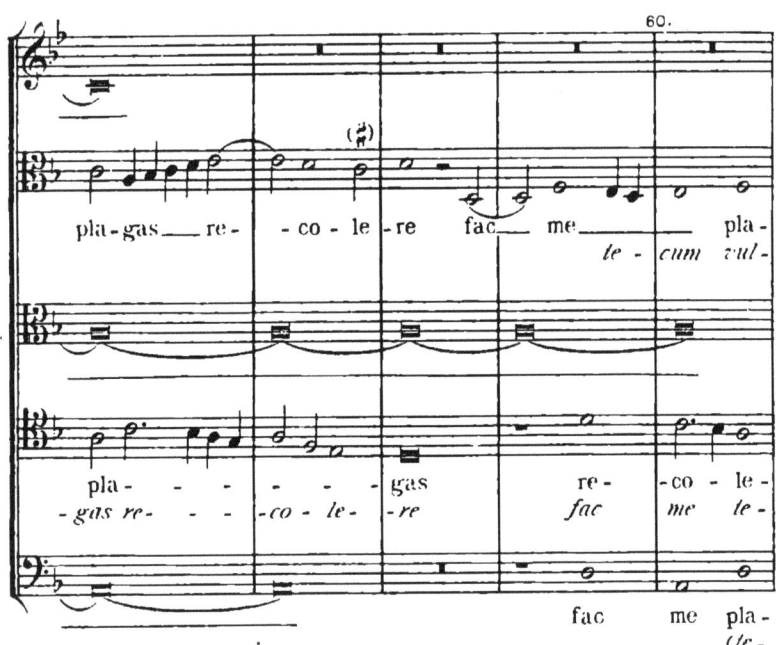

*) Discantus, 1538.

fac me spi-ri-tu do-na-ri

*) Im Originale sind die hier mit 3 oberhalb bezeichneten Noten schwarze

Hemiolen: ▆▆▆▆ u. s. w.   A.

-pus mo-ri-e - tur fac ut a - ni-mæ do-ne - tur
tumu-la - tur da ut spi - ri-tus fru-a - tur

corpus mo-rie - tur fac ut a - ni-mæ do-ne - tur pa-
tu-mu-la - tur da ut spi - ri-tus fru-a - tur be-

gra - - ti - - - - - -

-pus mo-ri-e - tur fac ut a - ni-mæ do-ne - - - -
tumu-la - tur da ut spi - ri-tus fru-a - tur be - -

-pus mo-ri-e - tur fac ut a - ni-mæ do-ne - tur
tumu-la - tur da ut spi - ri-tus fru-a - tur

pa-ra-di - - -si glo - ri - a.   A - men.
be-a-to - rum glo - - ri - - a

-ra-di-si glo - ri - a.   A - men.
-a-to-rum

-æ   A - men.

-tur pa-ra-di - si glo - ri - a.   A - men.
a-torum glo - ri

pa-ra-di - si glo - ri - a.   A - men.
be-a-to-rum, 1828.

Kirchenmelodie.

Stabat mater do-lorosa juxta crucem lacrimosa dum pendebat fi-li-us

cujus a-nimam dolentem contristatam et gementem per-transivit gla-di-us.

*) 1538.   **Den Schluss des Florentiner Codex siehe unter den**
                               Vorbemerkungen zu No III, pag. XXVI, 13. K.
       A - men.

Josquin de Près.

14. Missa: *Pange lingua* 4 vocum.

(Siehe: Ambros, III. S. 222 u. f.)

Das Ritualmotiv zu dem Hymnus: *Pange lingua,* das in den ersten 4 Noten gleichlautend mit dem *Discubuit Jesus* ist, lautet nach Kirchengesenge etc.. Nürnberg, Jobst Gutknecht, 1531, wie folgt:

Pange lingua glori-o - si cor-poris myste-rium sanguinis que preti-o-si

quem in mundi pretium fructus ventris generosi, rex effudit gen-ti-um.

Auch **Ludwig Senfl** hat dasselbe vierstimmig mit einer deutschen Uebertragung in den 121 deutschen Liedern von Ott, 1534, Nº 100, nur mit geringen Abweichungen.

Discantus.

Herr durch dein blut hilf vns ar - - - men,

thu - e durch dein guet dich er-bar- - -men

vn - ser sün - den vnd Ge-bre-chen thu - e nicht o

Herr mehr re - - - - - chnen mach vns mei - den

durch dein lei - den al bos - heit vnd mis - - se-that.

Siehe auch Mettenleiter: *Enchiridion chorale,* S. 350, S.C. u. S. CXXX.

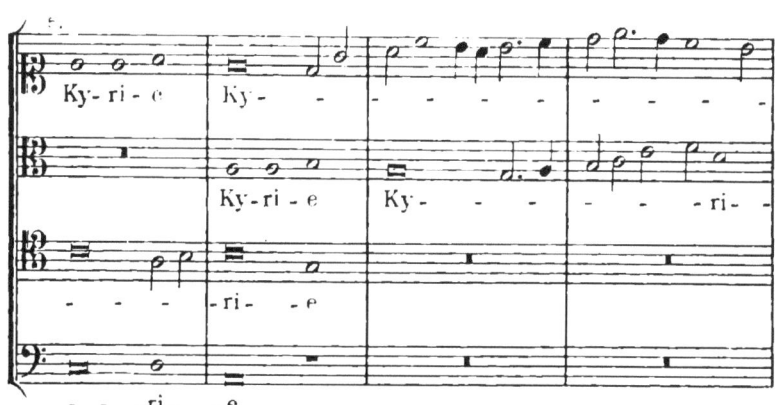

Josquin de Prés.

e - lei - - - - - - - - - - - son.

- - - - - - - - - - - son.

Ligatur

- - - - - - - - - - -lei- - - - - - - son.

e - lei - - - - - - - - - - - son.

Lig.

Chri - - ste

Chri - ste

Chri - ste

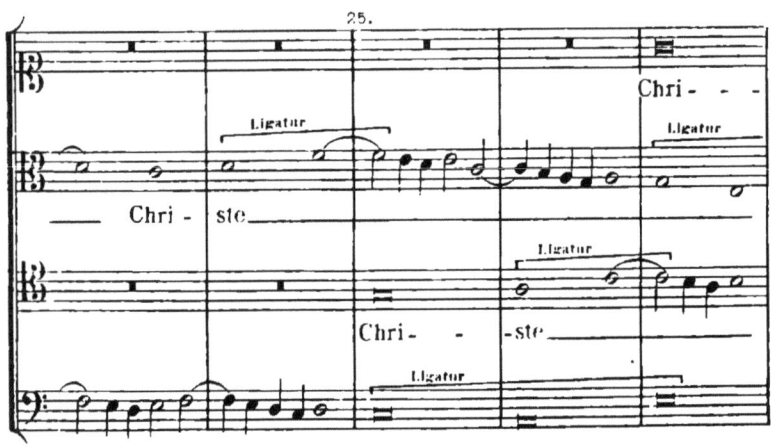

25.

Chri - - -

Ligatur   Ligatur

Chri - ste

Ligatur

Chri - - -ste

Ligatur

Verlagseigenthum von F E.C.Leuckart (Constantin Sander) in Leipzig.

F.E.C.L. 5514

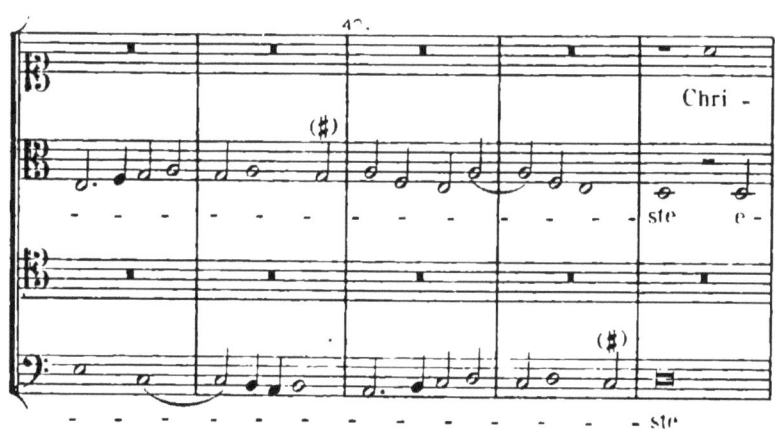

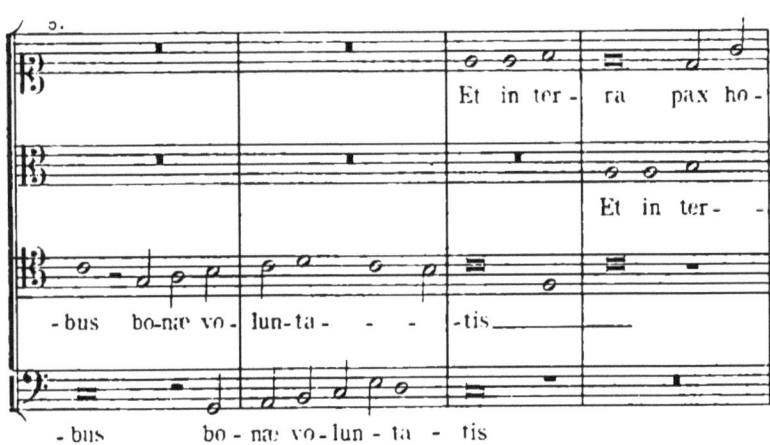

Josqain de Prés.

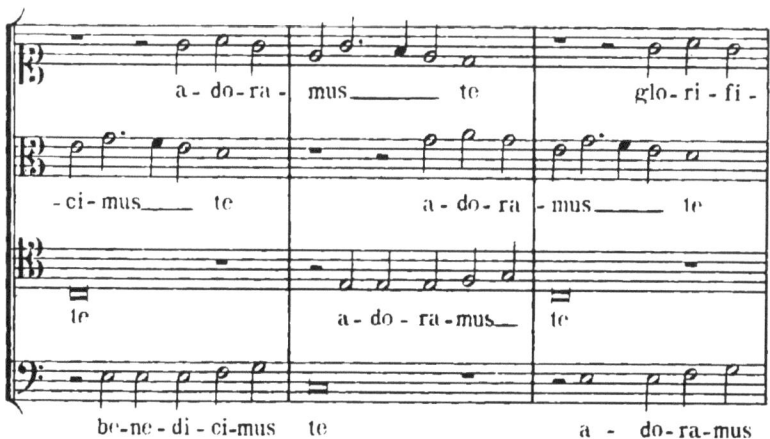

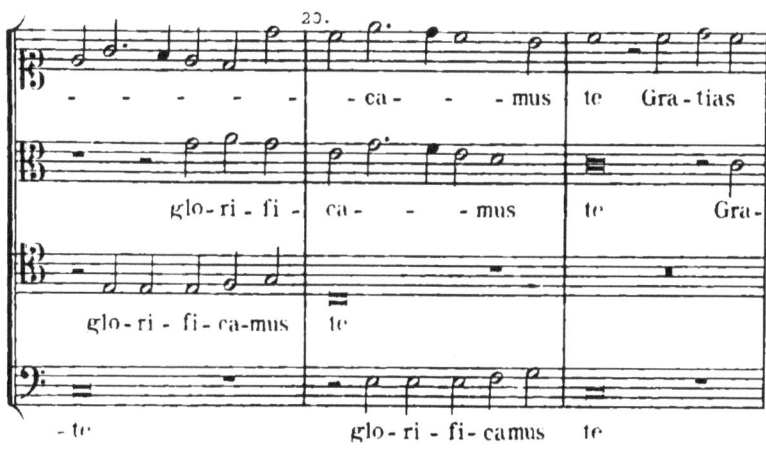

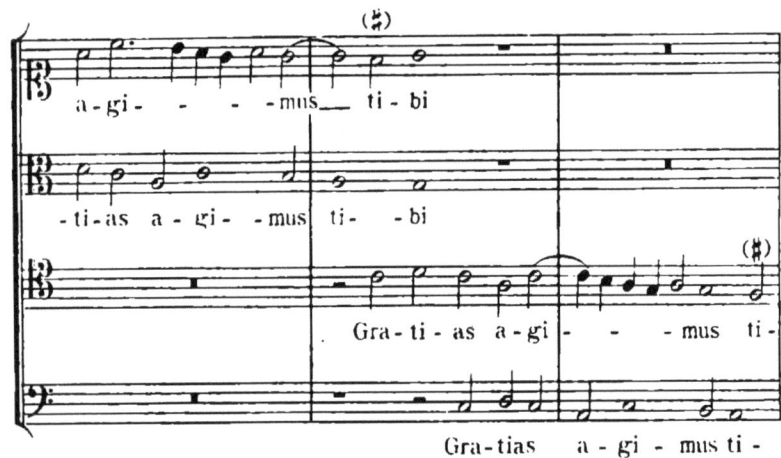

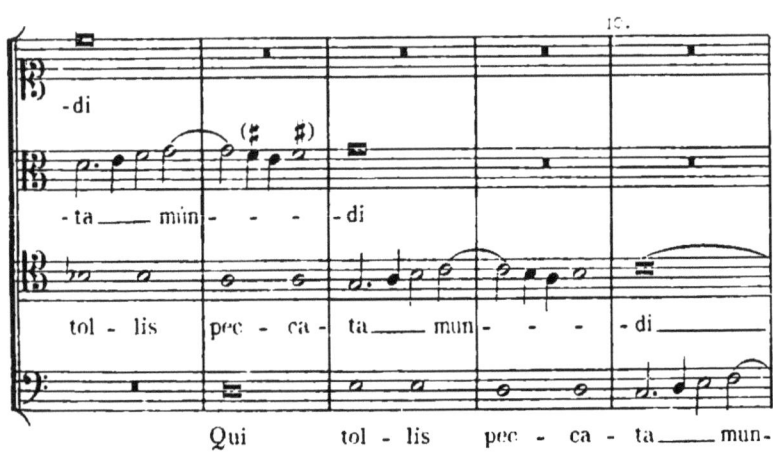

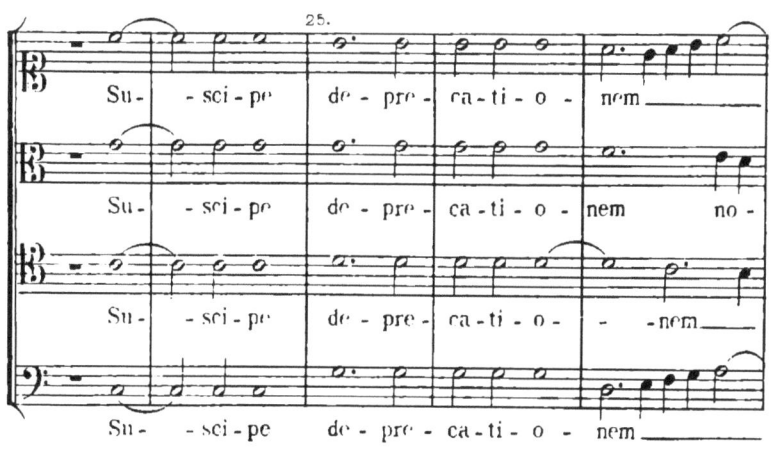

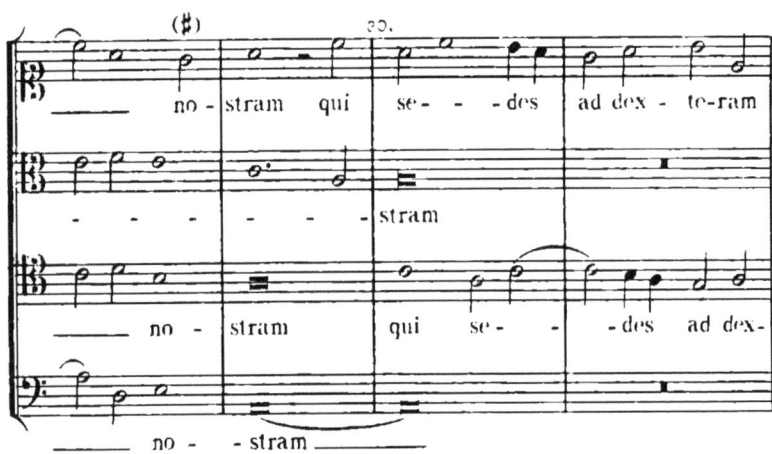

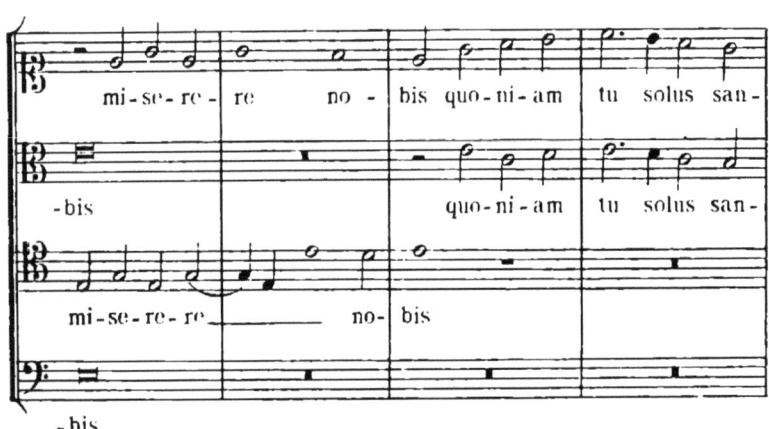

-ctus   tu   so-lus Do-mi-

-ctus   tu   so-lus Do-mi- nus

quo-ni-am   tu   so-lus san-ctus   tu

quo-ni-am   tu   so-lus san-ctus   tu   so-lus Do-mi-

nus tu   so - lus   al - tis - si - -mus

tu   so- -lus   al - tis-si-mus

so - lus Do-mi- nus al - tis- si - -mus   Je- -su

nus   tu so - -lus   al - tis-si-mus

— Je-su Chri- - - -ste   cum   san-cto spi-ri-

Je- -su   Chri- - - - -ste

Chri- - - - - -ste   cum

Je-su   Chri- -ste

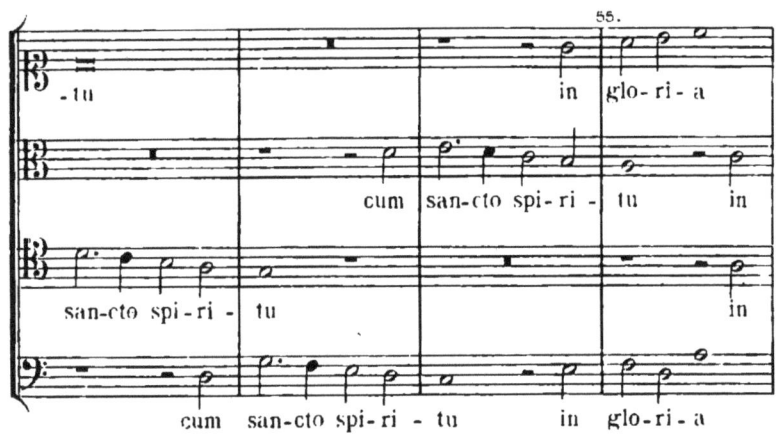

Patrem.

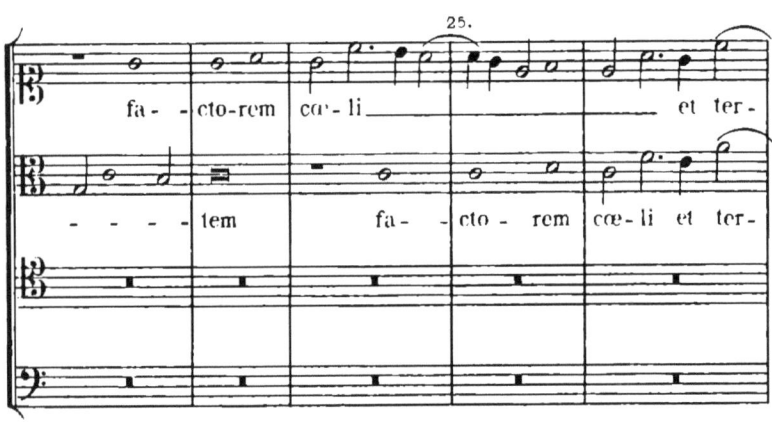

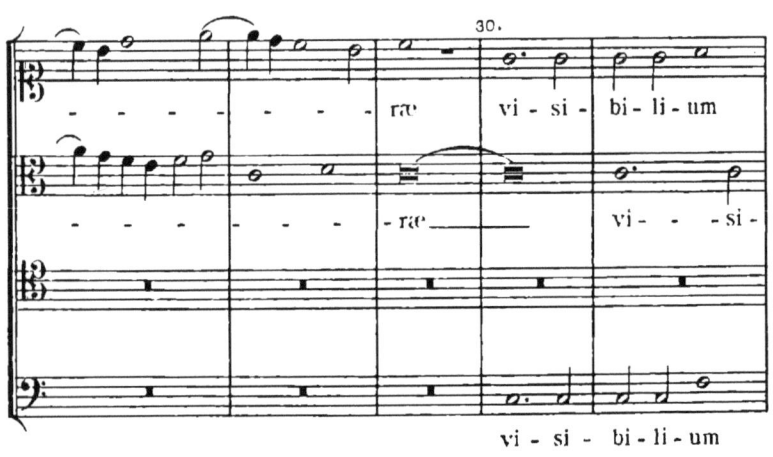

*) Textstellung bis mit Tact 47, originalgetreu. K. .

*) Diese Note g. originalgetreu. Soll wahrscheinlich c, oder a sein: Textstellung bis mit Tact 63, originalgetreu. K.

Verlagseigenthum von F. E. C. Leuckart (Constantin Sander) in Leipzig.

*1) Originalgetreu in allen Stimmen. K.   *2) Wahrscheinlich: K.
*3) Diese ganze Stelle originalgetreu Der Tritonus zwischen T e n o r
und B a s s bedingt wohl ein Chroma vor der Note f im Tenor. K.

-ctum consubstan-ti-alem pa - - - -tri per quem o-mni-a fa - -

-ti-a-lem pa - - - - - - -tri per quem o-mni-a fa - -

- - -cta sunt qui propter__ nos homi-nes et propter no-

- -cta sunt qui propter__ nos homi-nes

qui propter__ nos homi-nes

qui propter__ nos homi-nes et propter

-stram sa-lu-tem de-scen- - -dit de__ cœ- -lis.

et propter no- stram sa-lu-tem de-scen-dit__ de cœ- -lis.

et propter no- stram sa-lu-tem descen-dit de cœ- -lis.

nostram sa-lu-tem descendit__ de cœ- -lis.

Et in-car-na-tus est de spi-ri- -tu

Et in-car-na-tus est de spi-ri- -tu

Et in-car-na-tus est de spi-ri- -tu

Et in-car-na-tus est de spi-ri- -tu

san- -cto Ex Ma-ri- -a vir-gi- -ne

san- -cto Ex Ma-ri- -a vir-gi- -ne

san- -cto Ex Ma-ri- -a vir-gi- -ne

san- -cto Ex Ma-ri- -a vir-gi- -ne

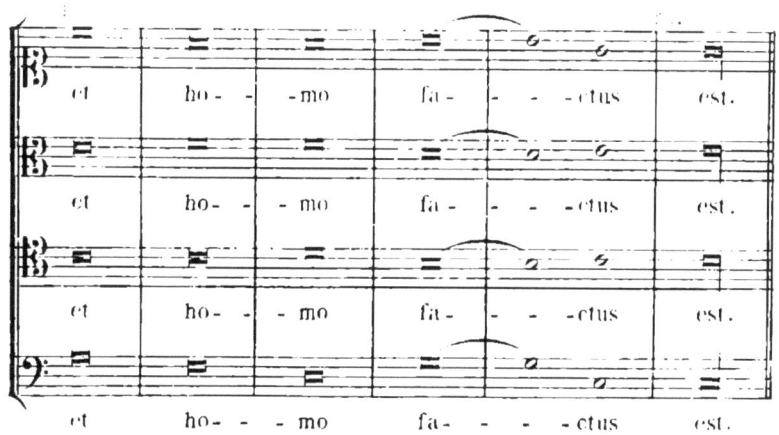

et ho- -mo fa- -ctus est.

et ho- -mo fa- -ctus est.

et ho- -mo fa- -ctus est.

et ho- -mo fa- -ctus est.

Cru - ci - - fi - xus e - - - ti - am

Cru - ci - fi - xus e - - ti - am pro no - - - - - -

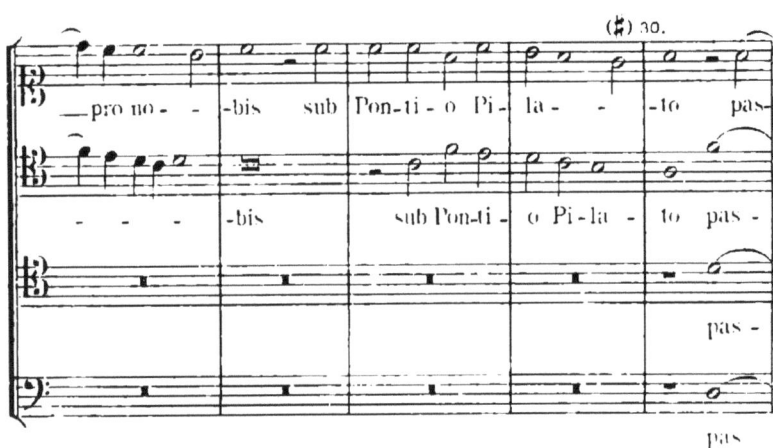

- pro no - - - bis sub Pon-ti - o Pi- la - - - to pas-

- - - - -bis sub Pon-ti - o Pi-la - to pas-

pas -

pas

- -sus et se - pul - -tus est

- -sus et se - pul - -tus est et

- -sus et se - pul- -tus est et re-sur-re -

- -sus et se - pul - -tus est et re-sur-

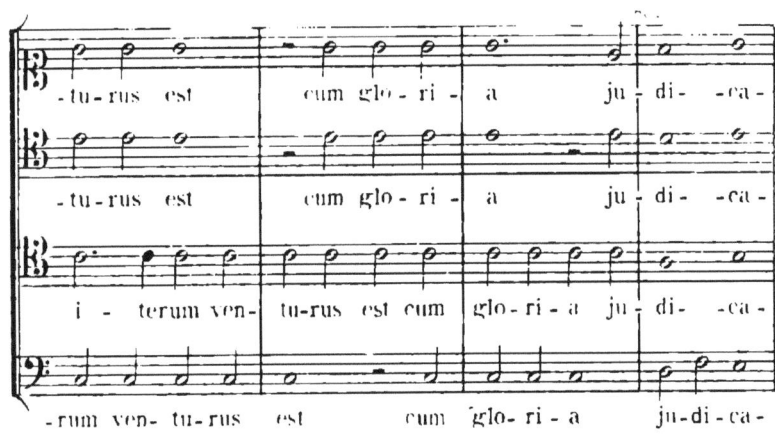

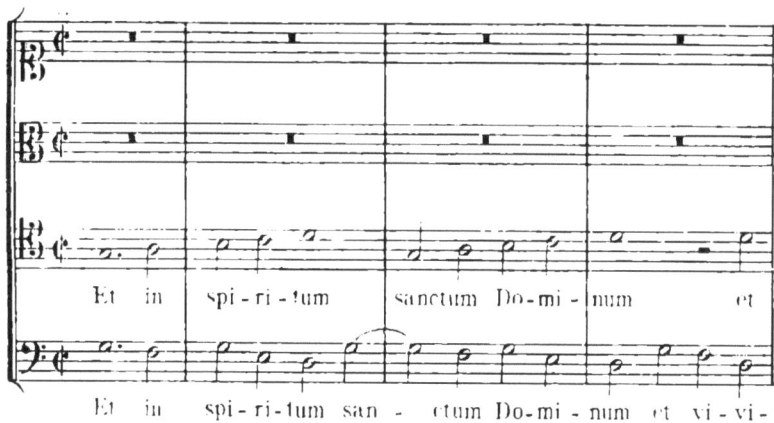

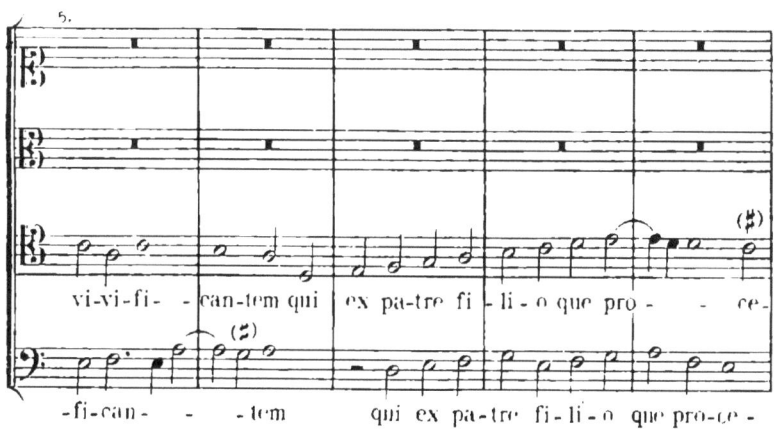

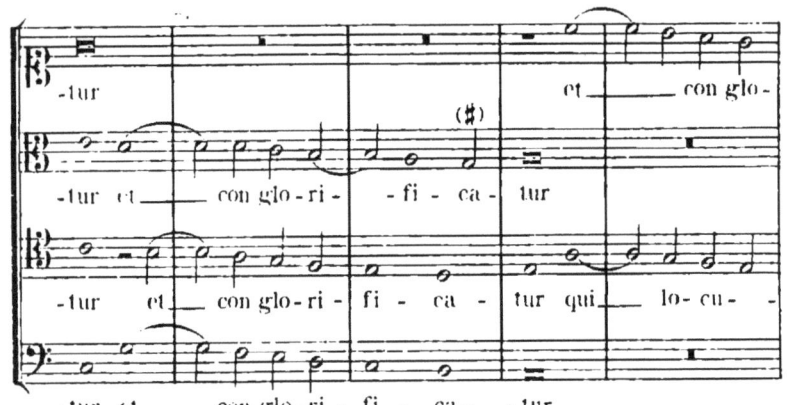

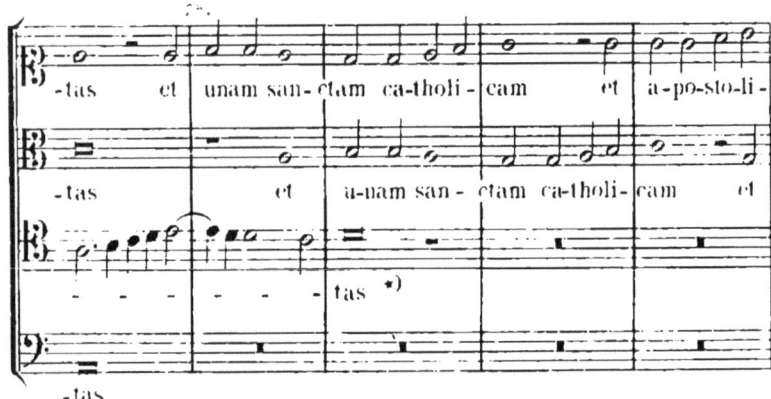

*) Hier liegt offenbar ein Druckfehler vor. Die Tenorstimme hat nämlich fol-
gende Lesart: ▬▬▬ ▬▬ Diese 6½ Tact Pause kommen nur heraus,
wenn die letzte Note *d* nicht eine ▬, sondern eine ○ Note ist.   *K*.

F.F.C.I. 3514

*) Die halbe Note *c* originalgetreu. Offenbar ein Druckfehler, soll halbe Note *f* sein, siehe den Tenor die gleiche Stelle 3 Tacte früher.   *K*.

*1) **Tenor** und **Bass** haben kein Tempuszeichen an dieser Stelle. *K.*

*2) Im Contratenor war das Tempuszeichen erst bei „*et vitam*" vorgezeichnet, gehört aber wohl offenbar schon einen Tact früher hin. *K.*

F.E.C.L. 8514

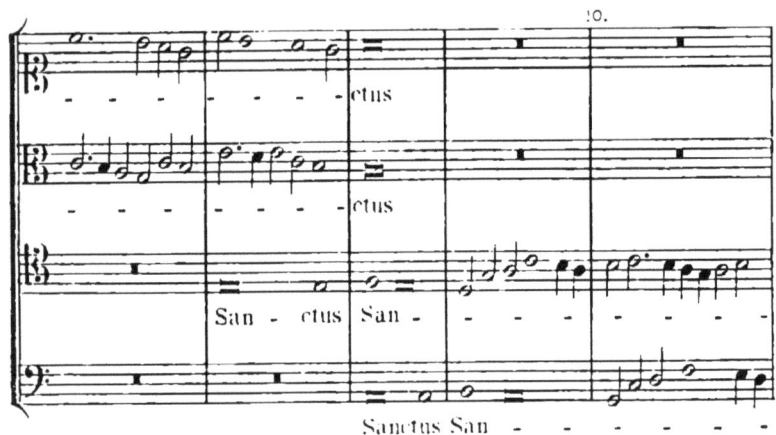

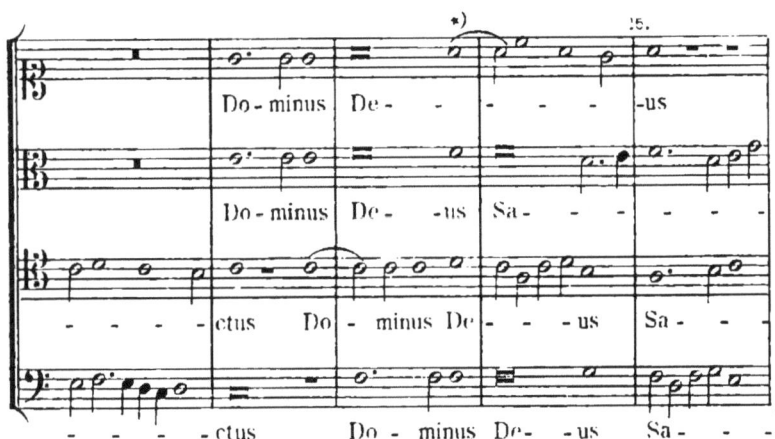

*) Textstellung originalgetreu. R.

F. E. C. L. 8514

1. Duarum vocum.

Discantus.

Contratenor.

Josquin de Prés.

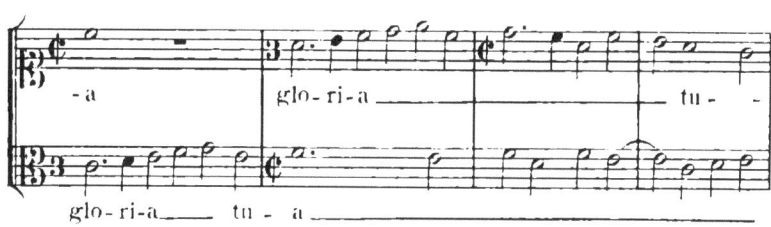

*) Diese Tacteintheilung originalgetreu. R.

Verlagseigenthum von F E C Leuckart (Constantin Sander) in Leipzig

F. E. C. L. 3514

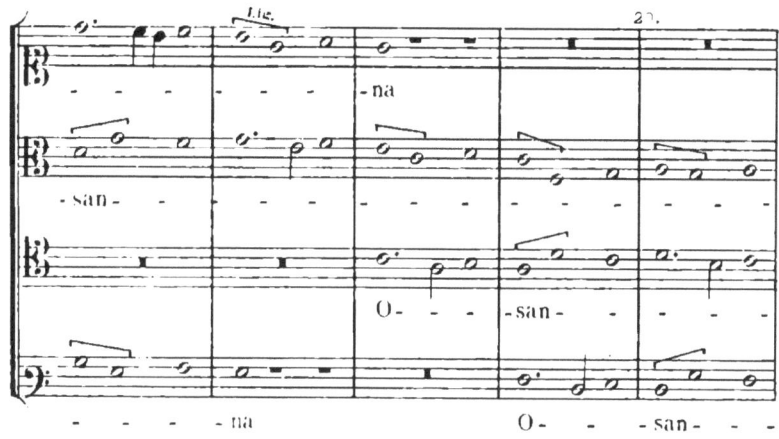

Benedictus: *Duarum vocum.*

Tenor.

Bassus.

Be-ne-di - - ctus ___

Be-ne-di - - ctus ___

Be-ne-di - - ctus ___   Be-ne-di -

Be-ne-di - - ctus ___   qui ___

- -ctus ___   qui ___   ve - - - - -

ve - - - - - nit qui   ve - - - -

- nit   qui ___   ve - - - - - -

- - - -nit ___   in no-mi - ne ___

- - - -nit   in no-mi - ne ___

Do - - - - - - - - mi - ni in

Do - - - - - - - mi - ni in no-mi-ne

no-mi - ne Do - - - mi - ni in

Do - - - - - - mi - ni in no-mi-ne

no-mi - ne Do - - - mi - ni in

Do - - - - - - mi - ni in no-mi-ne

no - mi - ne Do - - - - mi - ni

Do - - - - - - - mi - ni in

in no - mi - ne Do - - - - mi - ni.

no-mi-ne Do - - - - - mi - ni.

Agnus Dei. I.

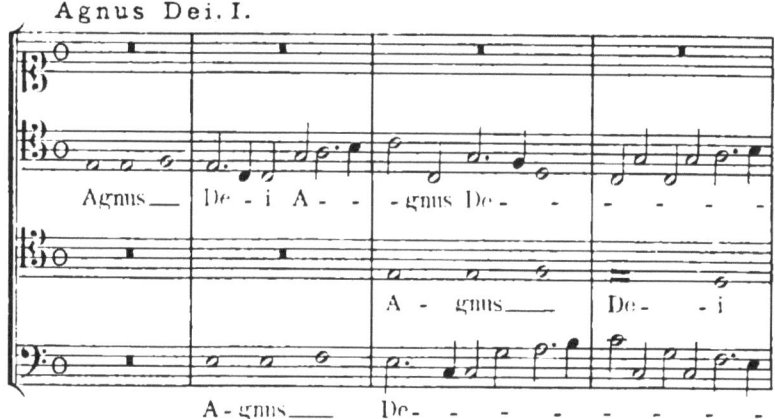

*) Um den Sprung von *f* nach *h* zu vermeiden, wird die halbe Note *f* wohl das Chroma bekommen müssen. *K*.

Agnus Dei, II.

*) Druckfehler. Soll 𝄢 ♩ sein. K.

Josquin de Près.

15. Weltliches Lied: *Jai bien cause.* 6 vocum.

(Siehe: Ambros, III. S. 235.)

Sechs handschriftliche alte Stimmhefte,
zehn französische Lieder zu 6 Stimmen
enthaltend, Hamburger Stadtbibliothek.*)

*) Verglichen mit Melchior Kriesstein, *Selectissimae nec non familiarissimae:* ect 1540, № 31. Wien. Siehe: Vorbemerkungen zu № III, 15. K.

F.E.C.L.3514

*1) Diese beiden Noten waren weggeschnitten und sind von mir ergänzt. Der weitere Verlauf des Themas im Alt vier Tacte später ergiebt aber klar, dass nur die Noten *a, b,* fehlen können. *K.*

*2) und *3) siehe die Lesart von 1540 in den Vorbemerkungen unter № III, 15, pag. XXVII. *K.*

*) Diese Stelle zwar originalgetreu. Ich glaube aber doch, dass hier der Discantus dieselbe genau so wird haben sollen, wie der Alt sie einen Tact später bringt, nämlich c. c. Der Originaldruck von 1540 bestätigt meine Annahme. K.

*) Diese in Klammern geschlossenen Töne waren im Original weggeschnitten. Die Wiederholung dieser ganzen Stelle jedoch im Tact 39 u 40 ergab das Fehlende mit grösster Wahrscheinlichkeit. R.

Josquin de Près.

16. Chanson: *Je sey bien dire.* zu 4 Stimmen.

(Siehe: Ambros. III. S. 234.)

(Canti Cento cinquanto Fol. 65.)

Verlagseigenthum von F. E. C. Leuckart (Constantin Sander) in Leipzig.

F. E. C. L. 3514

Josquin de Près.

17. Weltliches Lied: *Adieu mes amours,* 4 vocum.
(Siehe: Ambros, III. S. 234.)

Codex membranaceo. O.V. 208. S. 106.
der Casanatensis in Rom.

Discantus.

Altus.

Tenor.

Bassus.

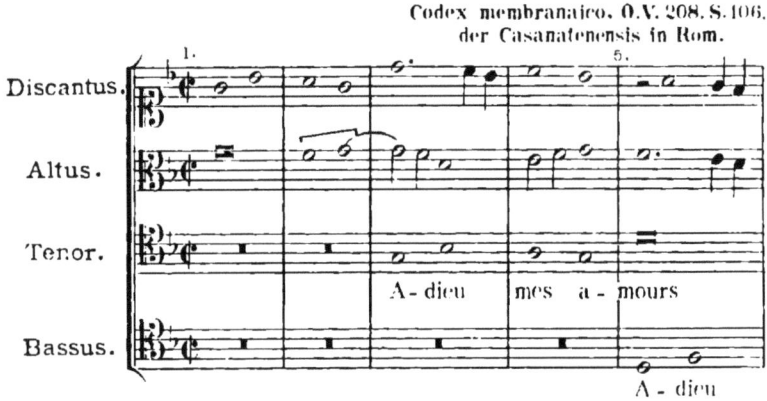

*) Diese Stelle würde ich in [notation] umzuändern vorschlagen, wenn
sie nicht im 6 letzten Tacte (vom Schlusse zurückgezählt) genau so wieder
vorkäme. *K.*

ne vient plus, sou - vent A - dieu mes a -

___ vient ___ plus sou - vent

mours se l'ar-

A - dieu mes a - mours se l'argent du roy

- gent du roy se l'ar - -

A - dieu mes a - mours se l'ar -

- gent du roy ne vient plus sou - vent.

- gent du roy ne vient plus ___ sou - vent.

*1. Wird sein sollen. K.

Josquin de Près.

18. Italienisches Lied: *Scaramella*,[*]) 4 vocum.
(Siehe: Ambros, III. S. 160. Anmerk. 3, S. 234. S. 491.)

Codex Nº 59
der Maglibecchiana in Florenz.
schwarze Notation

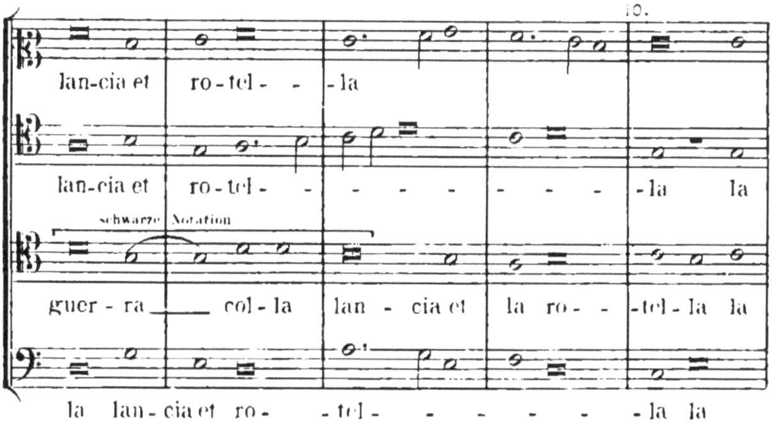

*) JOSQUIN hat bei diesem Liede ein ächt niederländisches Kunststückchen angebracht. Der **Tenor** singt nämlich **ein und dasselbe Motiv zweimal in ganz genauer Notenfolge**, nur einmal im *C*-schlüssel auf der **vierten Linie**, (bis zum Repetitionszeichen) und das andre Mal im *F*schlüssel auf der **vierten Linie**, weshalb auch im Original der Tenor mit **zwei Schlüsseln** notirt ist. K.

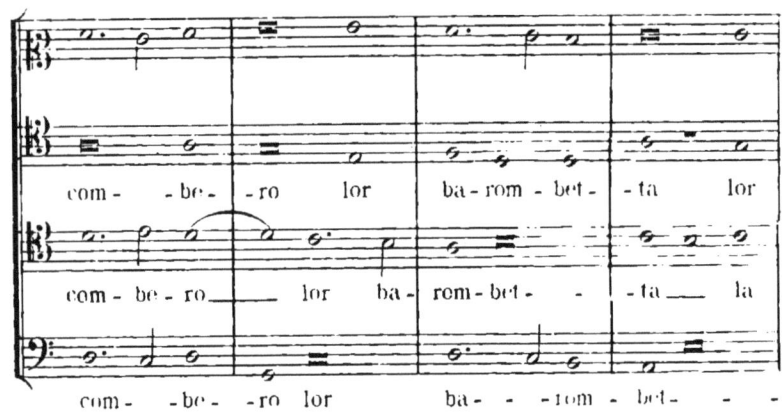

com - be - -ro lor ba - rom - bet - -ta lor

com - be - ro___ lor ba - rom - bet - - -ta ___ la

com - -be - -ro lor ba - - -rom - bet - - -

ba - - - -rom - -bet - - - - -ta.

com - be - ro___ lor ba - rom - bet - - -ta.

- - - - -ta ba - rom - bet - - -ta. Sca - ra -

Sca - ra - mel - -la fa___ la ga - - - -la

Sca - ra - mel - -la fa la ga - la

Sca - - ra - mel - -la fa la

schwarze Ligatur

-mel - la fa___ la ga - la___ col - - - - -

*) Hier tritt der *F*schlüssel auf **vierter Linie** ein. K.

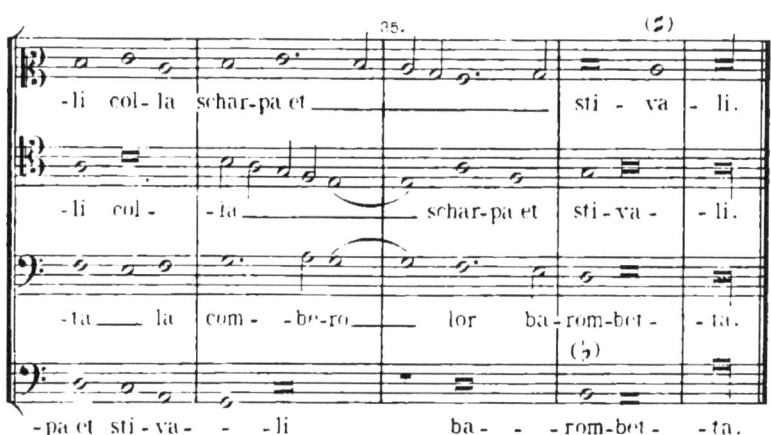

IV.

Pierre de la Rue.

19. Sanctus aus der Missa: *Tous les regres*, 4 vocum.

(Siehe: Ambros, III. S. 237.)

Liber XV. Missarum
Nürnberg, Petrejus, 1539. No 9.

*) Die Quintparallelen zwischen Bass u. Contratenor originalgetreu. K.

E.E.C.L. 8514

Pleni sunt coeli.

*) Originalgetreu. Soll wahrscheinlich eine *Semibrevis e:* sein. R.

F. E. C. L. 8514

Osanna.

*) Im Original stand:  Jedenfalls ein Druckfehler. K.

Pierre de la Rue.

20. *O salutaris hostia.* 4 vocum
an Stelle des ersten *Osanna* in der *Missa de S. Anna.*

*) Genau nach der Vorlage Ambros. Wird aber dennoch eine *Semibrevis* im 3ten Zwischenraum: sein sollen. K.

ho - - - -sti li - - -a

- - -munt ho- - sti - - - - li- -a

pre - _munt ho- - sti- li - - -a

- - - munt ho- - - - -sti - li - - - a

da ro - - -bur fer au - - - -xi - - -

da ro - - -bur fer_____ au - xi - - -

da ro - bur fer_____ au - -

da ro - - -bur_____ da ro - -bur

- - -li - um fer____ au-xi - - - li - -um.

- - - - - - - - -li - - - um.

- xi -li-um fer au- xi - - li - - -um.

fer____ au-xi - - - - -li - - - um.

*) sie? wird eine *Minima c:* $\flat$ sein sollen. K.

Verlagseigenthum von F. E. C. Leuckart (Constantin Sander) in Leipzig.

F.E.C.L. 8514

V.
Antonius Brumel.

a. Crucifixus, 3 vocum.

Liber XV Missarum
Petrejus, 1539.

*) Tactzeichen fehlte im Original. R.

*1) In beiden Stimmen originalgetreu. K.

*2) Originalgetreu. Soll wahrscheinlich eine *Semibrevis a:* sein. K.

F.E.C.L. 3514

b. Et in spiritum sanctum, 4 vocum.

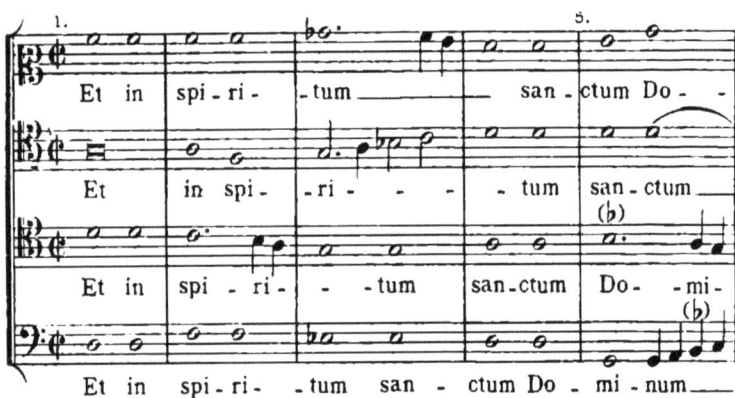

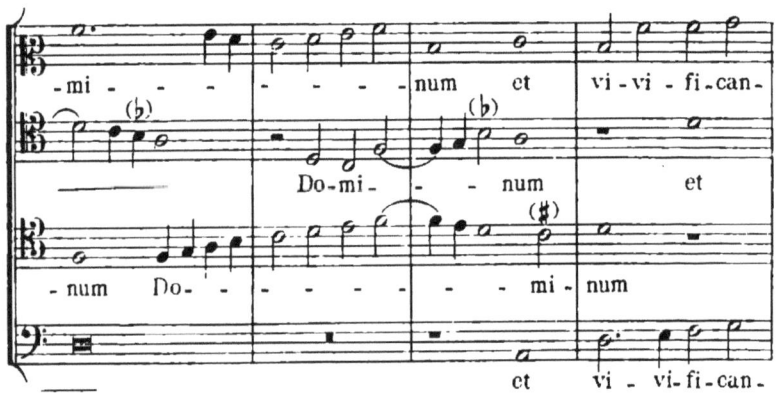

*) Diese Vorzeichnung, wie die Stelle überhaupt, mit der eigenthümlichen Textirung originalgetreu. K.

Antonius Brumel.

-tre fi - li - o - que___ pro - ce - -dit

fi - li - o - que pro - ce - - - - -dit

-tre fi - li - o - que pro - ce - - - - dit

:o - que pro_ce_dit pro - ce - - - - dit

Qui cum Pa_tre et fi - li - o si _mul a_do_ra_tur et

Qui cum Pa_tre et fi - li _ o si-mul a - do_ra - tur et

Qui cum Pa_tre et fi - li - o si _mul a-do-ra_tur

Qui cum Pa_tre et fi - li _ o si-mul a - do_ra-tur et con _glo_

con_glo _ ri - fi - ca - - - -tur.

con_glo - ri - fi - ca - - - -tur. Qui lo _cu - tus

et con _ glo-ri-fi _ ca - - -tur.

-ri - fi - ca - - - - tur. Qui lo _cu -tus est per

*) Originalgetreu. Soll wahrscheinlich eine *Semibrevis a:* sein. K.

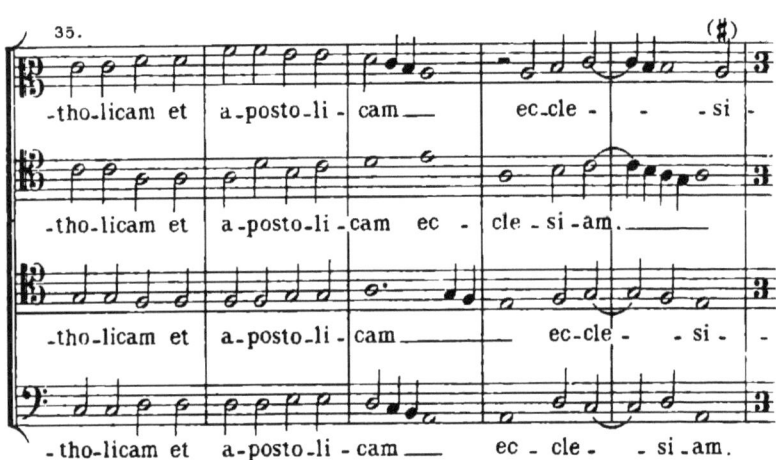

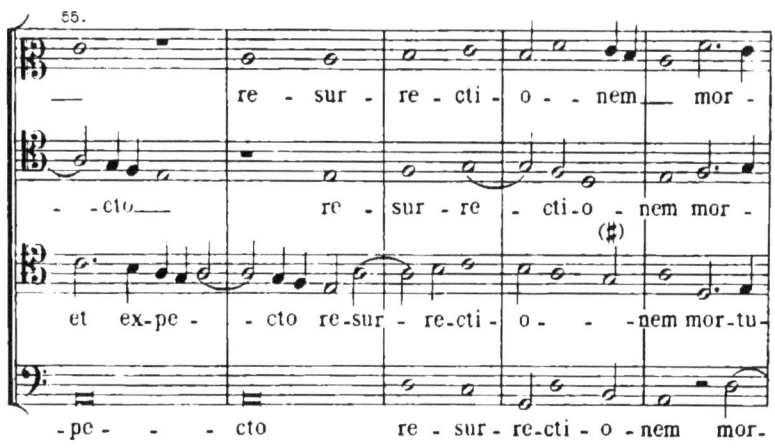

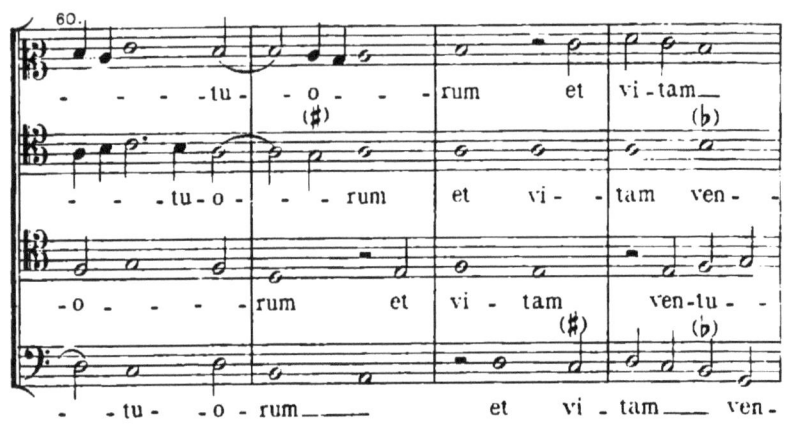

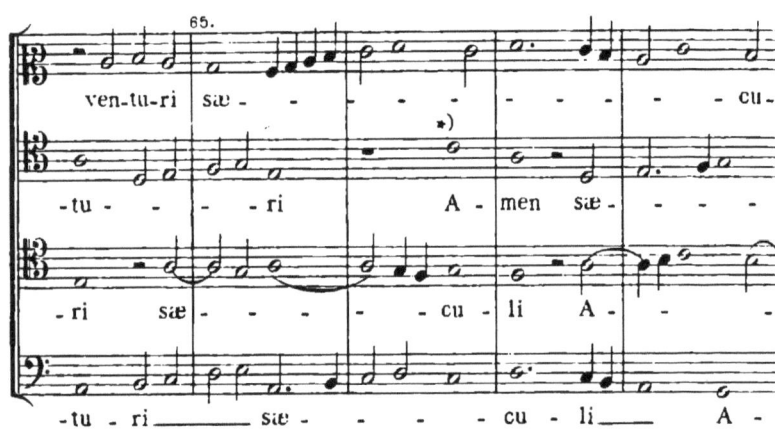

*) Im Original ohne Text. K.

c. Sanctus, 4 vocum.

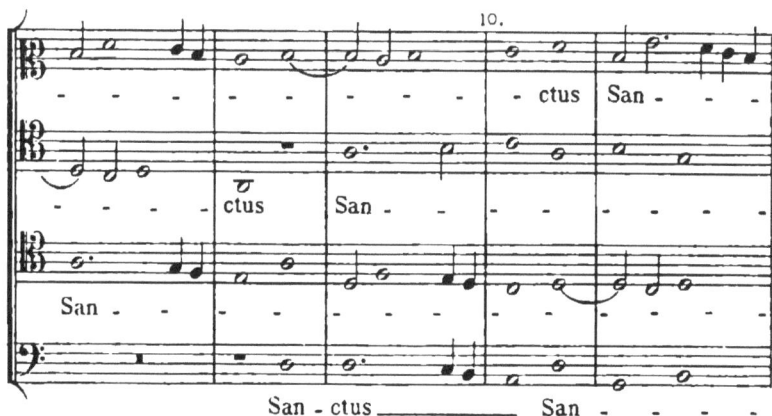

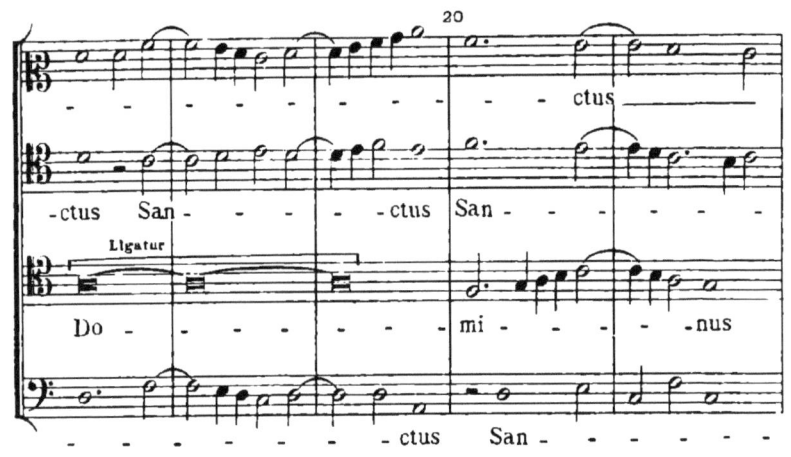

*) Im Originale ohne Text. K.

E.E.C.L. 8514

*) Hier trat die Vorzeichnung des ♭ *rotundum* ein, die aber nur für diesen Tact Geltung haben kann. Im Uebrigen ist diese ganze Stelle von Tact 35 an ihrer eigenthümlichen Stimmführung wegen als Beispiel von Ambros aufgeführt, siehe S. 125, die Anmerkung. R.

e. Osanna, 4 vocum.

f. Benedictus, Duo.

*) Das ist die merkwürdige Stelle von der Ambros III. S. 244, spricht. K.

F. E. C. L. 8544

g. Qui venit, Duo.

Alterum exemplum Duum Antonii Brumel ex Missa festivali (sic
enim appellavit) doctum juxta atque jucundum et utraque voce Mo-
dum (scilicet Dorium) pulcre repraesentans. Glarean, Dodecachordon, S. 297.

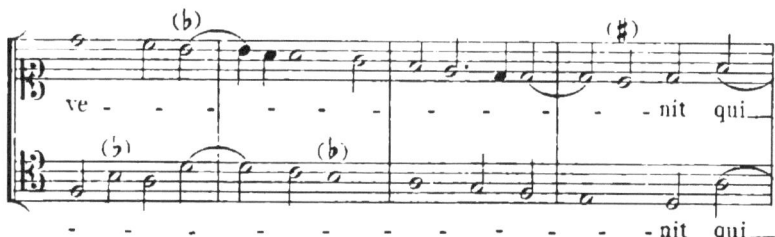

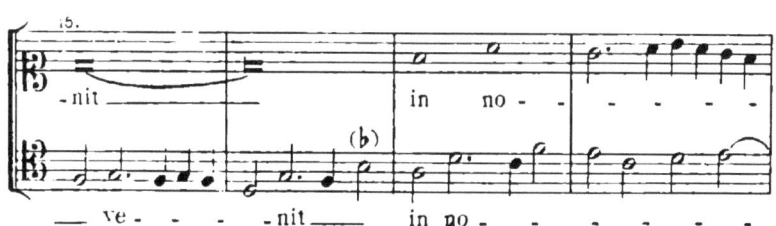

-ne Do - - - - - - -mi-ni Do - - -

-ne Do - - - - - -mi-ni Do - - -

-mi-ni____ in no - - - -mi-ne___

- -mi-ni____ in no - - - -mi-ne___

Do - - - - - -mi -

Do - - - - - - -

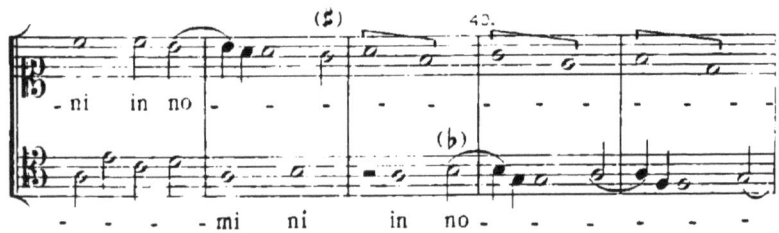

-ni in no - - - - -mi-ni in no - - - -

- - - -mi ni in no - - - -

- - - -mi - ne___ Do - -mi-ni.

- - -mi-ne_____ Do - -mi-ni.

Verlagseigenthum von F.E.C.Leuckart (Constantin Sander) in Leipzig.

F.E.C.L. 3514

h. Agnus Dei I, 4 vocum.

Discantus.

Contratenor.

Tenor.

Bassus.

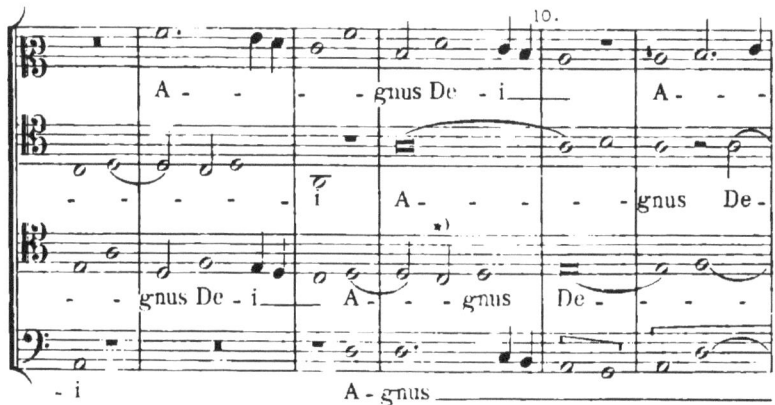

*) Originalgetreu. K.

i. Agnus Dei II, 4 vocum.

k. A g n u s   D e i   III, 4 vocum.

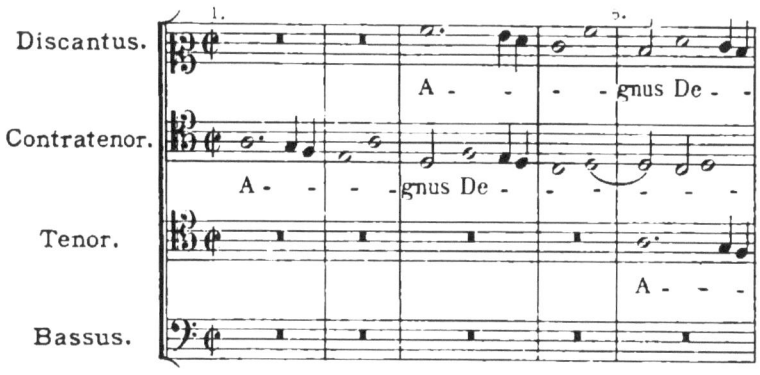

*) Das ♭ *rotundum* war hier wieder vorgezeichnet. K.

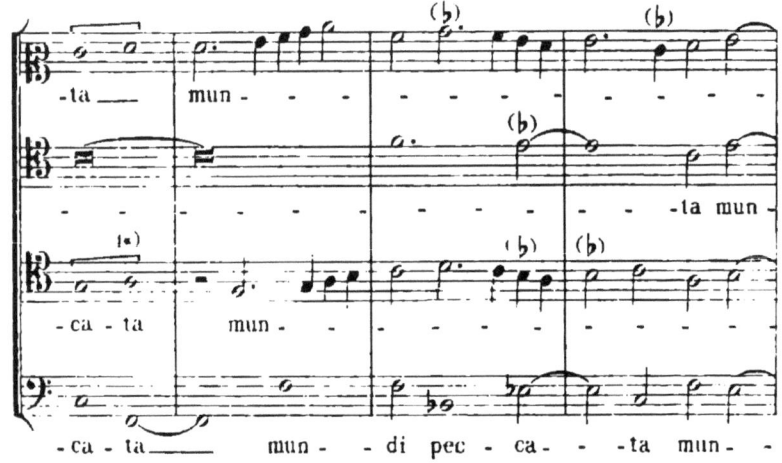

(*) Textstellung trotz der Ligatur originalgetreu. K.

Verlagseigenthum von F.E.C.Leuckart (Constantin Sander) in Leipzig.

F.E.C.L. 3514

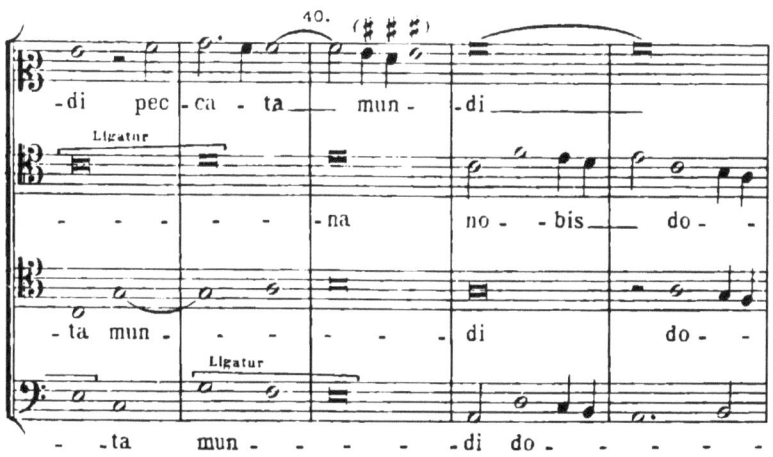

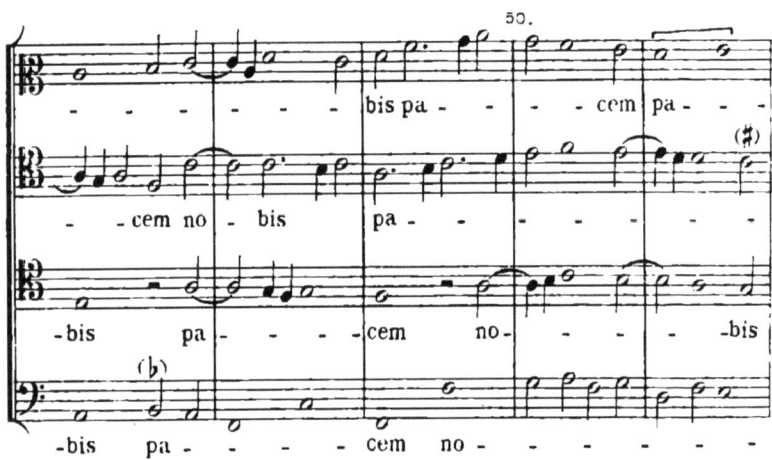

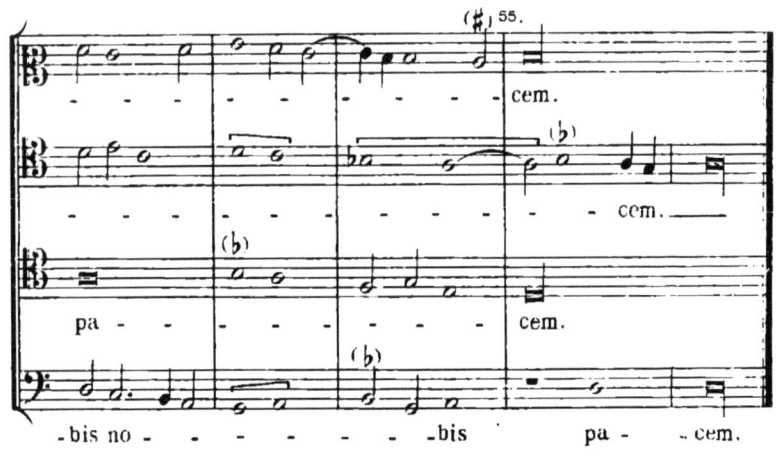

Antonius Brumel.

22. Regina cœli 4 vocum.

Motetti A.
Numero trentatre Petrucci, 1501.

*) Im Original:  was doch wohl nur ein Druckfehler sein dürfte. A.
Es dürfte doch sehr fraglich sein, ob diese Octavenparallelen nicht in der Absicht des Autors gelegen haben möchten, denn durch die Aenderung von Ambros verliert die Tonreihe offenbar. Man vergleiche:

R.

Secunda Pars.

*) Im Originale eine *Brevis:* etc. K.

VI.
Alexander Agricola.

23. Weltliches Lied: *Comme femme,* 3 vocum.
(Siehe: Ambros, III. S. 247.)

Canti cento cinquanta Fol.117.

Comme femme

*1) Soll wahrscheinlich analog der Stelle oben im dritten Takte heissen:
etc. R.

*2) Die Analogie des wiederkehrenden um einen Ton höher aufsteigenden Motivs in der Bassstimme verlangt folgenden Fortgang:

Die beiden Semibreven bei N? 2 werden daher wohl hier *d* und *c*, statt *e* - *f*, sein müssen. R.

VII.
Gaspar.

24. *Virgo Maria*, 4 vocum.
(Siehe Ambros, III. S. 250.)

Mot. A. No XXXIII. Petrucci.

*1) Originalgetreu. Muss wohl: sein. K.

*2) Genau nach der Vorlage Ambros. Ob auch übereinstimmend mit dem Originale möchte ich beinahe bezweifeln. Soll wahrscheinlich sein: K.

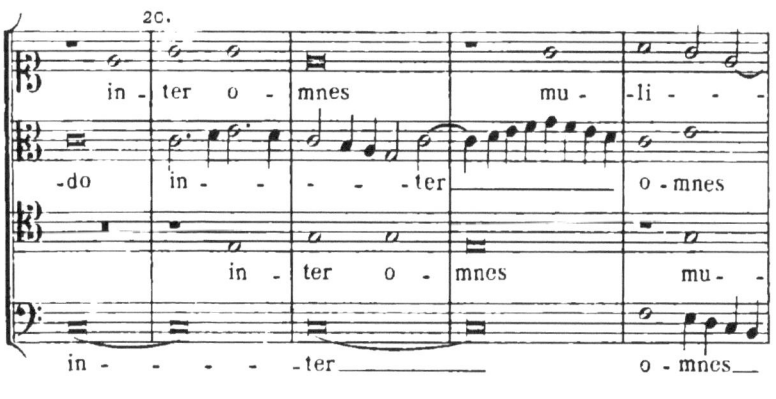

*) Diese Stelle soll wahrscheinlich heissen:

In - ter - ce - de pro no - -bis ad

In - ter - ce - de pro no - - - - - bis

In - ter - ce - de pro no - -bis ad

In - ter - ce - de pro no - - bis ad

Do - mi - num Je - -sum Chri - - - -

Do - mi - num Je - sum Christum ad Do - - -mi-

Do - mi - num Je - -sum Chri - - - -

Do - mi - num Je - sum Chri - - - - - -

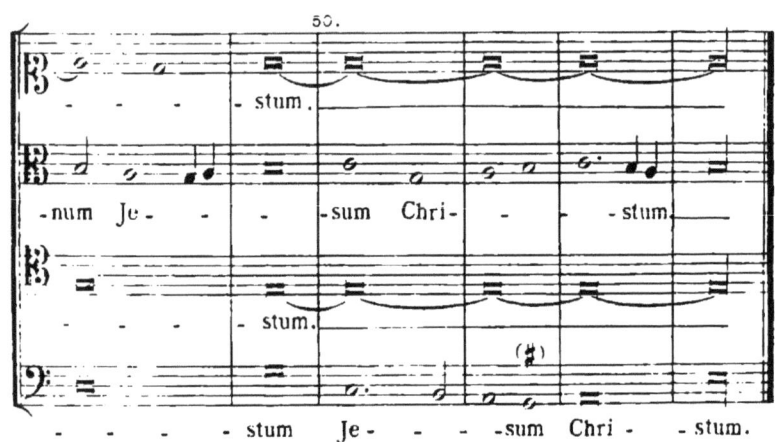

- - - -stum.

-num Je - - -sum Chri- - - -stum.

- - - -stum.

- - - -stum Je - - -sum Chri - -stum.

VIII.
Loyset Compère.

25. Weltliches Lied: *Nous sommes de l'ordre de St. Babouin.*
(Siehe: Ambros, III. S. 252.)

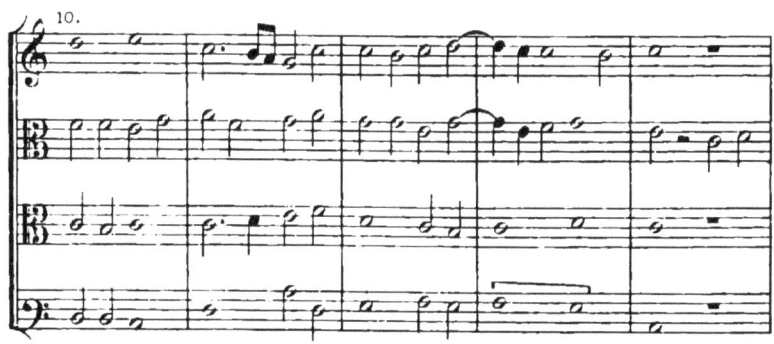

*) Originalgetreu. Soll wahrscheinlich heissen :

IX.
Johannes Ghiselin.

26. Weltliches Lied: *La Alfonsina,* 3 vocum.
(Siehe: Ambros, III. S. 257.)

Harmonice musices *Odhecaton.*
(Petrucci. Venezia, 1501.) Fol. 87.

X.
de Orto.

27. Ave Maria, 4 vocum.
(Siehe: Ambros, III. S. 258.)

Harmonice musices *Odhecaton*
Petrucci, 1501. Fol. 1.

Der Melodiekörper zu diesem Mariengesange lautet nach einer Fassung von Pietre de la Rue, der denselben als Cantus firmus im Tenor zu seiner Missa: *Ave Maria* (1519) verwendet, wie folgt:

1*) Ambros schlägt bei diesem Stücke eine andre Schlüsselverbindung mit Ausscheiden der Vorzeichnung ♭ vor (siehe Tom. III. Seite 257, Anmerkung 1,) aus welchem Grunde ist mir nicht klar. Dieses Verfahren würde aber dieses „ganz ausserordentlich schöne Stück von der süssesten Milde und der tiefsten Innigkeit" — wie Ambros es am oben angegebenen Orte selbst ganz richtig bezeichnet, um eine Quarte höher stellen, was demselben den tiefernsten Character vollständig benehmen möchte. K.

*2) Fschlüssel auf der 5ten Linie ist wie Gschlüssel auf der 2ten Linie zu lesen, nur zwei Octaven tiefer gedacht. K.

Verlagseigenthum von F. E. C. Leuckart (Constantin Sander) in Leipzig.
F. E. C. L. 3614.

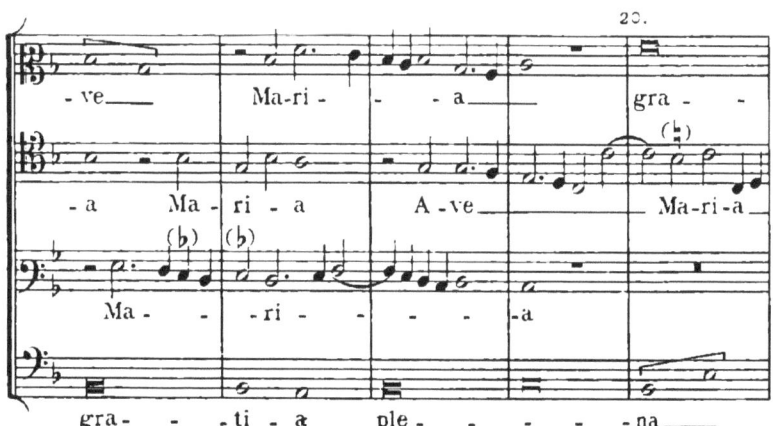

*) Im Originale der Druckfehler: A.

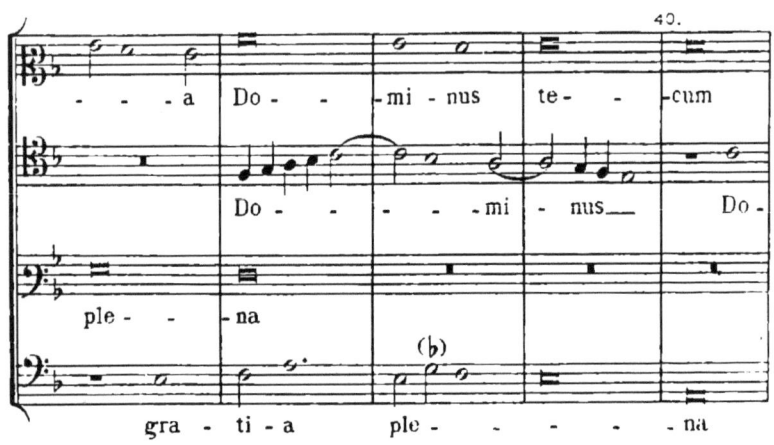

de Orto.

te - cum Do - minus te - cum Ma - ri - - a A - ve

te - - - - - cum A - - - ve

(♭)

- - a Do - minus te - cum Do -

(♭) (♭)

gra - ti - a ple - - - - na Do -

Ma - ri - - - - - a A - ve Ma -

Ma - ri - - - - - a A - - -
*2)

- minus te - cum Do - minus te - cum Do - mi -
*1)

- mi - - - - nus

- ri - - a Ma - ri - - - - - - a.

- ve Ma - ri - - a Ma - ri - - - a.

- nus te - cum A - ve Ma - ri - - - a.

Do - mi - nus te - cum. A - ve Ma - ri - - a.

*1) Im Original fehlerhaft so gedruckt: ▬ A. Die Berichtigung von Ambros ist falsch. Die Stelle soll heissen: ▬ K.

*2) Dieser Schlusssatz ist im Originale in schwarzen Hemiolen notirt. Z.B. im Tenor: ▬ Er ist daher leicht und rasch zu singen. A.

de Orto.

28. Letztes *Agnus* der Messe *mi-mi.*

(Siehe: Ambros, III. S. 258.)

Codex N. 1783 der k.k. Hofbibliothek in Wien (ehemals im Besitze des König Emanuel des Grossen von Portugal 1495–1521. WAAGEN: Die vornehmsten Kunstdenkmäler in Wien, 2. Band, Seite 56.)

Canon.
Gradatim descende.

Tenor.

Resolutio.
Tenor ad longum.

Discant.

Contratenor.

Tenor.

Bassus.

*) Die von Ambros hier in Vorschlag gebrachten Kreuze scheinen sehr fraglich. R.

F.E.C.L. 8514

XI.
Franciscus de Layolle.

29. Salve virgo singularis, ad *beatam Mariam Virginem Anna*, 4 vocum, ad aequales.

(Siehe: Ambros, III. S. 276.)

Contrapunctus, 1528.
Druckwerk Unicum, siehe Monatshefte
1870, S. 107 u. f.

por - ta____ cœ - - - - li stel-la

- gu-la - ris   por - ta____ cœ - li   stel - la   ma -

-ta   cœ - li   stel - la   ma - ris   por - ta   cœ -

cœ - li   stel - - - -la   ma - - - - - -

————   ma - - - - -ris   tu   es   la - pis   an - -

- - - - - -ris   tu   es   lapis____   an - - -

-li   stel - la   ma - - - -ris   tu   es   la - -

-ris   stel - la   ma - - - -ris   tu   es   la - -

-gu - la - - - - -ris   tu   es   la - pis   an-gula - - -

- gu - - - - laris tu es____ lapis   an - gu - la - -

-pis   an - gu - la - ris   tu   es   la - pis   an - gu - la -

-pis   an - - -gula - ris   tu es lapis an - gu - la -

-ris · · · · jungens De - um · · ho - mi - ni

-ris · · · jun-gens De - um ho - · · · -mi-ni

-ris · · jun - gens De - um · · ho - mi - ni____ Al -

-ris jungens De - · · · · - um homi-ni · · Al-le-lu-

40.

Al - le-lu-ja____ · · · Al - le - · · - lu -

Al-le-lu - ja · · Al - le-lu-ja · · Al-le-lu - ja · · Al -

-le - lu - ja · Al - -le - lu - -ja · Al - - le - lu - -

-ja · · Al-le-lu - ja · · Al - le-lu-ja · · · Al-le-lu -

-ja Al-le-lu -ja · · Al - le-lu-ja Al - le - - lu - - ja.

-le-lu - ja____ · · · · · Al-le-lu-ja Al-le - lu - ja.

-ja · Al - le - lu - ja Al - le - lu - ja.____

-ja · · Al-le-lu-ja Al - le - - lu-ja.____

Franciscus de Layolle.

30. Pia ad *Deum precatio,* 4 vocum, ad aequales.

Contrapunctus, 1528, siehe N⁰ 29.

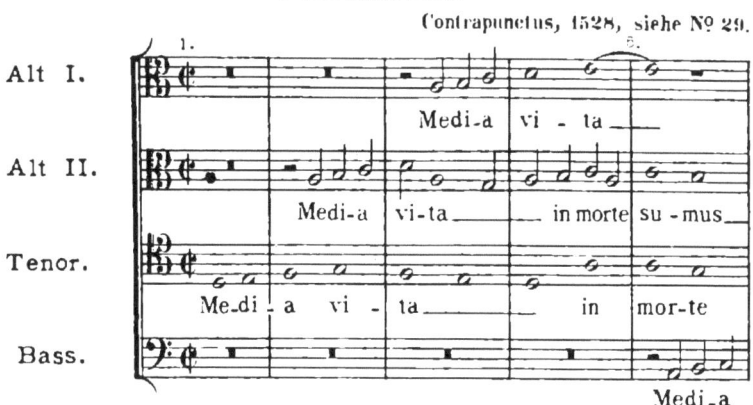

Anmerkung: Die Textstellung im Tenor ist soweit thunlich nach S c h u -
b i g e r s „Sängerschule in St. Gallen" geordnet, der diese Antiphon: *Media
vita* von NOTKER BALBULUS nach einem alten Codex der Bibliothek von
St. Gallen (546) unter den Beispielen (N⁰ 39) giebt. Siehe Vorbemerkung zu
N⁰ 30. K.

XII.
Antonius Fevin.

31. Motette, *Descende in hortum,* 4 vocum.
(Siehe: Ambros, III. S. 279.)

Cant. ultr. cent. N. XXVIII.

et ma - cu - la non est in te ____

- - - cu - la non est ____ in ____ te

et ma - cu - la non est in te ____

- cu - la non est non est ____ in te ____

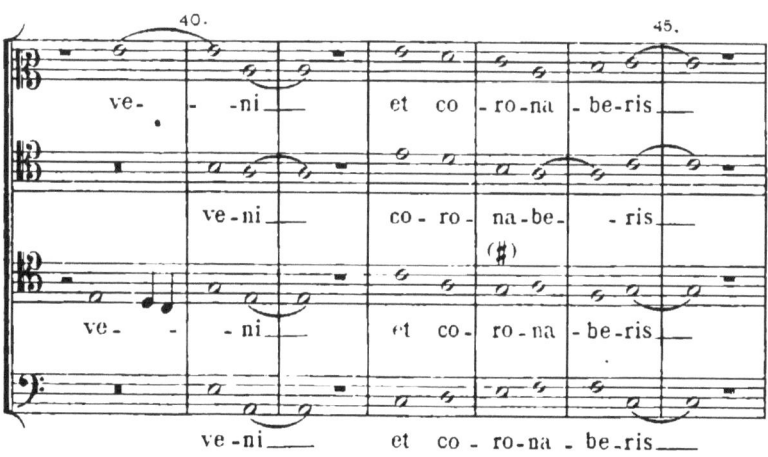

ve - - ni ____ et co - ro - na - be - ris ____

ve - ni ____ co - ro - na - be - - ris ____

ve - - ni ____ et co - ro - na - be - ris ____

ve - ni ____ et co - ro - na - be - ris ____

ve - - ni et co - ro - na - be - ris ve - - ni

ve - - ni co - ro - na - be - - ris ve - - ni

ve - - ni et co - ro - na - be - ris ve - - ni

ve - - ni co - ro - na - be - - ris ve - - ni

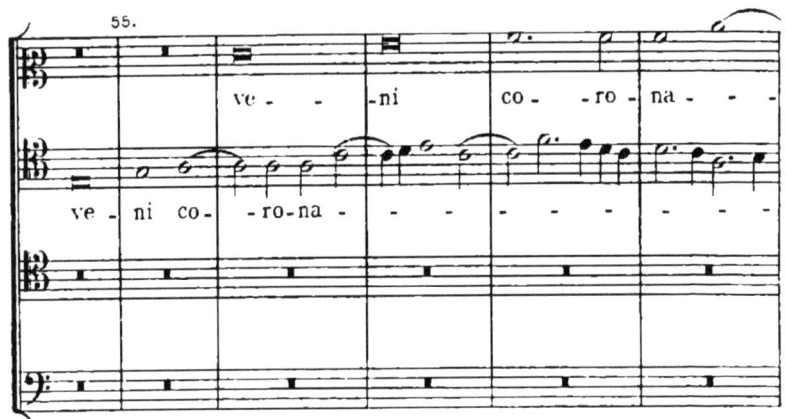

XIII.

Eleazar Genet, genannt Carpentras.

32. Bruchstücke aus: Lamentationes Jeremiæ, Libro II,
3 _ 4 vocum ad aequales.
(Siehe: Ambros, Tom. III. S. 281.)

a. 4 vocum.

Manuscript: O. 1. 30
der Casanatensis in Rom.*1.

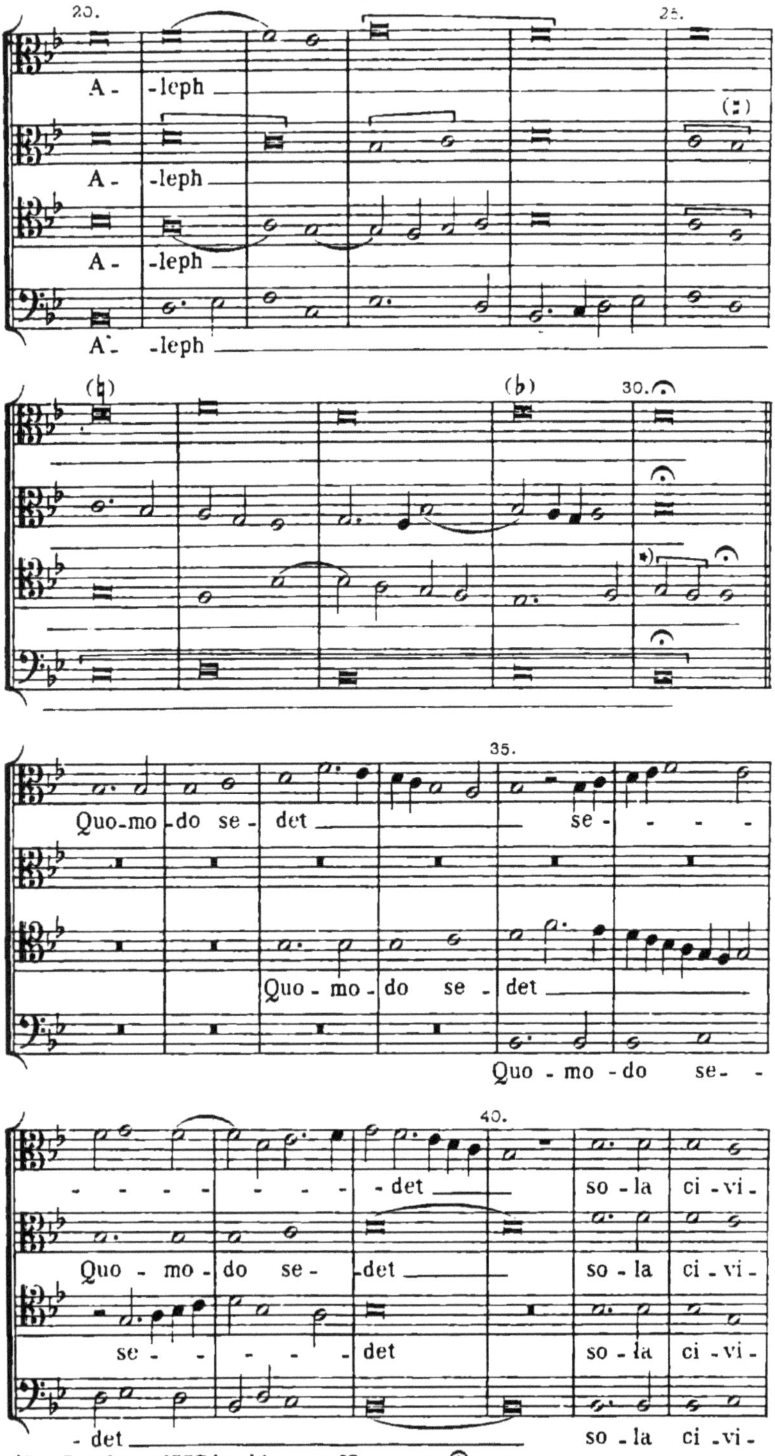

*) Der Druck von 1557 hat hier: 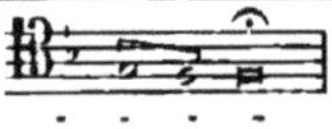 R.
ganz so, wie in Tact 90 Seite 215.

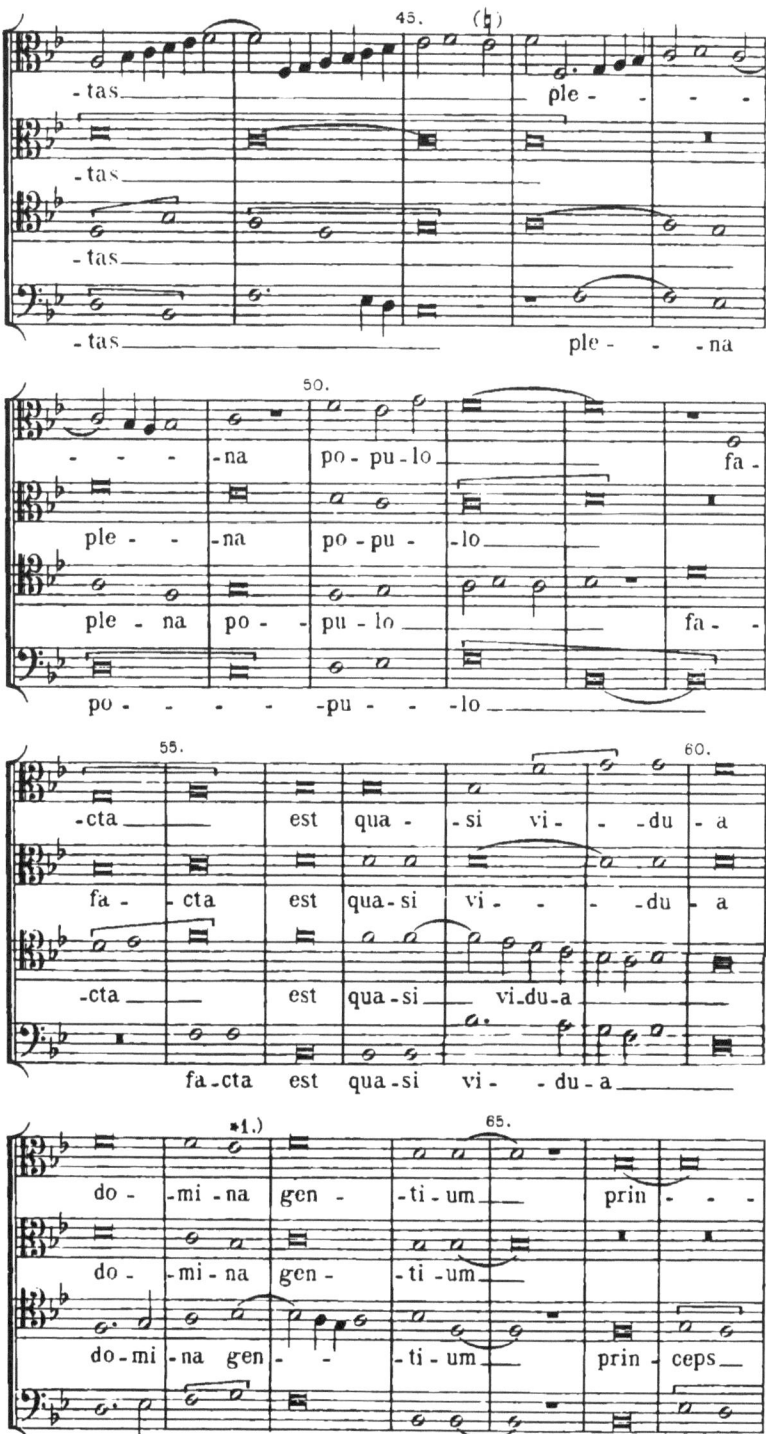

*1.) Der Druck von 1557 schreibt hier ausdrücklich ein Chroma vor, also hier ein♮. R.

E.F.C.L. 8514

*1.) Der Druck von 1557 hat: analog mit Tact 80.

*2.) Das Chroma originalgetreu. K.

b. 4 vocum.

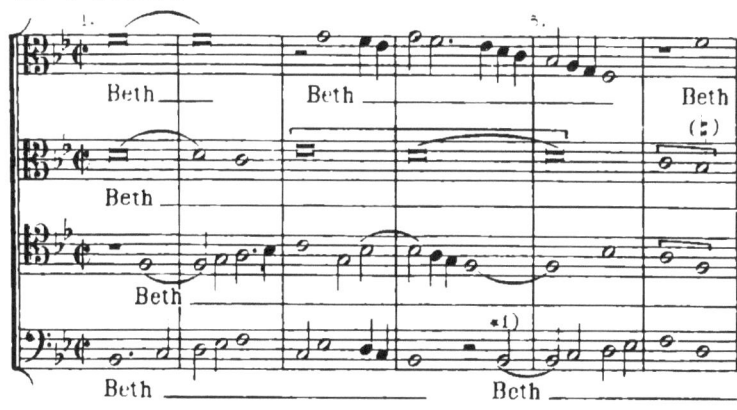

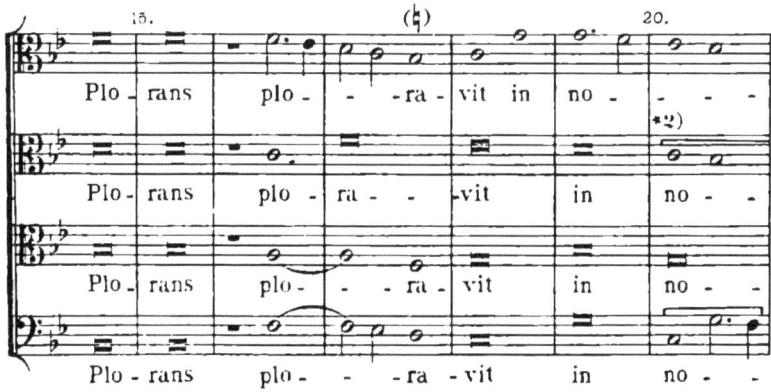

*1) Im Original o h n e Text. Die Wiederholung des Zahlwortes „*beth*", nach Tact 3. Alt 1us, wo dasselbe im Originale schon stand, hier aufgenommen. R.

*2) Im Originale Ligatur, ohne die Silbe „*cle*".

*3) Der Druck von 1557 hat hier:

R.

c. 3 vocum.

*) Die thematische Analogie (siehe Tenor, Tact 15) verlangt die Silbe „ca“ um eine *Minima* früher. K.

F. E. C. L. 3514

d. 4 vocum.

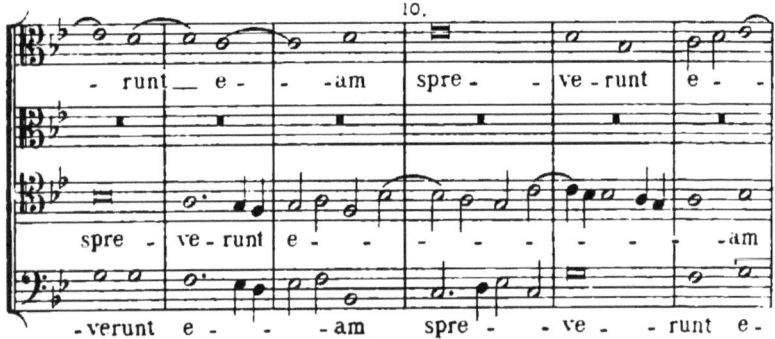

*) Im Originale stand allerdings die *Semibrevis b;* ob diese Note nicht dennoch eine *Semibrevis a* sein soll? K.

e. 3 vocum.

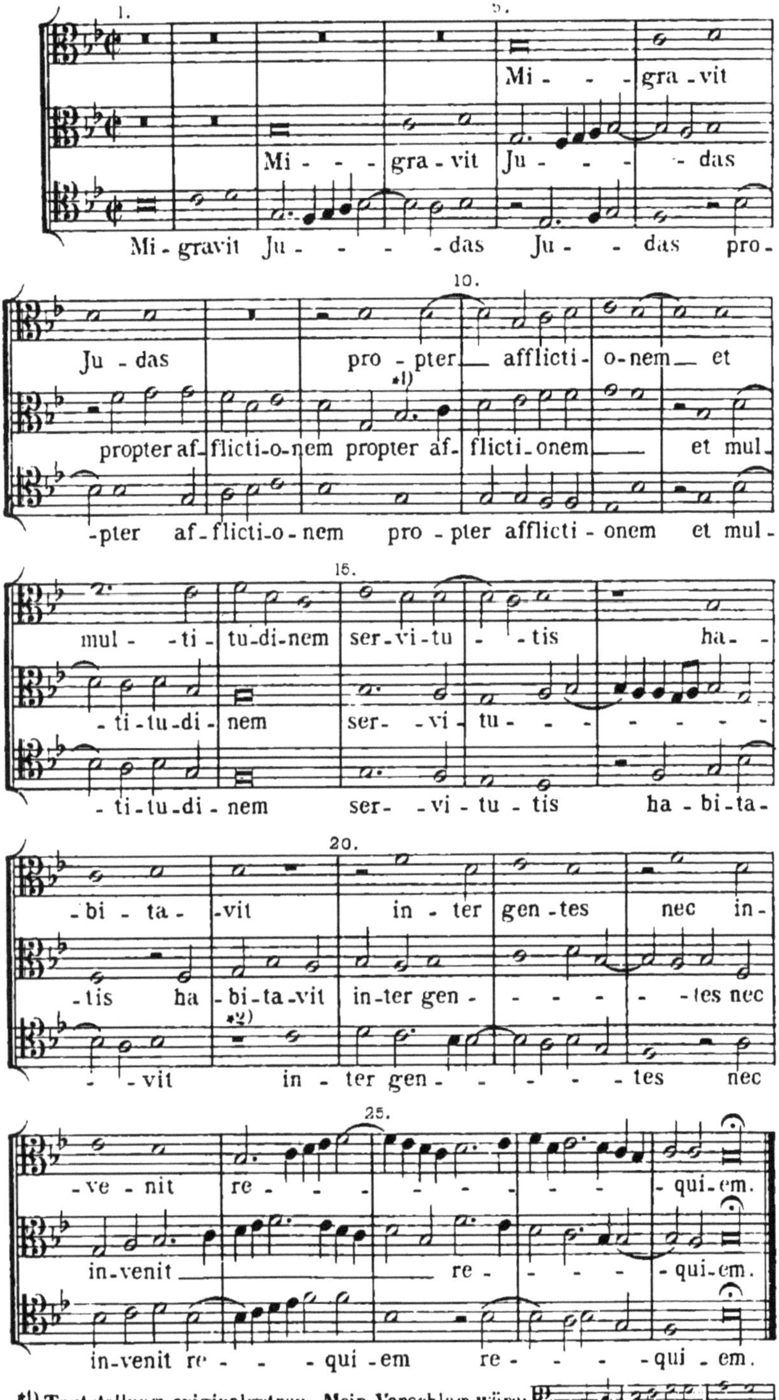

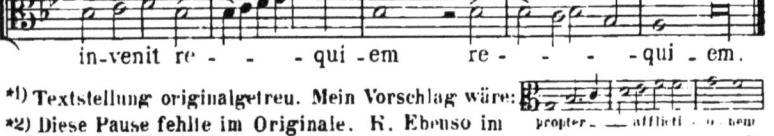

*1) Textstellung originalgetreu. Mein Vorschlag wäre:

*2) Diese Pause fehlte im Originale. K. Ebenso im Drucke von 1557.

propter affliction - o - nem

Ñ.

f. 3 vocum.

g. 4 vocum.

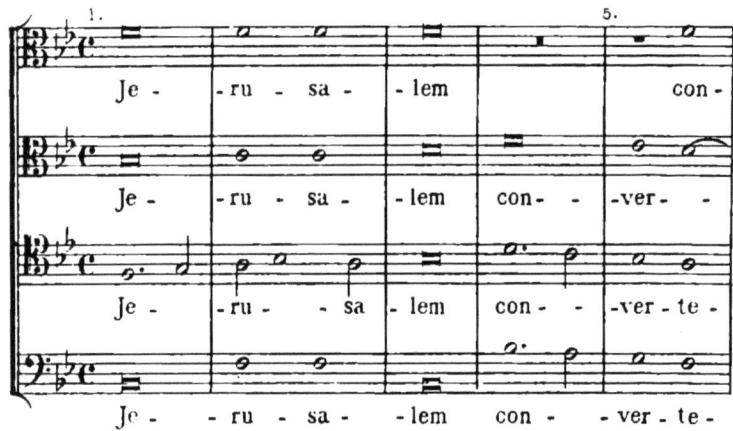

*1.) Ausdrücklich im Drucke von 1557 vorgeschrieben. K.

F.E.C.L. 8514

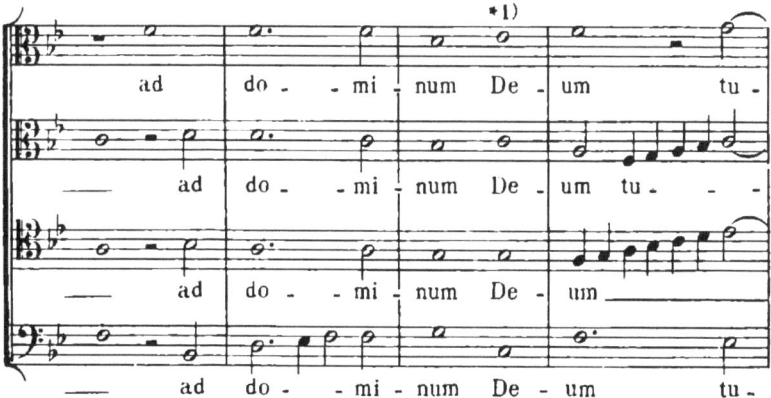

*1) Im Drucke von 1557 das Chroma ausdrücklich vorgeschrieben. K.

*2) Bei dieser Textstellung mit einer Silbenfolge nach **k u r z e n** Noten schloss ich mich einem Falle bei Palestrina an: (siehe: *Ave Maria*, 4 vocum, Liber II, Motettorum, № 23, am Schluss.) der auch die ganz gleiche Stelle textirt:

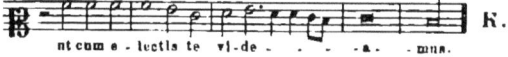

Der Druck von 1557 bietet die vereinfachte Lesart [notation] trotz der daraus hervorgehenden Quintparallelen. K.

XIV.
Nicolaus Gomberth.

33. Ave regina cœlorum, 4 vocum.
(Siehe: Ambros, III. S. 298.)

NICOL. GOMBERTHI Motecta, 4 vocum.
Venedig, 1541. N° VII. (Unicum im Besitze
des Herrn Geh. Medicinalrath Dr. Mettenheimer in Schwerin, (siehe Vorwort und
die Bemerkung zu N° 33 des Verzeichnisses.)

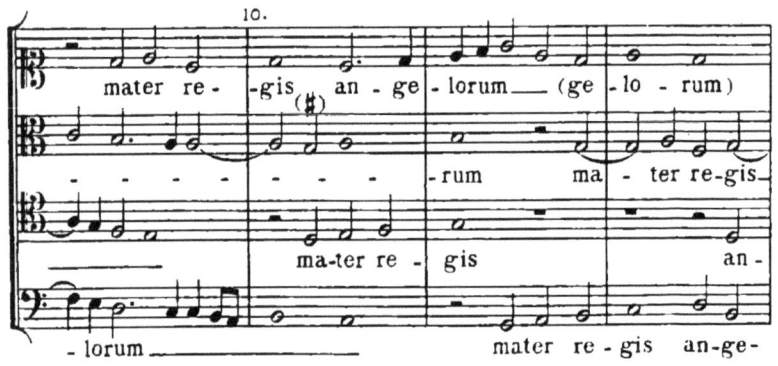

(sic?*) Originalgetreu. Soll wahrscheinlich eine *Minima:* sein. K.

Anmerkung. Die in Klammer ( ) gestellten Textessilben deuten meine von der
Originaltextirung abweichenden Aenderungsvorschläge an. K

F.K.C.L. 3514.

*) Unterhalb dieser Note war im ersten Zwischenraume das Chroma beigefügt, das sich auf die T e r z des Dreiklangs jedenfalls beziehen soll, wie folgt:

Deutet dies etwa auf die Begleitung der Orgel oder eines andern Instrumentes? K.

*1) Im Original stand: *fidelum*. K.

*2) Originalgetreu. Wird eine *Minima* *e:* sein müssen. K.

F.E.C.L. 8514

 (na - sci)   *2) et   de cu -jus

*1) Das Bindewort „*et*" nöthig für das Versmass, fehlte hier im Original. R

*2) Im Original fehlte hier die Präposition „*de*". R.

F.F.C.L. 8515

*1) Textworte: *Ave mitis* originalgetreu. K.

*2) Originalgetreu. Siehe die Bemerkung auf Seite 226. K.

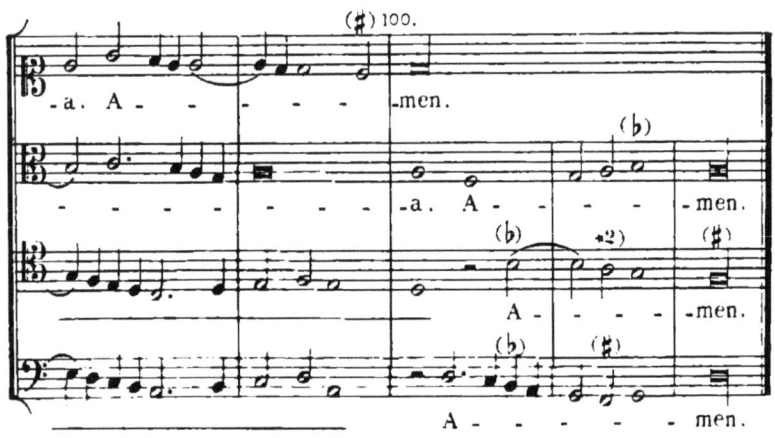

*1) Im Original stand hier eine *Semibrevis*pause statt einer *Minima*pause.   K.

*2) Eine *Semiminima* im Original.   K.

XV.

Benedict Ducis.

34. Sechs geistliche deutsche Lieder, 4 vocum.
(Siehe: Ambros, III. S. 302 u. f.)

a. Es wollt uns Gott genedig sein.

123 Newe Deudsche Geistliche Gesenge,
Georg Rhaw, Wittenberg, 1544. N? 66.

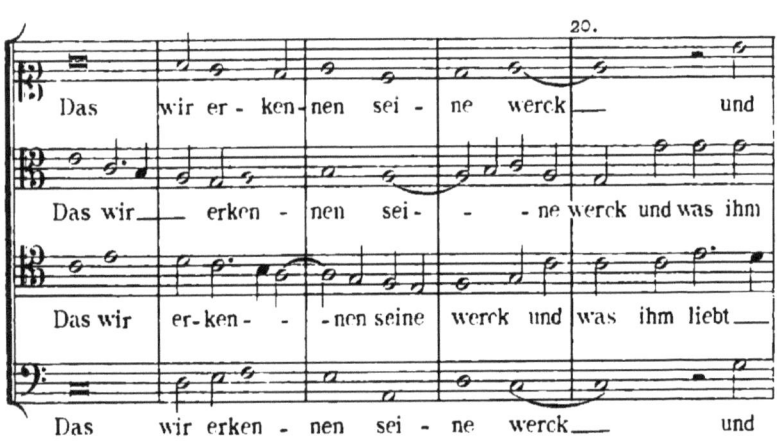

b. Vater unser im Himmelreich, 4 vocum.

123 Newe Deudsche Geistliche Gesenge, Georg Rhaw, Wittenberg, 1544, № 46.

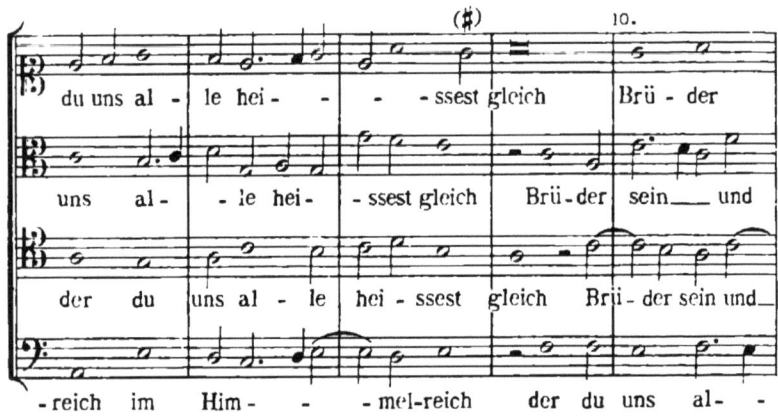

c. Aus tiefer not schrei ich zu dir, 4 vocum.

123 Newe Deudsche Geistliche Gesenge, Georg Rhaw, Wittenberg, 1544, N° 74.

*) F-schlüssel auf 5ter Linie = G-schlüssel auf 2ter Linie, nur 2 Octaven tiefer. K

F F C.L. 3694

denn so du willt das se-hen an___

so du willt das se-hen an___ wie___

denn so du willt das sehen

denn so___ du willt das___ sehen

wie manche Sünd ich hab___ ge-than wer kann___

___ manche Sünd___ ich hab___ ge-than wer kann___

an wie manche Sünd___ ich hab ge-than

an wie man - che Sünd ich hab ge-than wer

___ Herr vor dir blei - - - - - - -ben?

___ Herr___ vor dir___ blei - - -ben?

wer kann Herr vor___ dir blei - - -ben?

kann Herr vor dir blei - - - - - -ben?

d. Erbarm dich mein, o Herre Gott, 4 vocum.

123 Newe Deudsche Geistliche Gesenge, Georg Rhaw, Wittenberg, 1544, № 94.

35.

sündet han, das ist wider mich ste - - - -

- det han, ge-sün-det han, das ist wi - - -

dir ge - sün - det han, das ist wi - -der mich ste -

dir gesün - - - - det han, das ist

40.

- - tig - lich, das Bös vor dir mag

- der mich ste -tig - lich, das Bös vor dir mag nicht

- tig - lich, das Bös vor dir mag

wi - - -der mich ste - - - - tig - lich,

45. *)

nicht be-stan, du bleibst ge -recht

bestan, du bleibst ge-

nicht be - stan, du bleibst gerecht ob

das Bös vor dir mag nicht bestan, du bleibst ge -

50.

ob du ur - -theilst mich.

-recht, ob du ur - theilst mich ob du ur - -theilst mich.

du ur - -theilst mich.

-recht ob du ur- - - - -theilst mich.

*) Das Original hatte hier nur e i n e h a l b e Tactpause, statt der nöthigen
z w e i g a n z e n Tactpausen. K.

Verlagseigenthum von F. E. C. Leuckart (Constantin Sander) in Leipzig.
F. E. C. L. 3514

123 Newe Deudsche Geistliche Gesenge,
Georg Rhaw, Wittenberg, 1544, № 100.

*) Diese Tactpause fehlte im Original. Möglich auch, dass die vorhergehende *Brevis*-note *g* im Tenor eine *Longa* sein soll. K.

f. An Wasserflüssen Babylon, 4 vocum.

123 Newe Deudsche Geistliche Gesenge,
Georg Rhaw, Wittenberg, 1544, No 108.

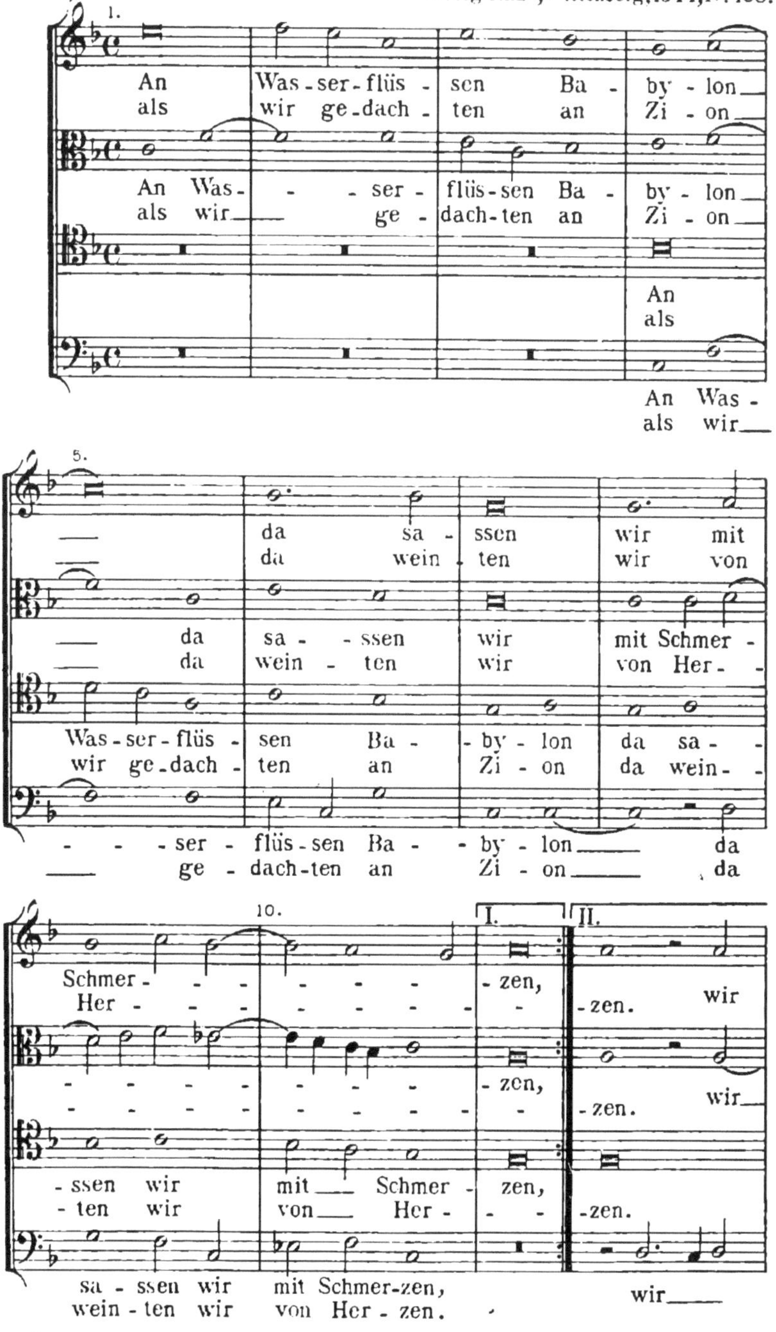

*) Für die nun folgende Textzeile: „die orgeln und die Harfen gut", war die entsprechende Tonreihe im *Discant* nicht vorhanden. K.

die drin - - nen sind in ih - - -
- - - den, die drin - - nen sind in ih - -
Wei - den, die drin - - nen sind in ih - -
- - den, die drin - nen sind in ih - -

- rem Land da muss-ten wir viel Schmach und
- rem Land da mussten wir viel Schmach
- rem Land da mussten wir viel Schmach und
- - rem Land da muss - ten wir viel Schmach und

Schand täg-lich von ih-nen lei - - - - den.
und Schand täg - lich von ih-nen lei - - - den.
Schand täg - lich von ih - - - nen lei - den.
Schand täg - - lich von ih-nen lei - - - den.

XVI.
Henricus Finck.

35. Missa de beata Virgine, trium vocum.
(Siehe Ambros, III. S. 377.)

Manuscript (Unicum) der Proske-
Bischöfflichen Bibliothek zu Regensburg.
Siehe Vorwort.

Anmerkung. *Si quid difficilius erit in duplo canitor,* (unten am Rand mit
rother Tinte bemerkt.) R.

*1) In allen Stimmen originalgetreu. R.

*2) Ohne Firmate. R.

*1) Im Originale: K.

*2) Im Originale: K.

*3) Mit rother Tinte eine *Semibrevis (e)*:   darunter gezeichnet. K.

F.E.C.L. 3514

*1) Textirung originalgetreu. R.
*2) Textirung originalgetreu. R.

*) Die Notirungsweise dieser Pausen originalgetreu. K.

*1) Hier trat im Original mit neuer Zeile der *C*schlüssel auf 1ter Linie ein. K.
*2) Im Original mit der neuen Zeile *C*schlüssel auf 2ter Linie. K.
*3) Das Wort „*nostram*“ fehlte im Original. K.
*4) Im Original, neue Zeile, *C*schlüssel auf 1ter Linie. Textstellung wie auch in *secunda vox* Originalgetreu. K.

F.F.C.L. 3514

*1) Die Fortschreitung von *e — b* originalgetreu. Ob dieselbe analoge Stelle in Tenor. Tact 145, nicht denselben Sprung *e—b* aufnehmen soll, wodurch freilich dann die ganze Parthie schon von Tact 140 an in allen Stimmen mit dem b *rotundum* zu construiren wäre, muss ich dahin gestellt sein lassen. K.

*2) Ohne Text im Original. K.

F.E.C.L. 3514

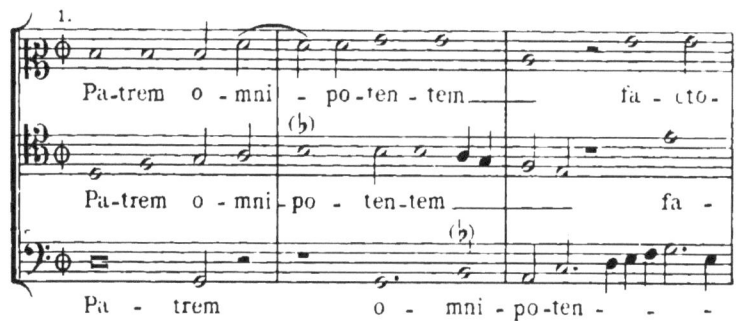

Pa-trem o - mni - po-ten-tem____ fa - cto -

Pa-trem o - mni - po - ten-tem____ fa -

Pa - trem   o - mni - po-ten - - -

-rem____ cœ-li et ter - - - - - - ræ,

-cto-rem cœ - li   et ____ ter - - ræ,

-tem fa - -cto - rem   cœ - - -li et ter - ræ, vi-si-

vi-si-bi-li -um o -mni-um et in-vi-si-bi-li- -

vi-si-bi-li-um   o - mnium et in-visi-bi - - - -

-bi-li-um o-mni-um et in-vi- - si-bi - - - - -

- -um et in u - num Do-minum Je - sum____

- - -li-um et in u - num Do- minum Je - sum

- - - li - um in u - num Do - minum

*) Das Original hatte: „*deum*" statt: *Dominum.*   K.

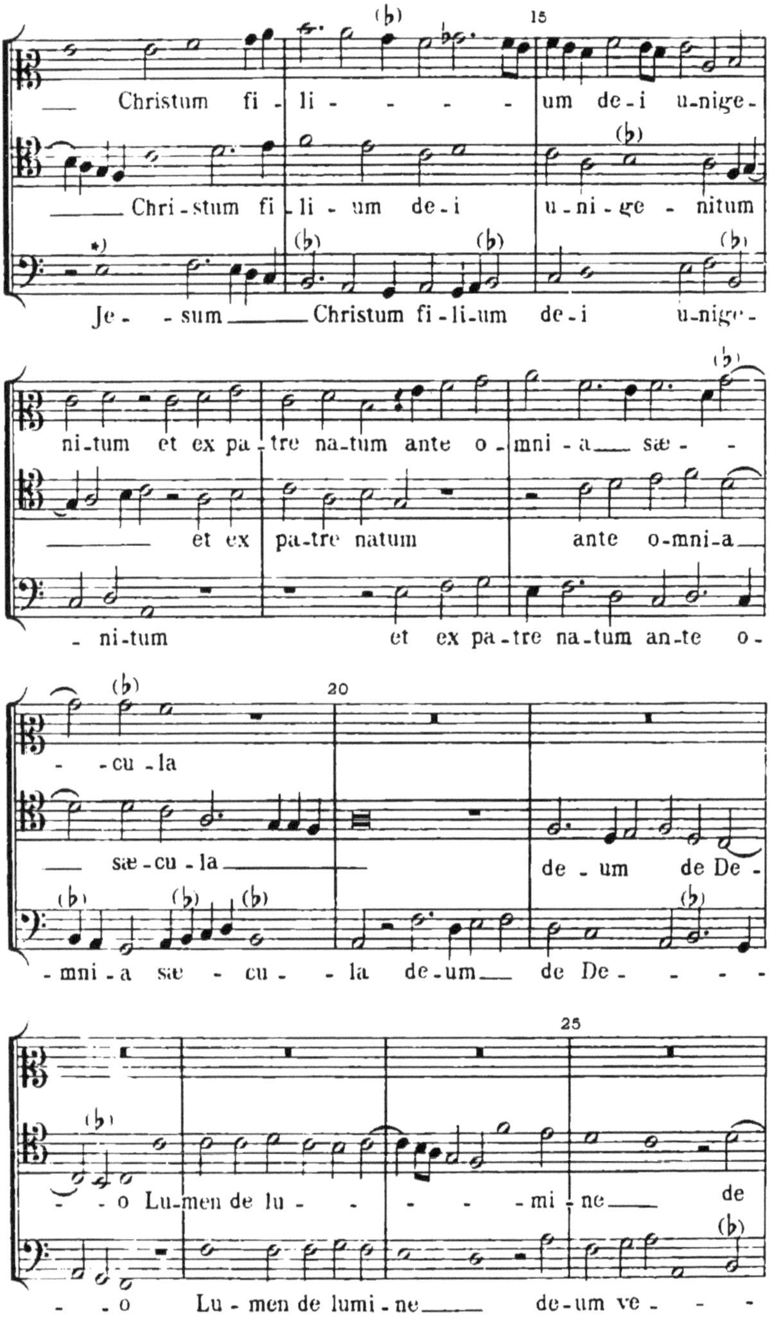
15
Christum fi - li - - - - um de - i u - nige -
Chri - stum fi - li - um de - i u - ni - ge - nitum
Je - - sum Christum fi - li - um de - i u - nige -
ni - tum et ex pa - tre na - tum ante o - mni - a sæ -
et ex pa - tre natum ante o - mni - a
- ni - tum et ex pa - tre na - tum an - te o -
20
- cu - la
sæ - cu - la de - um de De -
- mni - a sæ - cu - la de - um de De -
25
- o Lu - men de lu - - mi - ne de
- o Lu - men de lumi - ne de - um ve -

*) Ob die Textirung hier nicht wie folgt heissen soll:

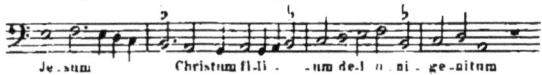

Je - sum Christum fi - li - um de - i u - ni - ge - nitum

Verlagseigenthum von F.E.C. Leuckart (Constantin Sander) in Leipzig.
F.E.C.L. 3514

-um ve-rum de De-o ve - - - - - -

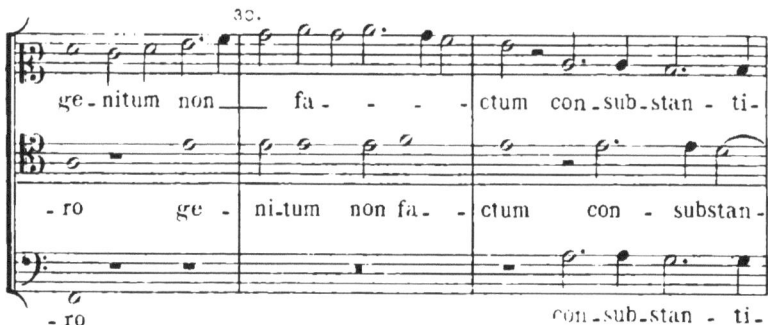

ge-nitum non___ fa - - -ctum con-sub-stan - ti-
- ro   ge - ni-tum non fa - -ctum   con - substan-

-a - lem pa - tri   per quem o - mni-a   facta___
-a - lem pa - - -tri   per quem o - mni-a fa-cta sunt

sunt   qui propter nos ho-mi-nes   et pro-
sunt   qui pro-pter nos ho-mi - -nes   et propter
qui propter___ nos ho-mines et propter no- -

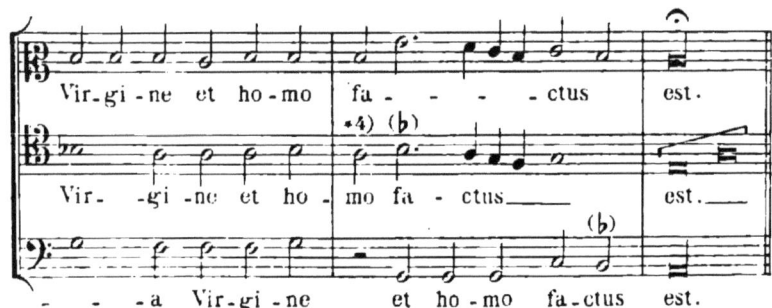

*1) Cschlüssel auf erster Linie. R.
*2) Die Octavparallelen im Discant und Tenor originalgetreu. R.
*3) Cschlüssel auf zweiter Linie, nebst Textstellung, originalgetreu. R.
*4) Originalgetreu. K.

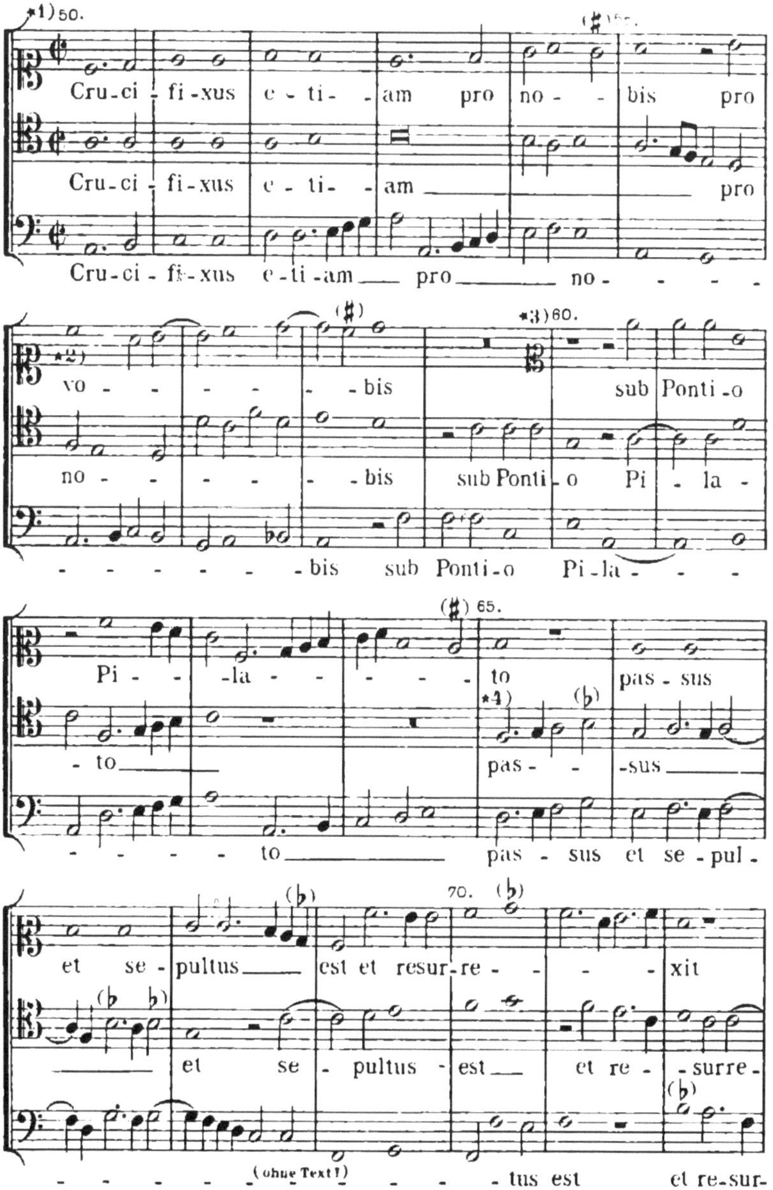
*1) 50.
Cru-ci-fi-xus e-ti-am pro no-bis pro
Cru-ci-fi-xus e-ti-am pro
Cru-ci-fi-xus e-ti-am pro no-
*2)
vo-bis sub Ponti-o
*3) 60.
no-bis sub Ponti-o Pi-la-
bis sub Ponti-o Pi-la-
65.
Pi-la-to pas-sus
*4)
to pas-sus
to pas-sus et se-pul-
70.
et se-pultus est et resur-re-xit
et se-pultus est et re-surre-
(ohne Text!)
tus est et re-sur-

*1) Cschlüssel auf 1ter Linie. K.
*2) *vobis* eigentlich, corrigirt in: *nobis*. K.
*3) Cschlüssel auf 2ter Linie. K.
*4) Die Textstellung in den beiden Unterstimmen von Tact 65 _ 71 originalgetreu, soll aber dennoch wahrscheinlich lauten:

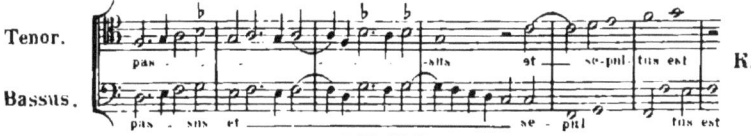

Tenor.
Bassus.

pas-sus et se-pul-tus est
pas-sus et se-pul-tus est

K.

_os cu-jus re-gni non e-rit fi-nis et

-os cu-jus re-gni non e-rit fi-nis et in spi-

cu-jus re-gni non e-rit fi-nis et in spi-

in spi-ri-tum san-ctum Do-mi-num vi-vi-fi-

-ri-tum san-ctum Dominum vi-vi-fi-can-
(♭)

-ri-tum sanctum Do-mi-num vi-

-can-tem qui ex pa-tre fi-li-o-que proce-
(♭)

-tem qui ex pa-tre fi-li-o-que pro-cedit
*)

-vi-fi-can-tem qui ex pa-tre fi-li-o-que pro-

-dit qui cum patre et fi-li-o si-mul a-do-ratur et

qui cum pa-tre et fi-li-o si mul a-do-ratur et conglo-

-ce-dit qui cum patre et fi-lio si-mul a-do-ra-

*) Wenn der ganze Text von Tact 114 bis mit 121 untergebracht werden soll,
müssen diese Viertelnoten hier mit je einer Silbe belegt werden, wodurch
aber die thematische Textirung bei „qui cum patre" gänzlich verloren
ginge. K.

*1)  etc.

Sad - - -

*2) Diese Stelle ist in allen drei Stimmen originalgetreu. Doch hatte das Ma-
nuscript eine kleine Bemerkung mit r o t h e r Tinte von alter Hand am Ran-
de aber so verblichen, dass sie nicht mehr zu entziffern war. Ich deute sie
für: *alii, caret:* ohne für die Richtigkeit derselben einstehen zu wollen. Wäre die Stelle wirklich correct, dann läge ein sehr interessanter Fall eines
freien Septimeneintrittes, vielleicht der früheste dieser Art, vor.   K.

*3) In allen Stimmen originalgetreu. Die Anwendung des ♭ *rotundum* ist
hier wohl unmöglich.   K.

F.E.C.L.3514

*) Hier waren die Pausen der verschiedenen Tacte, ohne Rücksicht auf Tactgliederung addirt, nämlich: Semibreven = 8 Minima   K.

*) Im Originale: ↗ ↗ R.

Agnus Dei I.

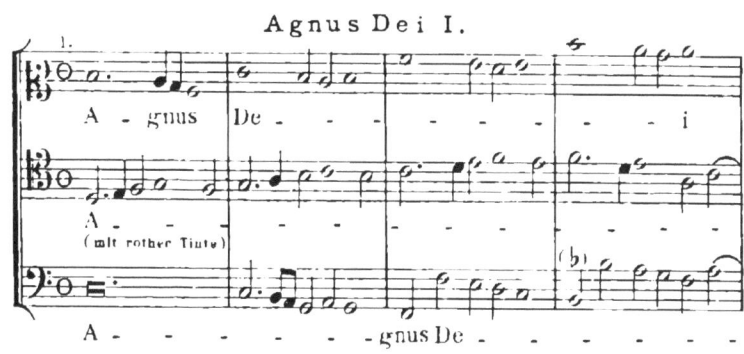

Verlagseigenthum von F. E. C. Leuckart (Constantin Sander) in Leipzig.

F. E. C. L. 3514

Agnus Dei secundum.

Prima vox tacet.

Agnus secundum quære in Basso. *)

Secunda vox.

Tertia vox.

*) Die *Secunda vox* ist demnach in der *Tertia vox* enthalten, die im Original deswegen mit zwei Mensuralzeichen versehen war, nämlich wie folgt:

Agnus dei

Beide Stimmen sollen also ganz dasselbe nur in verkürzter Fassung
singen. K.

Agnus Dei III.

*) Originalgetreu. Man könnte an der Richtigkeit dieser Stelle Zweifel nehmen, wenn sie nicht 4 Tacte später in derselben Form wiederkehrte, (siehe Tact 47.) K.

F.E.C.L. 8514

XVII.
Thomas Stoltzer.

36. Psalm 12, Hilff Herr, die Heylligen, 6 vocum.
Prima Pars: Vers 1_5.
(Siehe: Ambros, III. S. 380.)

Manuscript der Königl. Bibliothek zu Dresden (Unicum) angekauft mit acht andern handschriftlichen Sammelwerken aus dem 16. Jahrh. durch meine Vermittelung von dem Antiquar *Butsch* sen. in Augsburg im Jahre 1858. Rade.

Secunda Pars.
(Vers 6—9.)

Verlagseigenthum von F.E.C.Leuckart (Constantin Sander) in Leipzig.

F.E.C.L.3514

XVIII.
Paulus Hoffheimer.

37. Drei deutsche weltliche Lieder, 4 vocum.
(Siehe: Ambros, III. S. 382.)

a. Ach lieb mit leid, 4 vocum.

FORSTER, Ein ausszug guter alter vnd newer teutscher Liedlein 1539 Tom. I. No 97.

- - -men hin mein sin, da-rum be-trübt___

-nom-men hin mein sin, da-rum be-trübt___

-nom-men hin mein sin, da-rum be-trübt___

-nom-men hin mein sin, da-rum be-trübt___

___ ist hart mich reut die zart___ weib-licher

___ ist___ hart mich reut die zart weib-licher___

___ ist hart mich reut___ die zart weib-licher___

___ ist hart mich reut___ die zart weib-li- - -

art die fast___ schön jung lieblich und from.

art die fast schön jung lieb-lich ___ und from.

art die fast schön jung lieb-lich und from.

-cher art___ die fast schön jung lieblich und from.

Paulus Hoffheimer.

b. Ich hab heimlich ergeben mich. 4 vocum.

FORSTER, Ein ausszug guter alter vnd newer teutscher Liedlein 1539. Tom. I. No 49.

15.

An wohl - ge - stallt find man____ kein

bald schön Absalon muss___ wei - - - -chen sinn-

20.

25.

-reich klug weis Sa - lo-mon ist er____ zu ver- glei -chen.

*) Für die beiden Silben „*ist er*" sind im Alt keine Noten vorhanden. K.

Paulus Hoffheimer,

c. Meins traurens ist, 4 vocum.

FORSTER, Ein ausszug guter alter vnd newer teutscher Liedlein.
1539. Tom. I. N° 91.

Ich woll glaub mir schier ehr____ den tod_

Ich woll glaub mir schier ehr_____ den

Ich woll glaub mir schier ehr den tod_

- gen.
- den.

Ich woll glaub mir schier ehr

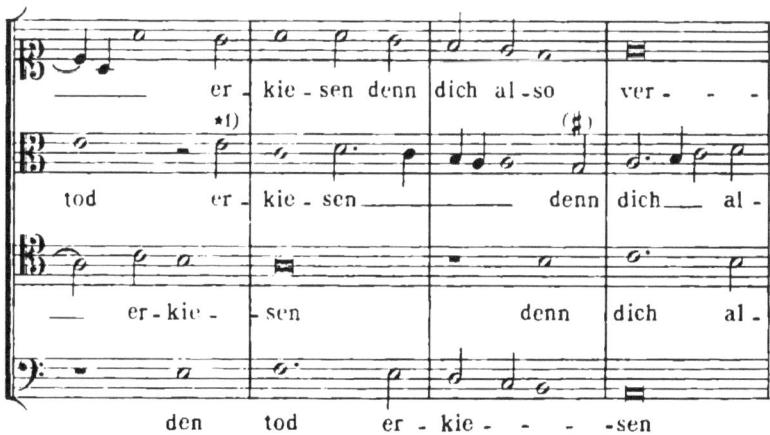

_____ er - kie - sen denn dich al - so ver - - -

*1) (♯)

tod er - kie - sen_____ denn dich___ al -

___ er - kie - _ sen denn dich al -

den tod er - kie - - - -sen

25.

- lie - - - -ren.

- - so ver - lie - - - - - - - ren.

-so ver - lie - -ren.

denn dich al - so ver - lie - - - -ren.

*1) Im Originale *d* statt *c*. K.

XIX.
Henricus Isaak.

38. M o t e t t e: *Illumina oculos* trium aeqalium vocum.
(Siehe: Ambros, III. S. 389.)

Manuscript der Proske-Bischöfflichen
Bibliothek in Regensburg (Unicum.)
Siehe Vorwort und die Bemerkung zu
N? 12 des Verzeichnisses.

Prima Pars.

Prima vox. — Il - lu-mi - na o - - cu-los — me - os

Secunda vox. — Il - lu-mi - na o - - cu-los me - os —

Tertia vox. — Il - lu-mi - na o - - cu-los me - os ne

ne un - quam ob-dor - mi - am in mor -

ne un - quam ob - dor - - - -mi -

un - quam ob-dor - mi - am in —

- - - - - - - te ne quando

-am in mor- te ne quando di - -cat

mor - - - -te

di - -cat— in - i - mi-cus me - us —

in - i - mi -cus in - i - mi -

ne quando di - cat — in - - i -micus me - - -

Verlagseigenthum von F. E. C. Leuckart (Constantin Sander) in Leipzig.
F. E. C. L. 3514

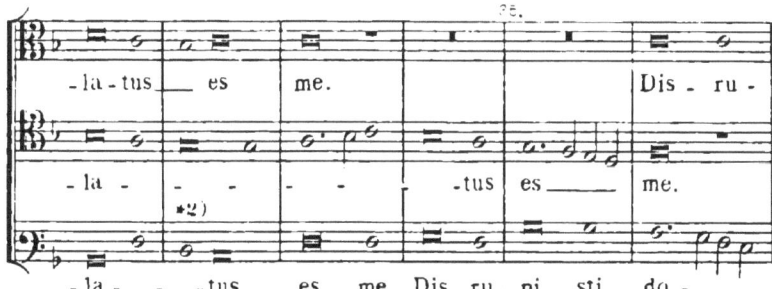

*1) Alle drei Stimmen in schwarzen Noten bis zum Zeichen: *3) ♩ ◆ etc. K.

*2) In allen drei Stimmen originalgetreu. Ob aber richtig, ist die Frage. Schon des Textes wegen scheint die Wiederholung der Note *g* im Tenor incorrect.   Ich

schlage folgende Aenderung vor : K.

*3) Von hier an wieder we i s s e Noten, in allen Stimmen.   K.

*1) Schwarze Noten in allen Stimmen bis zum Zeichen *2). K.

*2) Weisse Notation, von hier ab. K.

Heinrich Isaac (yzach auch geschrieben)

39. Zwei Motetten auf das Ritualmotiv: Virgo prudentissima.
(Siehe: Ambros, III. S. 389.)

a. Motette: *Christus filius Dei*, 6 vocum.
(eigentlich: *Virgo prudentissima*.)

Das Ritualmotiv nach Mettenleiter Enchiridion S. 694 lautet:

Virgo pruden-tissima quo progre - - deris qua-si au - - -

-ra valde ru-ti-lans fi-li-a Si-on to-ta for-mosa et su-a-vis

es:_____ pul-chra ut lu-na e - le - -cta ut____ sol.

Der Text zu: *O Virgo prudentissima* nach JOSQUINS Composition von
1520 lautet:

O virgo prudentissima (ad) quam cœlo missus Gabriel
Supremi regis nuntius | plenam testatur gratia.
Te sponsam factor omnium | te (vocat) matrem Dei filius
Te vocat habitaculum | tuum beatus spiritus.

Secundus Tomus novi operis,
musici 1538, Joannes Otto, N° 2.

Discantus. Christus fi-li-us Dei fi-lius Dei filius De-

Quinta vox. Christus fi-li-us Dei fi-lius Dei mor-

Contratenor.

Tenor.

Sexta vox.

Bassus.

*1) Im Original: ♭♭♭ K.　　*2) Im Original: ♭♭ K.

*3) *coelos*, handschriftliche Correctur. K.

*) Handschriftlich von alter Hand corrigirt nach *b:* ℞.

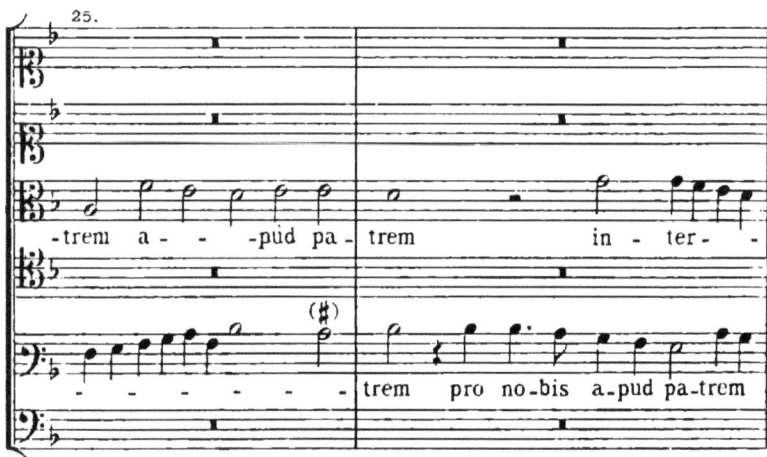

Secunda Pars.

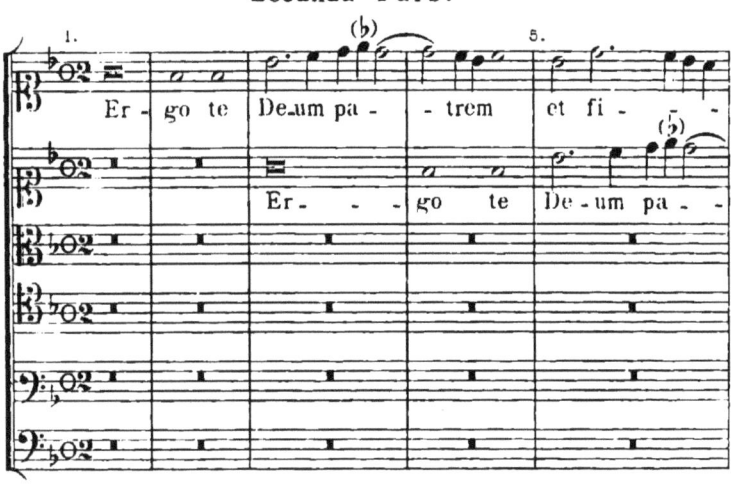

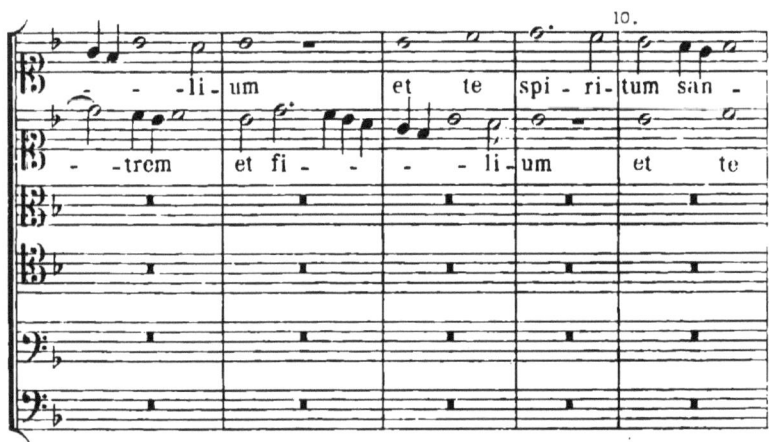

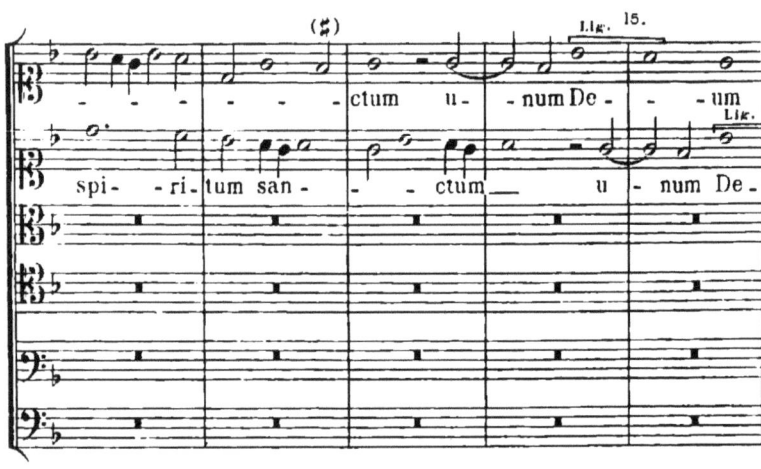

*) Statt der Worte „*pro Carolo Cæsare romano*" stand in dem Stimmen-exemplar, das mir vorlag und offenbar in Sachsen benutzt worden war, hand-schriftlich ergänzt „*pro Augusto electore nostro*". K.

F.E.C.L. 3514

*1) Originalgetreu. R.　　*2) Diese ganze Stelle Tact 70 - 73 original-
getreu. R.

*1) Die in Klammer gestellte Textirung enthält meinen Aenderungsvorschlag. K.

F.F.C.L. 8514

Heinrich Isaac.

b. Motetto: *Virgo prudentissima*, 4 vocum.

Novum et insigne opus musicum.
Joannes Otto, 1537. № 37.

Henricus Isaac.

40. Zwei *Introiten de nativitate Jesu Christi*, I, 4 vocum.
nebst drei kurzen *Alleluja* auf die Epistel.

a. Introitus: *Puer natus est nobis.*

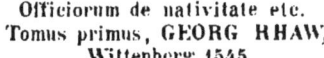

Officiorum de nativitate etc.
Tomus primus, GEORG RHAW,
Wittenberg, 1545.

*) Das Original hatte hier die *Semibrevis:* zu viel. R.

Versus.

Can-ta-te Domino can-ticum no-vum

Qui - a

Qui-a

50.

mi-ra - - - bi-li - - a mi-ra-bi - -

mi - ra - bi-li-a

Qui - - - a mi - - ra-bi -

Qui-a mi - - ra-bi-li-

- - - - li - a fe - - - - -cit.

fe - - -cit fe - - - - - -cit.

- - - - li - -a fe - - - -cit.

-a fe - - - - - - - - -cit.

*) Das Original hatte eine *Brevis a*: 𝄢 ▬ ≡ statt *g*. R.

Henricus Isaac.

b. *Introitus de nativitate Jesu Christi,* II. 4 vocum.

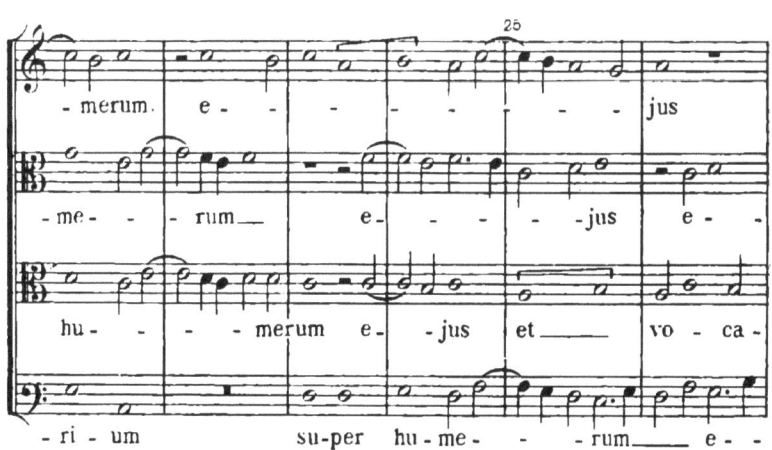

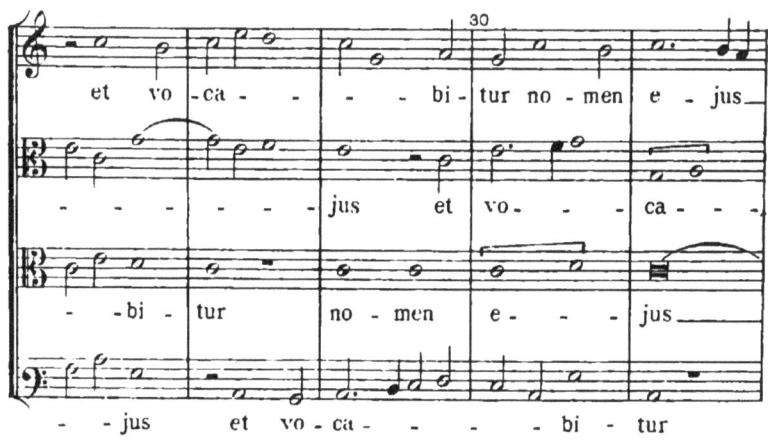

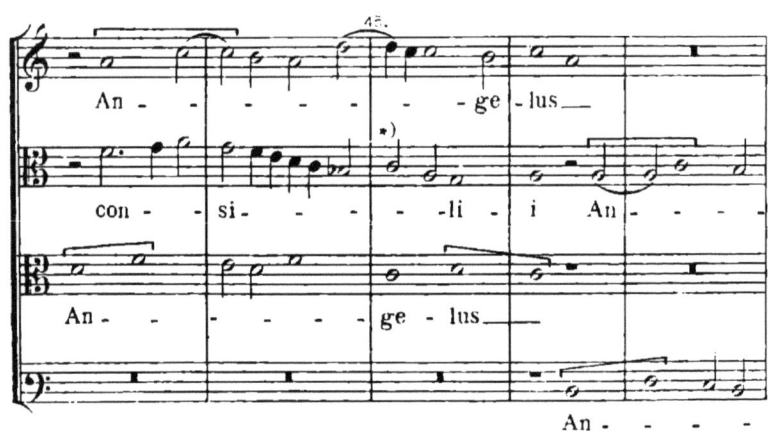

*) Das Original hatte eine *Minima* d: Dresdner Manuscript, von alter Hand corrigirt nach *C. K.*

*1) Im Original ohne Text. Dresdner Manuscript: K.

c. Alleluja, aus dem *Officium de Nativitate.*

Ausser dem oben angeführten Officienwerke
von Georg Rhaw, von 1545, auch Manuscript
der Königl. Bibliothek zu Dresden. (Unicum.)
Mus. B. 265.

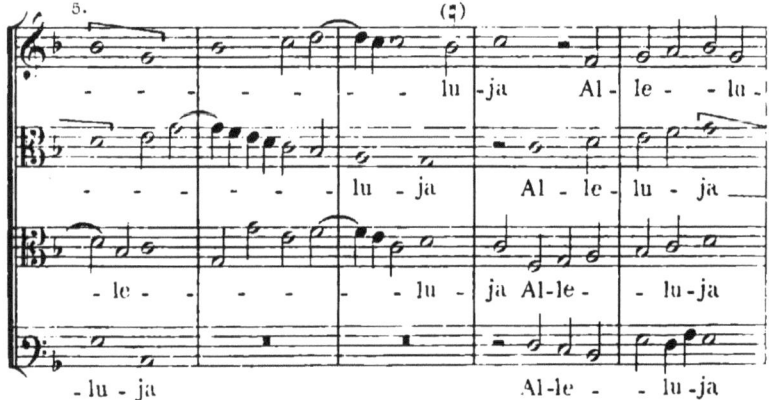

*) Ohne ♭ *rotundum.* Dresdner Manuscript. K.

[E C L. 3515]

d. Alleluja.

Georg Rhaw, 1545 und Dresdner Manuscr. B. 265.

e. Alleluja, aus dem *Officium de circumcisione Domini.*

Manuscript der Königl. Bibliothek zu Dresden (Unicum) Musica B. No. 265.

*1) Im Original *G*schlüssel auf dritter Linie = *C*schlüssel auf erster Linie. K.
*2) Die Vorzeichnung originalgetreu. K.

henricus yzac (Isaac.)

41. Vier weltliche Lieder.

a. Doppellied: *Donna di dentro* in Verbindung mit dem Liede: *Fortuna d'un gran tempo,* 4 vocum.

Codex No 59 der Maglibecchiana. in Florenz, (No 150.)

*) Dieses ♭ *rotundum* auf der fünften Linie deutet an, dass der Tonsatz in der mixolydischen Tonart gesetzt ist, und das Chroma *fis* ausserhalb der Cadenz vermieden werden soll. fi

henricus yzac.

b. Weltliches Lied ohne Text, 5 vocum.

Codex 59. der Maglibecchiana
in Florenz.

Discant.

Tenor.

Contralto.

Bassus primus.

Bassus secundus.

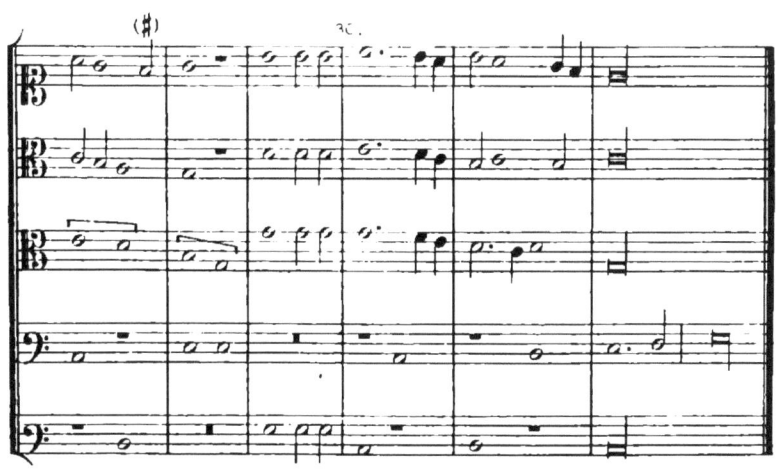

Henricus yzach (Isaac.)

c. Weltliches Lied ohne Text, 4 vocum.

Codex 59, der Maglibecchiana in Florenz.

*1) Das Motiv sowie der Anfang überhaupt zu diesem Liede ähnelt dem Liede: *Se bien fait,* 4 vocum von HOBRECHT (siehe No 11 dieser Notenbeilagen, Seite 40) ausserordentlich, so dass man in der That annehmen möchte, ISAAC habe hier bei HOBRECHT eine Anleihe gemacht, ohne die Selbstständigkeit der Bearbeitung dadurch im Mindesten in Frage stellen zu wollen. K.

*2) Diese Note fehlte im Original. K.

*) Diese Note _h_ ist sehr auffällig. Allein die Analogie mit der Stelle unmittelbar vorher im Alt von Taet 15—18, sowie mit der späteren im Bass, Taet 22—27 ergiebt, dass sie doch richtig ist, und dem Motive entspricht. K.

henricus yzach.

d. Weltliches Lied ohne Text, 3 vocum.

Codex 59, der Maglibecchiana
in Florenz.

Discant.

Tenor.

Contratenor.

XX.

Matthes Greiter.

42. Weltliches deutsches Lied, 4 vocum.
(Siehe: Ambros, III. S.406.)

GASSENSAWERLIN, 1535,
No XV. Unicum der Zwickauer Bibliothek.

*) Die in Klammer gestellte Notengruppe war im Originale nicht vorhanden. Sie
ergab sich aber evident aus der Analogie des Basses, der nur ein und dasselbe Motiv durch das ganze Lied zu wiederholen hat. K.

(♯)

kläg - li - - - -che wort

hört kläg - - li - che wort

-li - - che wort von ei-nem frew -

- che wort von ei - nem frew - - - lein

15.

von ei -nem frew - - - lein hübsch vnd

von ei - nem frew - - lein hübsch

-lein hübsch vnd fein sie sprach zu j - rem

hübsch vnd fein sie

20.

fein sie sprach zu j - rem bu-len es mus ge-

vnd fein sie sprach zu j - rem

bu - -len es mus ge -

sprach zu j - - - rem bu - - len es

25.

-schie - - den sein.

bu - - len es mus ge - - schie - den sein.

-schie - den sein.

mus mus geschie-den sein.

J. F.C.L. 3514

Sieben Strophen Text.

XXI.
David Köler. *)

43. Geistliches deutsches Lied, 4 vocum. 1553.

Manuscriptsammlung der Königl. Bibliothek zu Dresden. (Unicum.) Aus den Jahren 1546–1553. Mus. B. 1276. N° 23.

*1) Von Ambros nicht erwähnt. DAVID KÖLER gehört zu der Gruppe
deutscher Kleinmeister, die Ambros Tom. III. S. 406 zusammenstellt. Welche Bedeutung einzelne dieser Tonsetzer im einfachen vierstimmigen deutschen Liede
erreichten, können die beiden unter N° 42 (MATHES GREITER) und N° 43
(DAVID KOLER) gestellten Tonsätze recht augenscheinlich beweisen. R.

*2) Im Bass stand die Bemerkung g in f, d. h. statt in G besser in F aus-
zuführen. K.

-keÿt vnd___ wenn wir___ von hin_ _ _ nen schei-

-keÿt vnd___ wenn wir von hin_ -nen schei - -

-keÿt vnd___ wenn wir von hin-nen schei -

-keÿt vnd__ wenn wir von hin _ _ _ _ nen schei -

30.

-den von hinnen schei - - den ___ so tröst___

-den so tröst___ vns in e - -wig -

-den so tröst___ vns in e - - - -

-den so tröst__ vns in e - wig-

35.

vns in e - wigkeÿt so tröst__vns in e - wigkeÿt

-keÿt so tröst vns in___ e - -wig- keÿt so

- - wig - keÿt so tröst vns___

- keÿt vnd tröst__vns in e -wigkeÿt in e -

80.

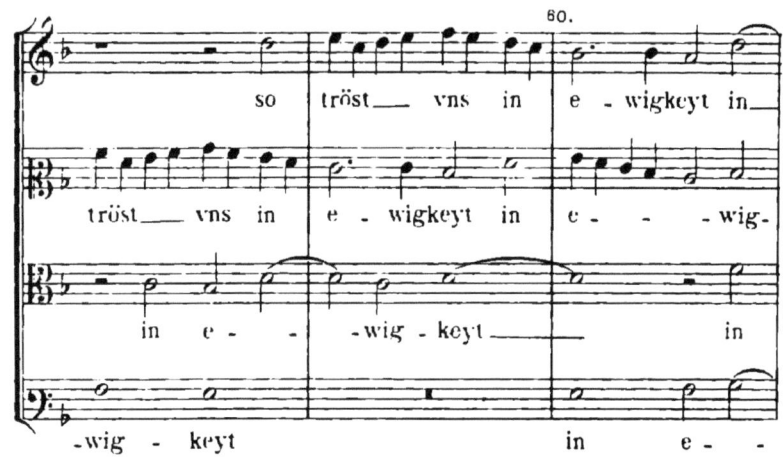

so tröst__ vns in e - wigkeyt in__

tröst__ vns in e - wigkeyt in e - - wig-

in e - - -wig - keyt____ in

-wig - keyt in e - -

(♯)

_____ e - - - - - -wig - keyt vnd__

-keyt in__ e - - wig - keyt vnd__

*1)

e - - - - - - - wig - keyt vnd__

(♭)

- - - - - - - - -wig - keyt vnd__

65.

(♯)

__ wenn wir__ von hin - - nen schei- den von

__ wenn wir von hin - nen schei - -den

__ wenn wir von hin -nen schei -den so

__ wenn wir von hin - - - nen schei -den

Diese Semibrevis hatte im Original zwei Puncte: zum Zeichen, dass sie ues Textes wegen in zwei Minima zerfallen soll: K.

F F ((2514

XXII.
Arnoldus de Bruck.

44. Zwei geistliche Tonsätze.
(Siehe: Ambros, III. S. 410 u. f.)

a. O du armer Judas, 6 vocum.

Ott, 121 newe Lieder
1534, No 17.

*1) Für Anfänger, denen der F-schlüssel auf dritter Linie Mühe macht, ist hier die Transposition nach D-dur mit den bekannten Schlüsseln beigefügt. Das ♯ wird dann zum ♭, das ♭ zum ♮. K.

Verlagseigenthum von F. E. C. Leuckart (Constantin Sander) in Leipzig.
F. E. C. L. 3514.

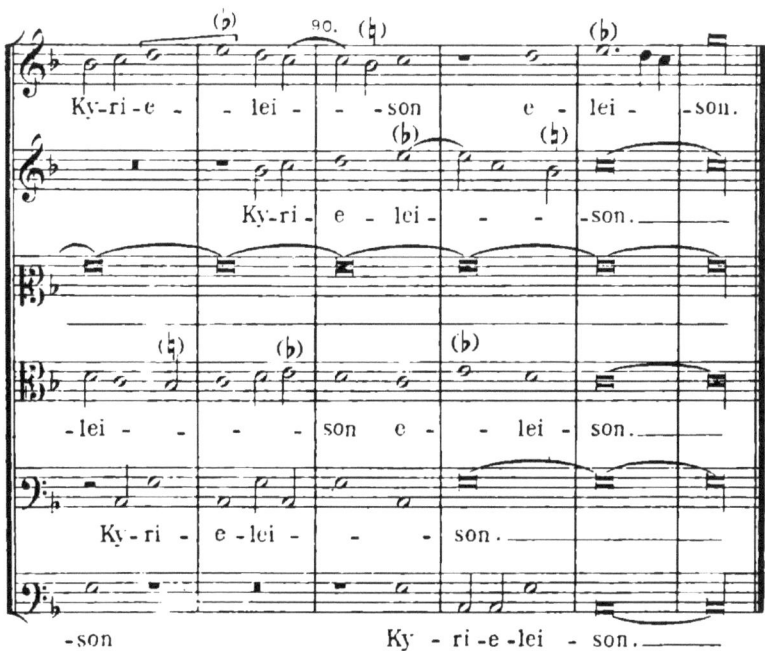

Den 8. August 1863 mit Bewunderung
in Partitur gesetzt.

A. W. Ambros.

Arnoldus de Bruck.

b. Geistliches deutsches Lied, 5 vocum.

(Siehe: Ambros, III. S. 410.)

123 Newe Deudsche Geistliche Gesenge
Georg Rhaw, Wittenberg, 1544, No 114.

Altus resolutus ex primo Discantu.

Discantus I.

Discantus II.

O allmäch -ti-ger Gott o allmäch -

Altus.

Tenor.

Bassus.

O allmäch - ti - ger

Canon mit Alt. 10.

O allmäch - ti - -ger Gott dich lobt die
(♯ ♯)

- ti - - - - ger__ Gott dich

Canon mit Discantus primus.

O allmäch - ti - ger Gott

Canon mit Altus.

O allmäch - ti - ger

Gott o all - mäch - ti - ger Gott dich

*1) Im Original G-schlüssel auf 3ter Linie= C-schlüssel auf der ersten Linie. K.

Anmerkung: Auf dasselbe Lied hat SENFL eine 4stimmige Composition
(siehe: 123 newe deudsche Geistliche Gesenge, Georg Rhaw, Wittenberg 1544, No113,
oder Winterfeld, Evangel. Gemeindegesenge, Tom. I. Beispiel No 8) gesetzt, aber
mit einem ganz andern *Cantus firmus*. K.

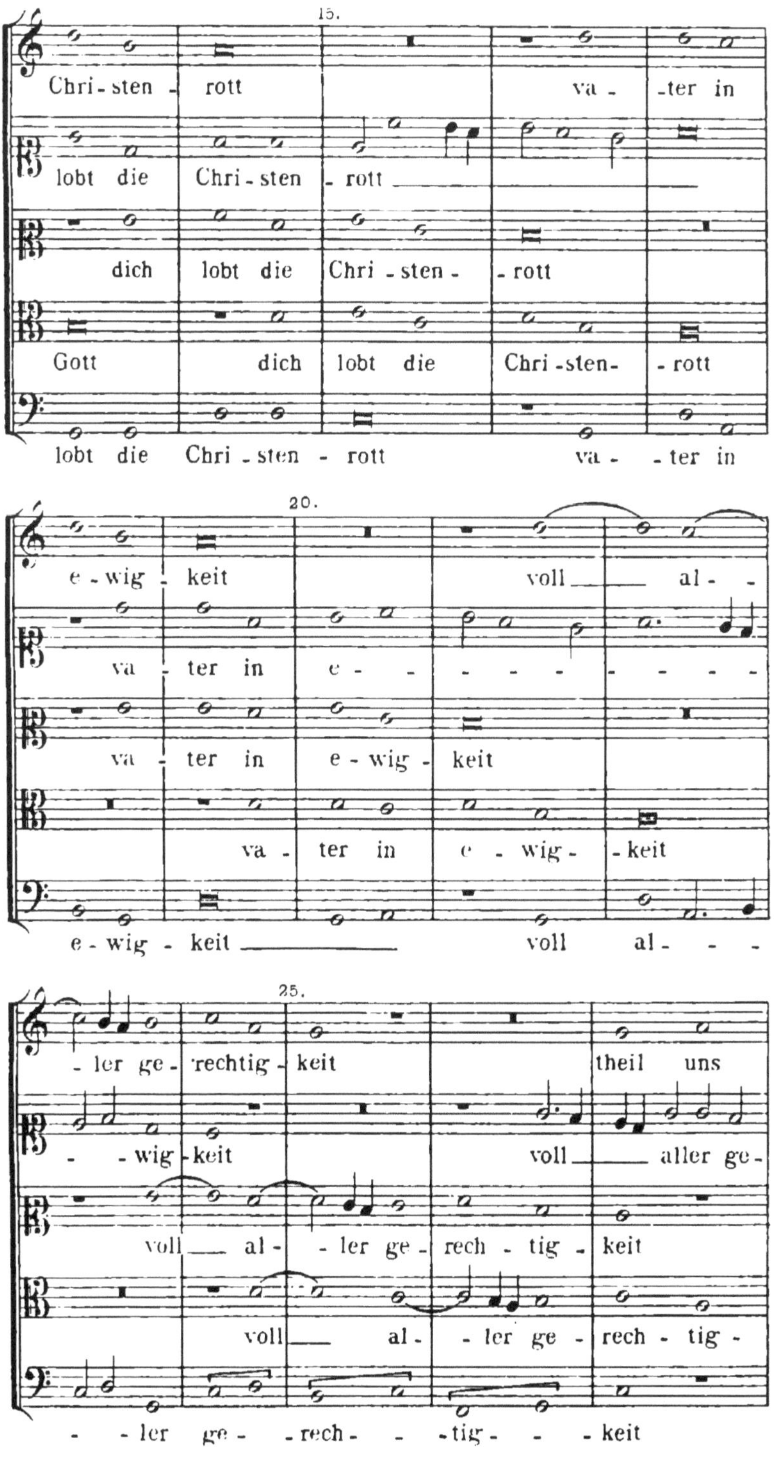
15.
Chri - sten - rott va - - ter in
lobt die Chri - sten - rott
dich lobt die Chri - sten - - rott
Gott dich lobt die Chri - sten - - rott
lobt die Chri - sten - rott va - - ter in
20.
e - wig - keit voll al - -
va - ter in e - - - - - - - - - -
va - ter in e - wig - keit
va - ter in e - wig - - keit
e - wig - keit voll al - - -
25.
- ler ge - rechtig - keit theil uns
- - wig - keit voll aller ge -
voll al - - ler ge - rech - tig - keit
voll al - - ler ge - rech - tig -
- - ler ge - - rech - - - tig - - - keit

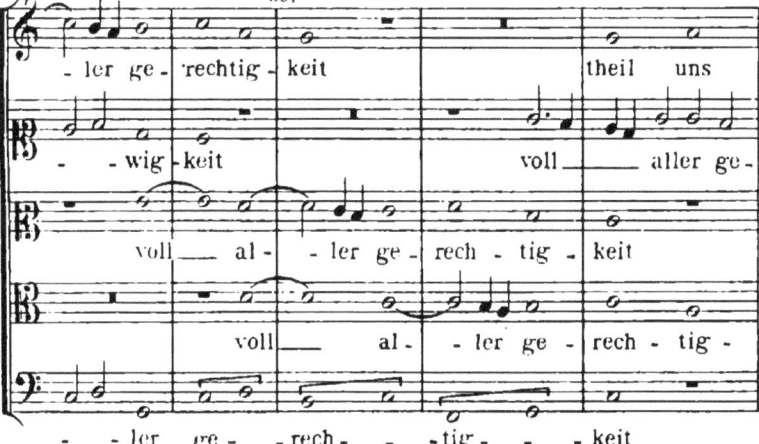

*1) Im Original stand: Jedenfalls Druckfehler. K.

Arnoldus von Bruck.

45. Weltliches deutsches Lied: 4 vocum.
(Siehe: Ambros, III. S. 410.)

Ott, 121 neue Lieder, 1534.

Discantus.   Es | get gen di-sem | sum - mer o -

Contratenor.   Es | get gen di-sem

Tenor.   Es get gen | di-sem sum - -

Bassus.   Es get gen di-sem sum - - mer o -

-ho o - ho las ein - her_____ gan

sum -mer o - ho o - ho o - ho las ein - her

- mer o - -ho las ein - her gan die

-ho las ein - her gan o - -ho las ein -her

die ochsen-trei-ber kum - men da da da

gan die ochsentrei-ber

ochsentrei-ber kummen da da da

gan die ochsen -

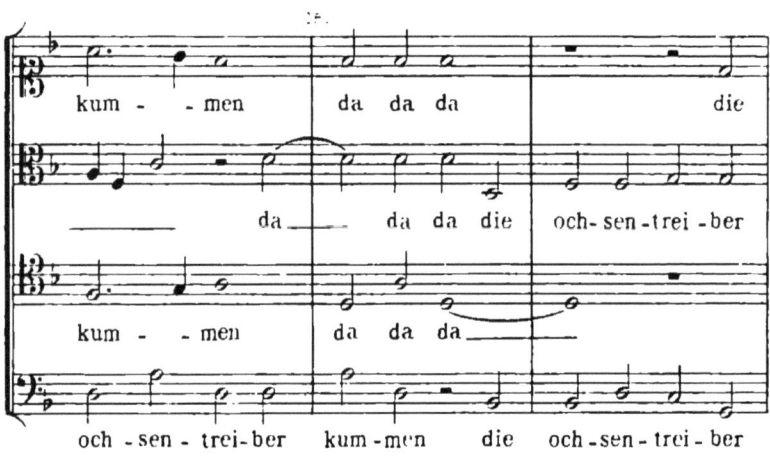

XXIII.
Ludwig Senfl.

46. Motette: *Ave rosa sine spinis:* 5 vocum.
Siehe: Ambros, Tom: III, Seite 404.

*Novum et insigne opus musicum,
sex, quinque et quatuor vocum, cujus in Germania nihil simile usquam est editum.*

Nürnberg, Formschneider. (Graphaeus) 1537. No 22.

*) Ist die Melodie:,,*Comme femme*". Der obige Tenor ist, abgesehen von einigen ganz unbedeutenden Abweichungen derselbe, über den *Josquin de Près* sein *Stabat mater* componirt, und den Alex. Agricola zu einem weltlichen Liede verarbeitet hat. Ambros. Siehe auch No 13, und No 23. K.

Verlagseigenthum von F.E.C. Leuckart (Constantin Sander) in Leipzig.

F. E. C. L. 3514

Ludwig Senfl.

*1) Von hier an *F*-schlüssel auf der vierten Linie im Original. K.

*1) Im Original hier wieder *F*schlüssel auf der dritten Linie. K.

F.E.C.L. 3514

*1) Von hier ab *Cschlüssel auf der zweiten Linie* K.

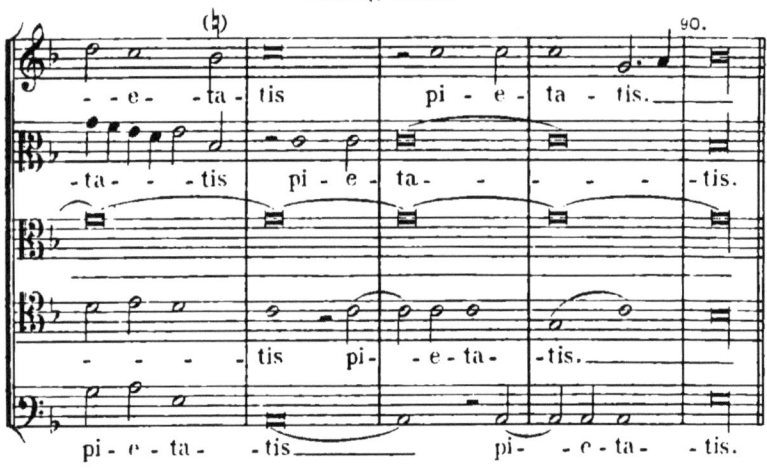

Secunda pars.

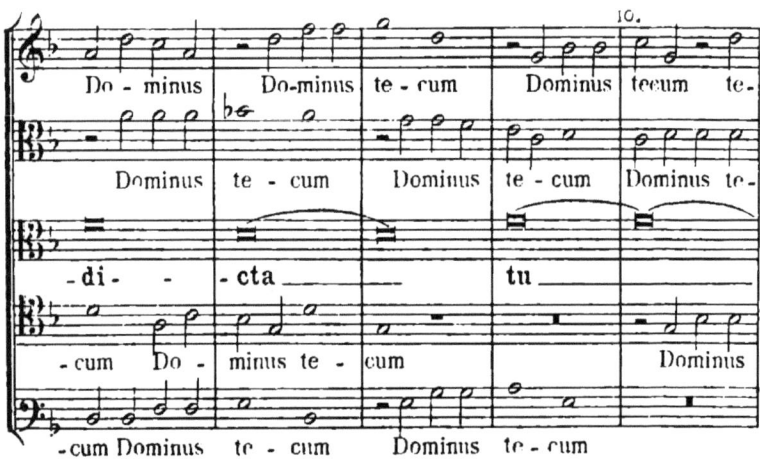

Ludwig Senfl.

*1) Von hier an C-schlüssel auf der 2ten Linie. K.
*2) Die ersten 4 Tacte im Tripeltacte sind im Originale in *Hemiolen* geschrieben,
aber nur im B a s s; die übrigen Stimmen haben die *weisse* Note. K.
*3) Von hier an wieder C-schlüssel auf der dritten Linie. K.

Ludwig Senfl.

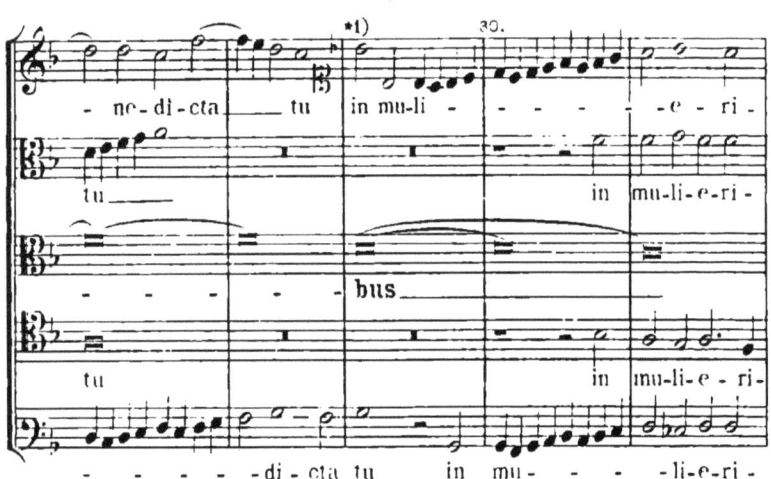

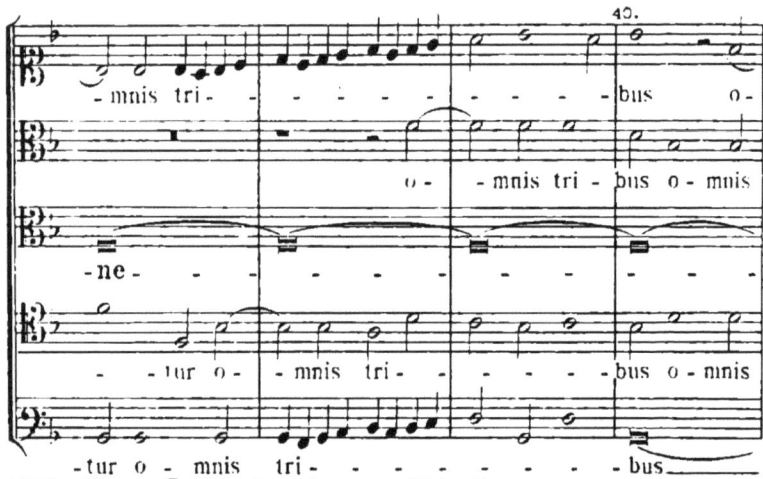

*1) Von hier an *Cschlüssel* auf der ersten Linie. K.

F.E.C.L.-8514

Ludwig Senfl.

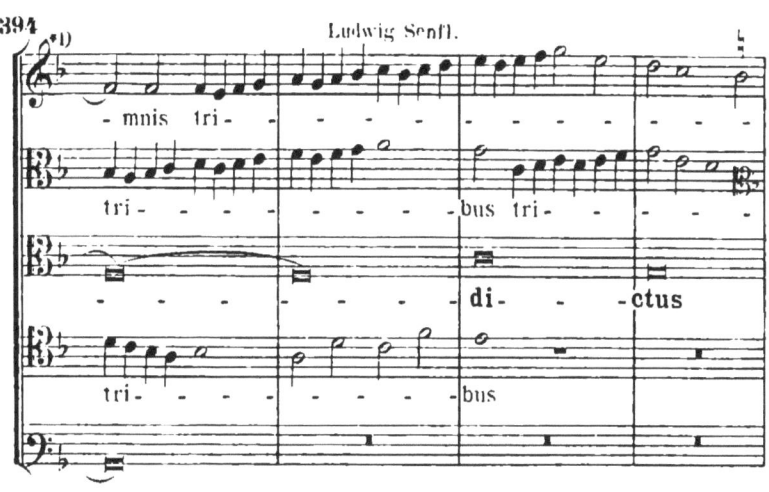

*1) Von hier an wieder *Gschlüssel* auf der zweiten Linie. K.

*2) Von hier an *Cschlüssel* auf der zweiten Linie. K.

*1) Von hier an wieder Cschlüssel auf der dritten Linie. K.

F.E.C.L. 8514

Ludwig Senfl.

Ludwig Senfl.

*1) Von hier an *C*schlüssel auf der zweiten Linie. K.

Im *Tenor* waren mehr *Ligaturen* als Textesworte; letztere konnten daher nicht so unterlegt werden, dass jede Ligatur nur je eine Silbe erhält, sondern sind dem Originaldrucke gemäss, der auch m e h r e r e Silben auf e i n e Ligatur bringt, geordnet worden. K.

Ludwig Senfl.

47. Zwei weltliche deutsche Lieder, 4 vocum.

a. Wol kumpt der May.

121 Lieder, Ott, 1534, № 55.

*1) Grefinger, 1539 (sieh Bemerkung zu N° 47.) theilt diese Note: etc. K.

F. E. C. L. 3514.

b. Im Maien, im Maien hört man die Hanen kreen.

121 Lieder, Ott, 1534, No 95.

hört man die

*) Textstellung originalgetreu. K.

Verlagseigenthum von F.E.C.Leuckart (Constantin Sander) in Leipzig.
F.E.C.L.8514.

XXIV.
Johann Walter.

48. Geistliches Lied: Holdseliger meins Hertzen Trost, 6 vocum. 1566.
(Siehe: Ambros, III. S. 421.)

Das christlich Kinderlied Dr. MARTINI LU-
THERI. Erhalt vns Herr, etc. auffs new in
sechs Stimmen etc. durch JOHAN WALTER
den Eltern Wittembergk, Schwertel, 1566. NºXXI.

Discantus primus.
Dis Liedlein, obs wol Weltlich scheint,
Wird alles Geistlich doch gemeint.

Nil tenet hic cantus castis quod moribus obsit,
Hinc animæ quisquis quæ bona discat, habet.

Discantus secundus.
Der Bule dieses Liedes ist
Der wahre Gott Herr Jhesus Christ.

Harmonicis istis numeris cantantur amores
Christi, qui sumpsit virginis ossa Deus.

Altus.
Den liebsten Bulen den ich hab
Ist Christus, sein Gnad, Geist vnd Gab.

Suavior in terris non est, quam Christus, amator.
Illius est requies grata in amore mihi.

Tenor.
Dis Liedlein, obs wol Weltlich scheint,
Wird alles Geistlich doch gemeint.

Nil tenet hic cantus castis quod moribus obsit,
Hinc animæ quisquis quæ bona discat, habet.

Vagans (Tenor secundus.)
Dis Lied viel guter Kreuter nent
Wol dem der sie recht geistlich kent.

Multa ferunt herbæ secum mysteria nostræ.
Quæ bene si studeas nosse, beatus eris.

Bassus.
Den liebsten Bulen den ich hab
Ist Christus, sein Gnad, Geist vnd Gab.

Suavior in terris non est, quam Christus, amator.
Illius est requies grata in amore mihi.

*) Die ungleiche Vorzeichnung originalgetreu. R.

25.   (b)

von Her - tzen   möcht   ge-win - -
dein freund - lich   wort   kan mer - -
wie Spi - ca   vnd   La-ven- -

von Her-tzen möcht ge - win - - - -
dein freundlich wort kan mer- - - -
wie Spi - ca vnd La - ven - - - -

von Her-tzen möcht _____ ge - win - -
dein freundlich wort _____ kan mer - -
wie Spi - ca vnd _____ La - ven - -

lengr je lie-ber dich
dir frisch Wol-ge - mut
rie-chen lieblich schön

lengr je lie-ber dich
dir frisch Wol-ge - mut
rie-chen lieblich schön

lengr je lie-ber dich
dir frisch Wol-ge - mut
rie-chen lieblich schön

*) Das Original hatte hier eine *Minima c:* statt *a*. Vergleiche dieselbe Stelle *Discant I*, zwei Tacte vorher, Tact 22. K.

30.

*) Die Octavparallelen zwischen *Discantus I* und *Tenor,* originalgetreu. R.

F.E.C.L. 8514

Secunda Pars.

Discantus primus.
Der Bule dieses Liedes ist
Der wahre Gott, Herr Jhesus Christ.
Harmonicis istis numeris cantantur amores
Christi, cui sumpsit virginis ossa Deus.

Discantus secundus.
Die Seele helt jr Bulschaft rein
. Mit Christo Gottes Son allein.
Ipsa anima æterno Christo constanter adhæret
Hunc cupit, hunc optat, somniat atque colit.

Altvs.
Die Seele helt jr Bulschaft rein
Mit Christo Gottes Son allein.
Ipsa anima æterno Christo constanter adharet
Hunc cupit, hunc optat, somniat atque colit.

Tenor.
Das Lied viel guter Kreuter nennt
Wol dem der sie recht geistlich kennt.
Multa ferunt herbæ secum mysteria nostræ
Quæ bene si studeas nosse, beatus eris.

Mein Eh-ren-
Lieb eug-lein
Mein höchster

Vagans.
Wie lang die Seel im Glauben steht
So lang die Bulschaft reine geht.
Oscula donec homo Christo pia figet amanti
Perpetuum sacri fœdus amoris erit.

Mein Eh-ren-
Lieb eug-lein
Mein höchster

Bassvs.
Dem Herren Christo singe ich
Dis Lied zu ehren ewiglich.
Hæc Christo Musique cano, nam tempore nostro est
Optima res precibus musica mixta piis.

Mein Eh-ren-
Lieb eug-lein
Mein höchster

(♯)

bet dein an - gesicht ist wol - ge-
len ich dencke an dich Tag vnd
men vnd wöllest wie ich hoff zu

(♯)

be-ga-bet dein an - ge-sicht ist wol - ge-
vor al-len ich dencke an dich Tag vnd
erwarmen vnd wöllest wie ich hoff zu

- bet dein an - ge-sicht ist wol-ge-
-len ich dencke an dich Tag vnd
-men vnd wöllest wie ich hoff zu

bet
len
men

bet dein an - gesicht ist wol-ge-stalt
len ich dencke an dich Tag vnd nacht
men vnd wöllest wie ich hoff zu dir

bet
len
men

20.

-stalt vnd
nacht von
dir in

-stalt ist wol - ge - stalt
nacht ich denck an dich
dir ich hoff zu dir

-stalt ist wol - ge -stalt vnd al - le
nacht Tag vnd nacht von dei -
dir ich hoff zu dir in dei -

dein an - ge -sicht ist wol - - ge -stalt
ich den-cke an dich Tag vnd nacht
vnd wöl -lest wie ich hoff zu dir

dein an - ge -sicht ist wol - - ge-stalt vnd
ich den-cke an dich Tag vnd nacht von
vnd wöl - lest wie ich hoff zu dir in

dein an - ge - sicht ist wol - ge-stalt vnd
ich den-cke an dich Tag vnd nacht von
vnd wöl - lest wie ich hoff zu dir in

25.

418

Johann Walter.

F.F.C.I.3514

Johan Walther.

- - ··· =

48.[b] Ein newes Christliches Lied, dadurch Deutschland zur Busse vermanet, Vierstimmig gemacht durch
JOHAN WALTHER, Gedruckt zu Wittemberg
durch Georgen Rhawen Erben, 1561.

Fliegendes Blatt.
Originaldruck in meinem Besitze. K.

*) Im Original Gschlüssel auf der dritten Linie = Cschlüssel auf er-
ster Linie. K.

-denck was Gott ____ dir ____ hat ge-sand vnd
-denck was Gott dir hat ____ ge-sand vnd
-denck was Gott dir hat ____ ge-sand vnd
-denck was Gott dir ____ hat ____ ge-sand vnd

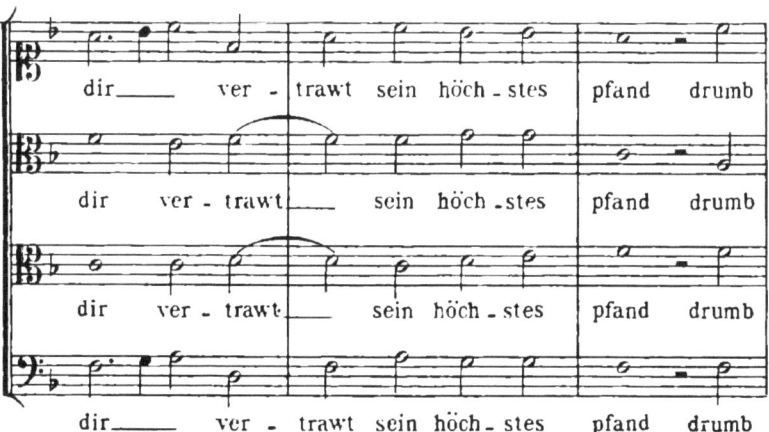

dir ____ ver - trawt sein höch - stes pfand drumb
dir ver - trawt ____ sein höch -stes pfand drumb
dir ver - trawt ____ sein höch - stes pfand drumb
dir ____ ver - trawt sein höch - stes pfand drumb

mag-stu wol ____ auff - wa - - - -chen.
mag-stu wol auff - wa - - - - - chen.
mag - stu wol ____ auff-wa - - - - -chen.
mag-stu wol auff-wa - - - - - chen.

26 Strophen Text.

XXV.
Matthäus Le Maistre.

49. Zwei deutsche Lieder, 4 vocum.
(Siehe:Ambros, III. S. 326.)

a. Geistliches Lied: *Hör menschenkind, hör Gottes Wort.*

Geistliche vnd Weltliche Teutsche
Geseng mit vier vnd fünff Stimmen etc.
durch MATTHÆUM LE MAYSTRE,
etc. Witteberg, Johann Schwertel, 1566 N°54

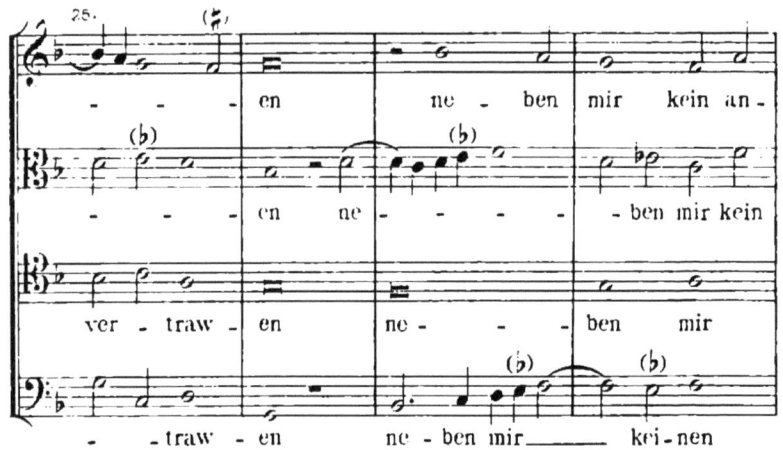

- - en   ne - ben mir kein an -
- - en   ne - - - - ben mir kein
ver - traw - en   ne - - - ben mir
- - traw - en   ne - ben mir____ kei - nen

- dern fürcht____ noch ehr____ thu mir al - lein____
an - - dern fürcht____ noch ehr thu mir al - lein____
kei - nen an - dern____ fürcht noch ehr vnd
an - - dern fürcht noch ehr thu____

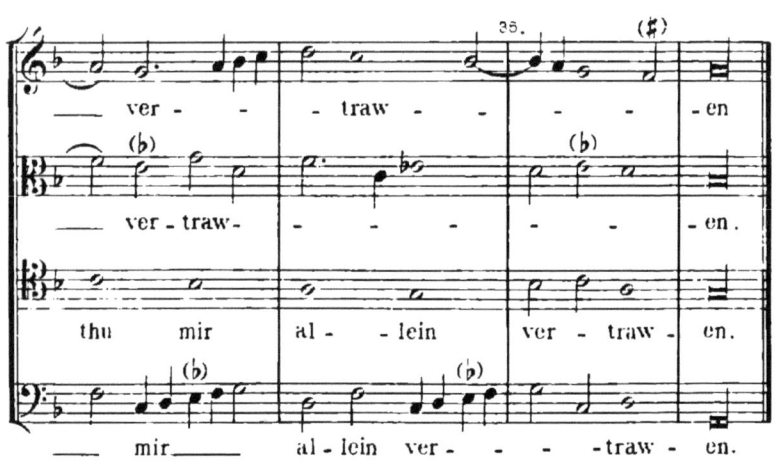

____ ver - - - traw - - - - - en
____ ver - traw - - - - - - - en.
thu mir al - - lein ver - traw - en.
____ mir____ al - lein ver - - - - traw - en.

F. E. C. L. 3514

b. Weltliches Lied:

Schem dich du tropff, du hast's im kopff. 4 vocum.

Geistliche vnd Weltliche Teutsche Geseng mit 4 vnd 5 Stimmen, durch
MATTHÆUM LE MAYSTRE, Wit-
teberg, 1566, № 82.

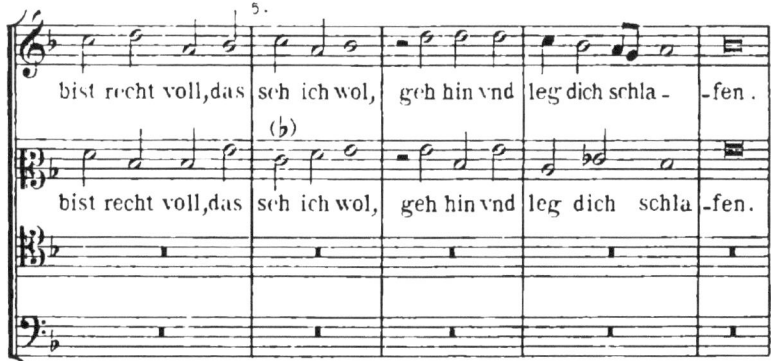

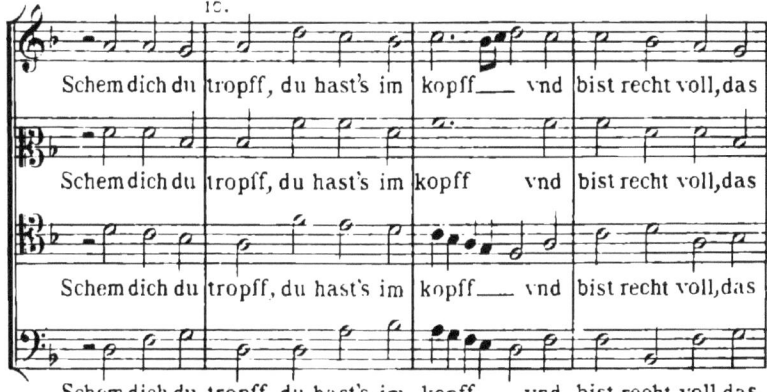

das thu-stu auch du vol-ler gauch, wirst nimmer leer,

das thu-stu auch du vol-ler gauch, wirst nimmer leer,

das

das

laufst hin vnd her, wo man thut bier ver-kau-fen,

laufst hin vnd her, wo man thut bier ver-kau-fen,

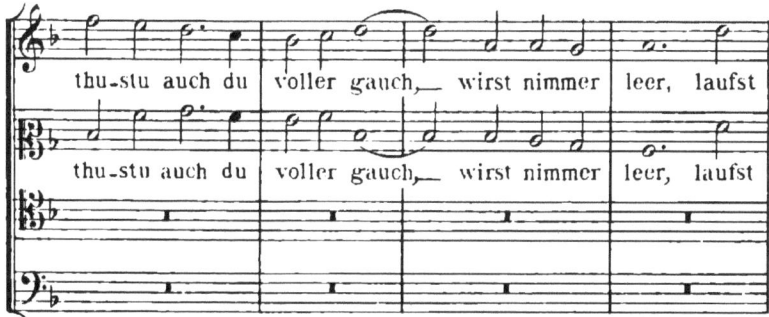

thu-stu auch du voller gauch, wirst nimmer leer, laufst

thu-stu auch du voller gauch, wirst nimmer leer, laufst

hin vnd her, wo man thut bier verkau-fen, das

hin vnd her, wo man thut bier verkau-fen, das

das thu-stu auch

das thu-stu auch

XXVI.
Antonius Scandellus.

50. Bruchstücke aus der *Missa super epitaphium MAURITII, Ducis et Electoris Saxoniæ*, 6 vocum, 1553.

a.	Sanctus ...	6 vocum.
b.	Pleni sunt	4 vocum.
c.	Osanna	6 vocum.
d.	Agnus Dei I	6 vocum.
e.	Benedictus	3 vocum mit der Bemerkung:

Benedictus post Osanna cantetur, (also durch Versehen des Abschreibers an die falsche Stelle gekommen.)

f. Agnus Dei II ... 7 vocum.

a. S a n c t u s, 6 vocum.

Handschriftlicher Codex im grössten Landkartenformat der Stadtkirche zu Pirna. Unicum 1562.

Discantus primus.

Discantus secundus.

Altus.

Tenor primus.

Tenor secundus.

Bassus.

b. Pleni sunt, 4 vocum.

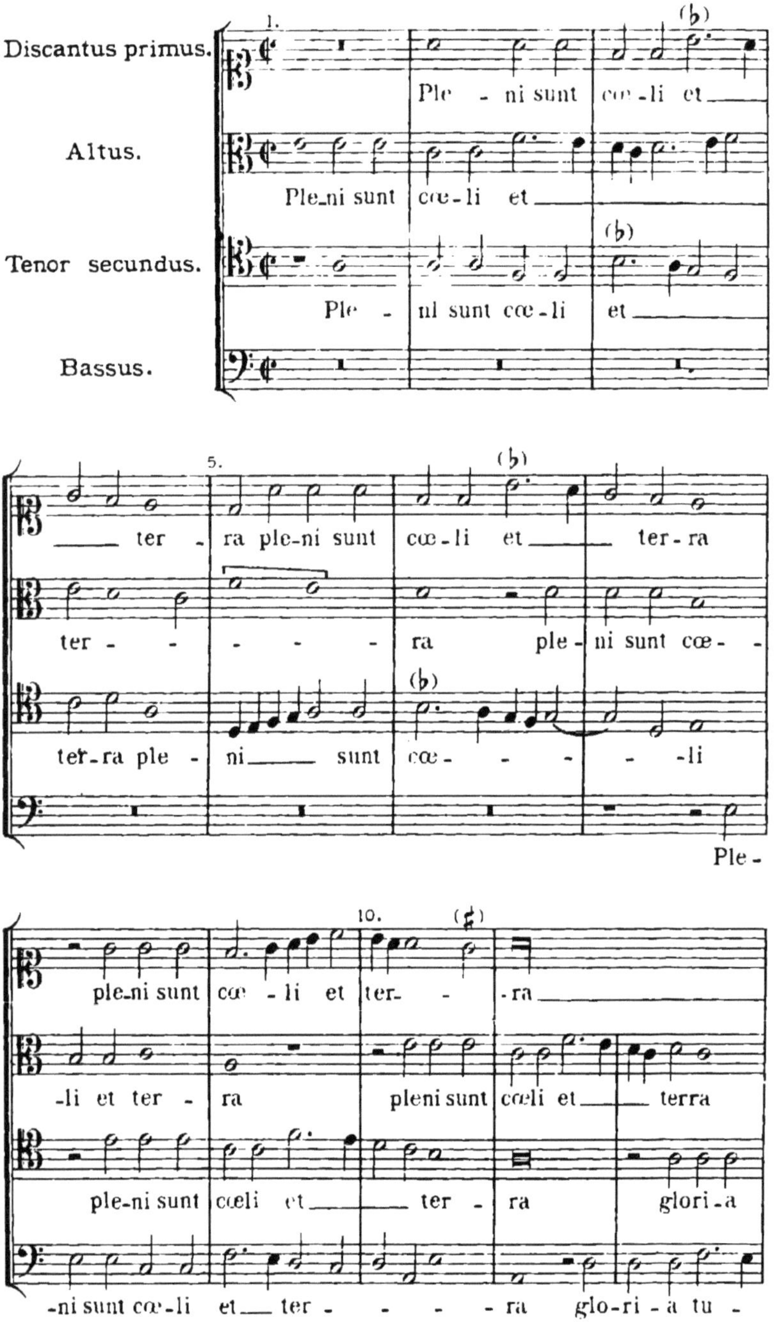

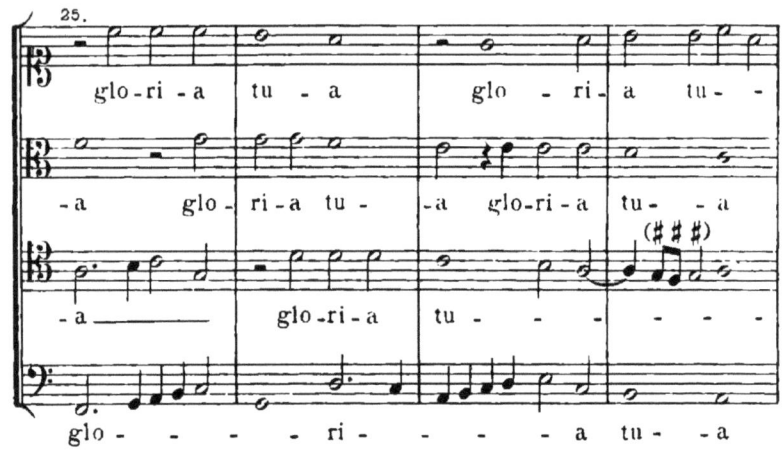

*1) Das Chroma von alter Hand unterhalb der Note beigefügt. K.

Verlagseigenthum von F.E.C.Leuckart (Constantin Sander) in Leipzig.

F.E.C.L.3514

c. Osanna, 6 vocum.

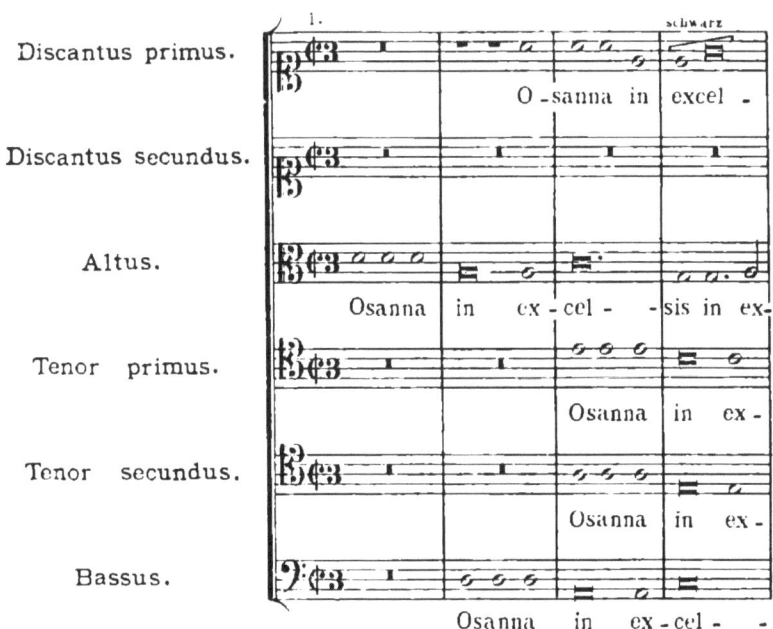

Discantus primus.

Discantus secundus.

Altus.

Tenor primus.

Tenor secundus.

Bassus.

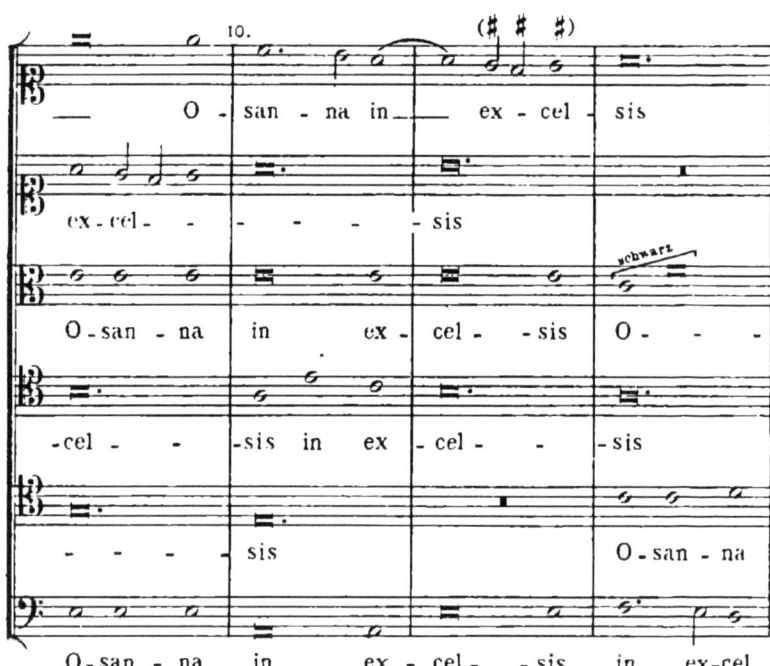

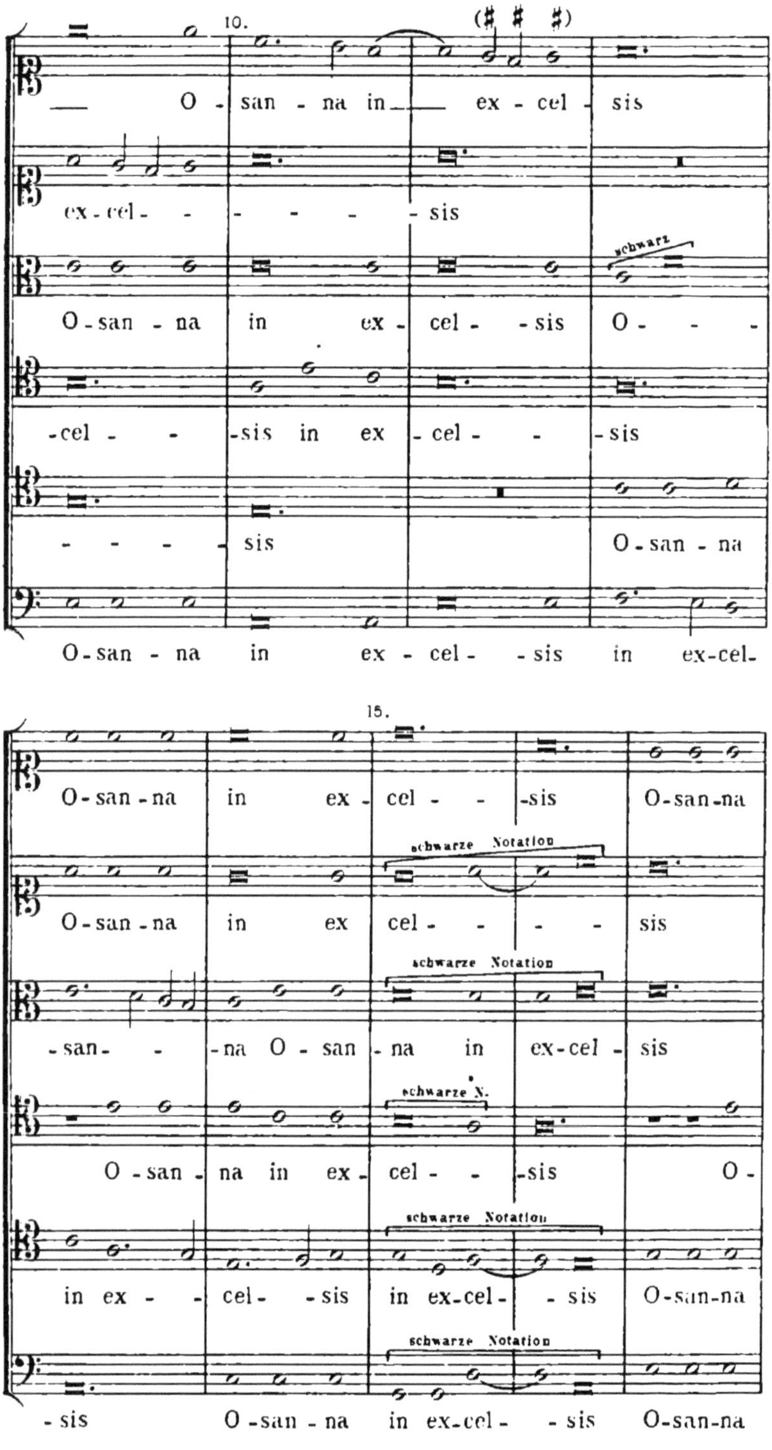
10.
(♯ ♯ ♯)
O - san - na in ex - cel - sis
ex - cel - - - - - - sis
schwarz
O - san - na in ex - cel - - sis O - - -
- cel - - - sis in ex - cel - - - sis
- - - - sis O - san - na
O - san - na in ex - cel - - sis in ex - cel -
15.
O - san - na in ex - cel - - - sis O - san - na
schwarze Notation
O - san - na in ex cel - - - - sis
schwarze Notation
- san - - - na O - san - na in ex - cel - sis
schwarze N.
O - san - na in ex - cel - - - sis O -
schwarze Notation
in ex - - cel - - sis in ex - cel - - sis O - san - na
schwarze Notation
- sis O - san - na in ex - cel - - sis O - san - na

d. Agnus Dei I, 6 vocum.

Discantus primus.

Discantus secundus.

Altus.

Tenor primus.

Tenor secundus.

Bassus.

*1) Im Originale fehlte der Bogen, der jedenfalls die Notenfigur in Vierteln an die längere Note der *Minima* knüpfen soll, nämlich:  K.

*2) Der in Klammer gestellte Text deutet meine Aenderungsvorschläge an. K.

F. E. C. L. 8514

e. Benedictus, 3 vocum.

Benedictus post Osanna cantetur.

*1) Das Chroma von alter Hand unterhalb der Note beigefügt. K.

F.E.C.L. 3514

f. A g n u s D e i II, 7 vocum.

Discantus primus.

Discantus secundus.

Altus.

Tenor primus.

Tenor secundus.

Bassus primus.

Bassus secundus.

15.

qui ___ tol - lis pec - - ca - ta ___ mun-

pec - - ca - ta mun - - di ___

- i A - gnus De - i ___ qui tol-lis pec ca - ta

A - gnus De - - - i qui tollis pec - cata

De - i ___ A - gnus De - - i

- i A - - gnus De - i qui tollis

- i ___ A - - gnus De - - i qui_

(♯)

20.

- di ___ pec - cata mun - - - - di

___ qui tollis pec - cata mun - di qui tol-lis pec-

mun - - di qui tollis pec - cata mun - di ___ do-

mun - di ___ dona no - - bis pa - - - -

qui tollis pec - cata mun - di ___ do - na nobis

pec - cata mun - - di pec - cata mun - di

___ tol-lis pecca - ta mun - di ___ qui tollis

25.
qui tol-lis pec-ca-ta mun-di qui tol-lis
-ca- -ta mun- -di do-
-na no-bis pacem do- -na no-bis pa-
-cem dona no-bis pa- cem dona
schwarze Ligatur
Lig.
pa- -cem do-na no- -bis pa -cem dona
do- -na no-bis pa-cem do -na no -bis pa-
pec-ca-ta mun-di qui tollis pec-cata mun-
30.
pecca- -ta mun-di do- -na
-na nobis pa -cem do- -na no-
-cem do-na no -bis pa-
nobis pa- -cem dona nobis pa-cem do-
schwarz
schwarz
no-bis pacem do- pa- -cem
-cem do-na no- -bis pa-
-di do- -na no- -bis

45.
pa - - - - - - - cem do - na nobis
- na nobis pa - cem do - na no - -bis pa -
pa - - cem do - na nobis pa - cem no - bis
-cem do - na nobis pa - - -cem do-
- - - - - - - -cem do - na no-bis
-bis pa - cem do - na no - bis pa - - - - -
- - -cem do - na nobis pa - - - - -
pa - - - - - cem.
-cem do - na no - - bis pa - - cem.
pa - - - -cem do - na nobis pa - cem.
- na no - - bis pa - -cem.
pa - - - -cem do - na nobis pa - cem.
-cem do - na no-bis pa - - - - - cem.
-cem do - na no - - bis pa - - - -cem.

Antonius Scandellus.

51. Ein geistlicher deutscher Tonsatz :
Nu komm der Heiden Heiland, 5 vocum.

Handschriftliche Stimmbücher aus
dem XVI. Jahrhundert der Rathsbibliothek zu Zwickau. Unicum.

Cantus.

Altus.

Tenor I.

Tenor II.

Bassus.

-kannt des sich wun - dert al - le___

___ sich wundert, des sich wun - - - - dert, des sich

-kannt, des sich wundert al - le Welt, des sich wundert al - - -

wundert al - le Welt, des sich wundert al - - -

des sich wundert, des sich wundert al - - le Welt, des sich

Welt, Gott solch' Ge - burt ihm__ be -

wundert al - le Welt, Gott solch' Ge-burt ihm__

- le Welt, Gott___ solch' Ge - burt___ ihm

- - le Welt, Gott___ solch' Ge-burt ihm___ be -

wundert al-le Welt, Gott___ solch' Ge-burt ihm be - -

20.

- - - stellt. ___

___ bestellt, Gott__ solch' Geburt__ ihm bestellt.

be - -stellt, Gott solch' Ge-burt ihm be - stellt.___

- - - stellt. ___

- - - stellt. Gott solch' Ge - burt ihm bestellt.

Antonius Scandellus.

52. Ein Trinklied:
Der wein der schmeckt mir also wol, 6 vocum.

Nawe vnd lustige Weltliche Dendsche
Liedlein mit Vier, Fünff vnd Sechs
Stimmen, etc., durch ANTONIUM
SCANDELLUM, Dressden, Ginne)
Bergen, 1578, № 19.

*1) Anfänger, denen der *C*schlüssel auf zweiter und der *F*schlüssel auf dritter Linie nicht geläufig sind, mögen sich dieser Schlüsselverbindung bedienen. Für die Ausführung ist aber die Originaltonart beizubehalten.

*2) Originalgetreu. R.

K.

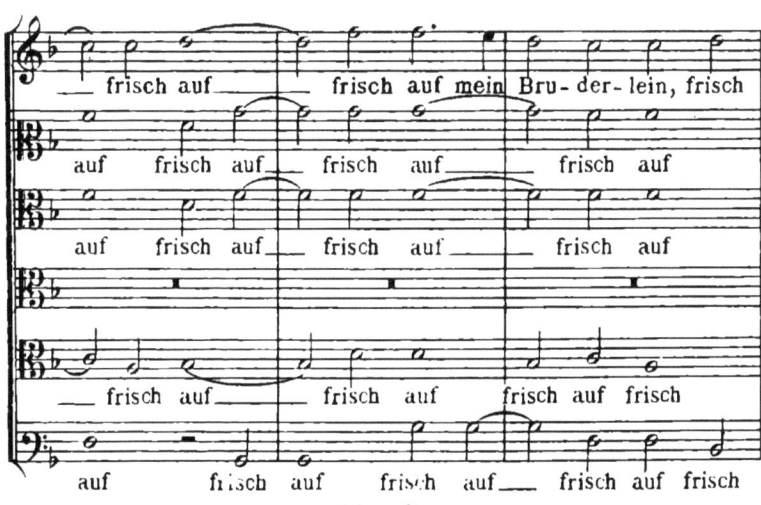

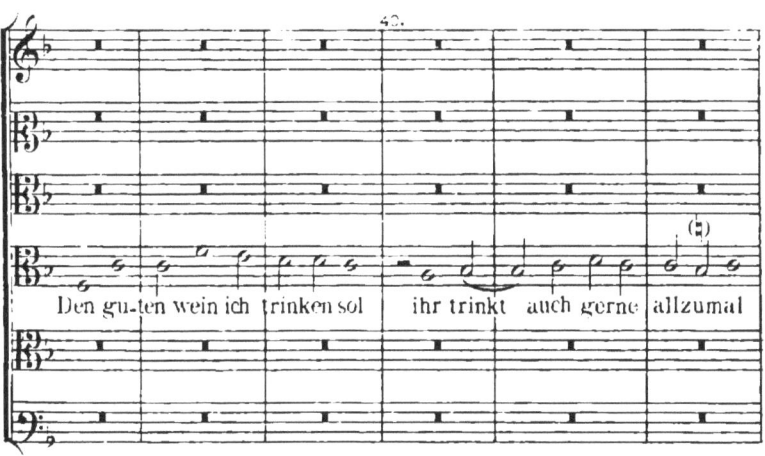

Den gu-ten wein ich trinken sol   ihr trinkt auch gerne allzumal

Es ist jo wahr er schmeckt auch wol

Es ist jo wahr er schmeckt auch wol

Es ist jo wahr er schmeckt auch wol

ich wil austrinken

Es ist jo wahr er schmeckt auch wol

Es ist jo wahr er schmeckt auch wol

zu der stund trinkt ihrs auch aus bis an den Grund, trinkt ihrs auch aus bis

Antonius Scandellus.

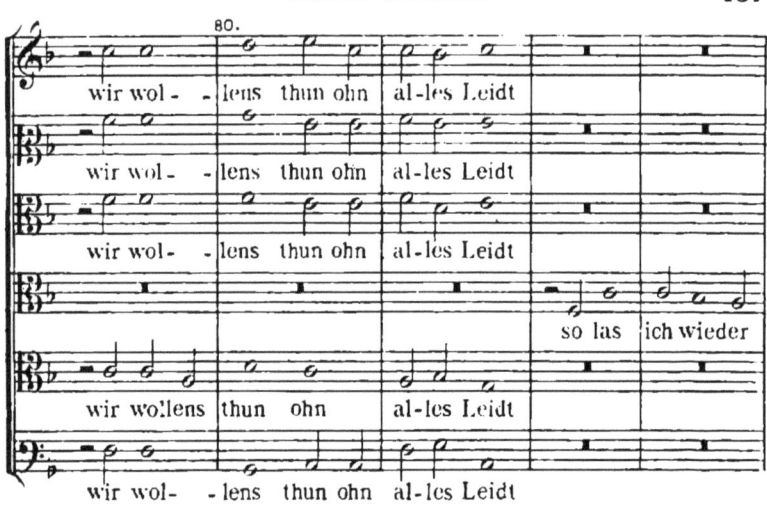

Antonius Scandellus.

El primo libro de le *Canzoni Napolitane* a 4 voci, per Messer ANTONIO SCANDELLO, etc. Norinbergae, Ulrici Neuberi Erben, anno 1572, N⁰ 21. Vorrede von 1566.

53. Eine Canzone Napolitana.
Bonzorno madonna, 4 vocum.

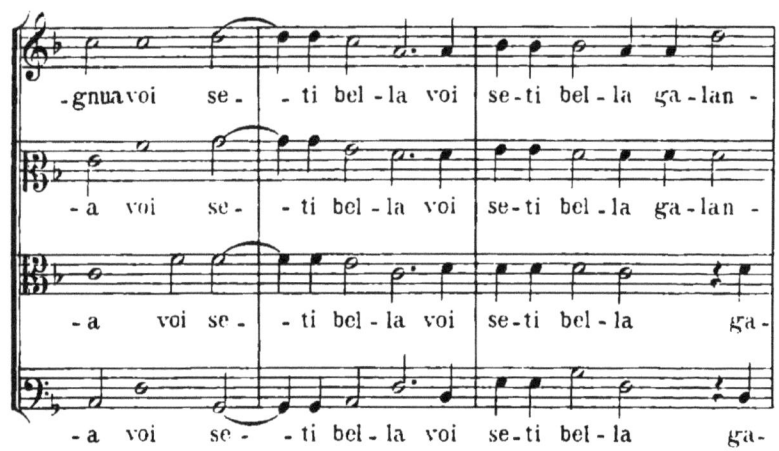

-gnua voi se- -ti bel-la voi se-ti bel-la ga-lan-

-a voi se- -ti bel-la voi se-ti bel-la ga-lan-

-a voi se- -ti bel-la voi se-ti bel-la ga-

-a voi se- -ti bel-la voi se-ti bel-la ga-

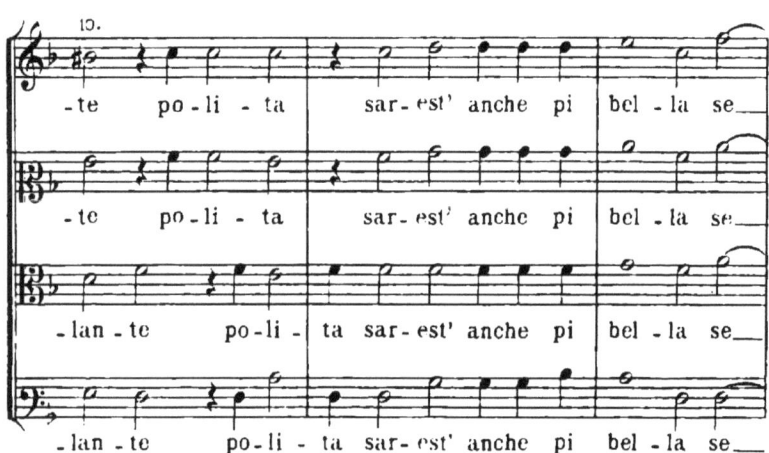

-te po-li-ta sar-est' anche pi bel-la se

-te po-li-ta sar-est' anche pi bel-la se

-lan-te po-li-ta sar-est' anche pi bel-la se

-lan-te po-li-ta sar-est' anche pi bel-la se

voi non fusti tan-to vecchia-rel-la se voi non fusti tanto

voi non fusti tan-to vecchiarel-la se voi non fusti tanto

voi non fusti tan-to vecchiarel-la se voi non fusti tanto

voi non fusti tan-to vecchiarel-la se voi non fusti tanto

Antonius Scandellus.

MALESPINI, 200 Novelle 1609. Tom. I Novella 30 giebt eine recht lebendige Schilderung von einem Spieler, der „con una mano suonando il Tamburino et un pifaro con l'altra" das „Tan tan dari don" erklingen lässt. R.

XXVII.
Rogier Michael.
54. Ein geistlicher Tonsatz:
Ein feste Burg ist unser Gott. 4 vocum.
(In Ambros nicht genannt.)

Der ander Theil: Die Gebräuchlichsten vnd vornembsten Gesenge Dr. MART. LUTHERI. etc. Itzo auffs newe mit fleis componieret vnd der Choral durchaus in *Discant* geführet, durch ROGIER MICHAEL, Dressden, Gimel Bergen. Anno M.D.XCIII, No 28.

*1)

Disc.

Ein fe - -ste Burg ist vn - - -
Er hilft vns frey aus al - - -

Altus.

Ein fe - ste Burg ist vn - - - - -
Er hilft vns frey aus al - - - -

Tenor.

Ein fe - ste Burg ist vn - - - ser
Er hilft vns frey aus al - - -ler

Bassus.

Ein fe - ste Burg_____ ist vn - ser
Er hilft vns frey_____ aus al - ler

- ser Gott, ein gu - - te Wehr
- ler Noth die vns jetzt hat

- ser Gott, ein gu - te Wehr vnd Waf - - fen, ein
- ler Noth die vns jetzt hat be - trof - - fen, die

Gott, ein gu - te Wehr vnd Waf-fen, ein
Noth die vns jetzt hat be-troffen, die

Gott, ein gu - te Wehr vnd Waf - - fen, ein
Noth die vns jetzt hat be - trof - - fen, die

I.   II.

vnd Waf - - - - fen.   - - - fen.
be - trof - - - -   - - - fen.

gu - te Wehr vnd___ Waf - fen.
vns jetzt hat be -   - trof - fen. Der

gu - te Wehr vnd Waf - fen.
vns jetzt hat be -   -trof - - fen.

gu - te Wehr vnd Waf - - fen.
vns jetzt hat be -   trof - - fen._____

*1) Für die Ausführung dürfte sich die Transposition nach *D* empfehlen. K.

Leonhart Schroeter.

Bei Ambros nicht angegeben.

55. Te Deum laudamus, (deutsch) componiret durch
Leonhartum Schroetern, Octo auf zween Chor. Anno Domini, 1571.

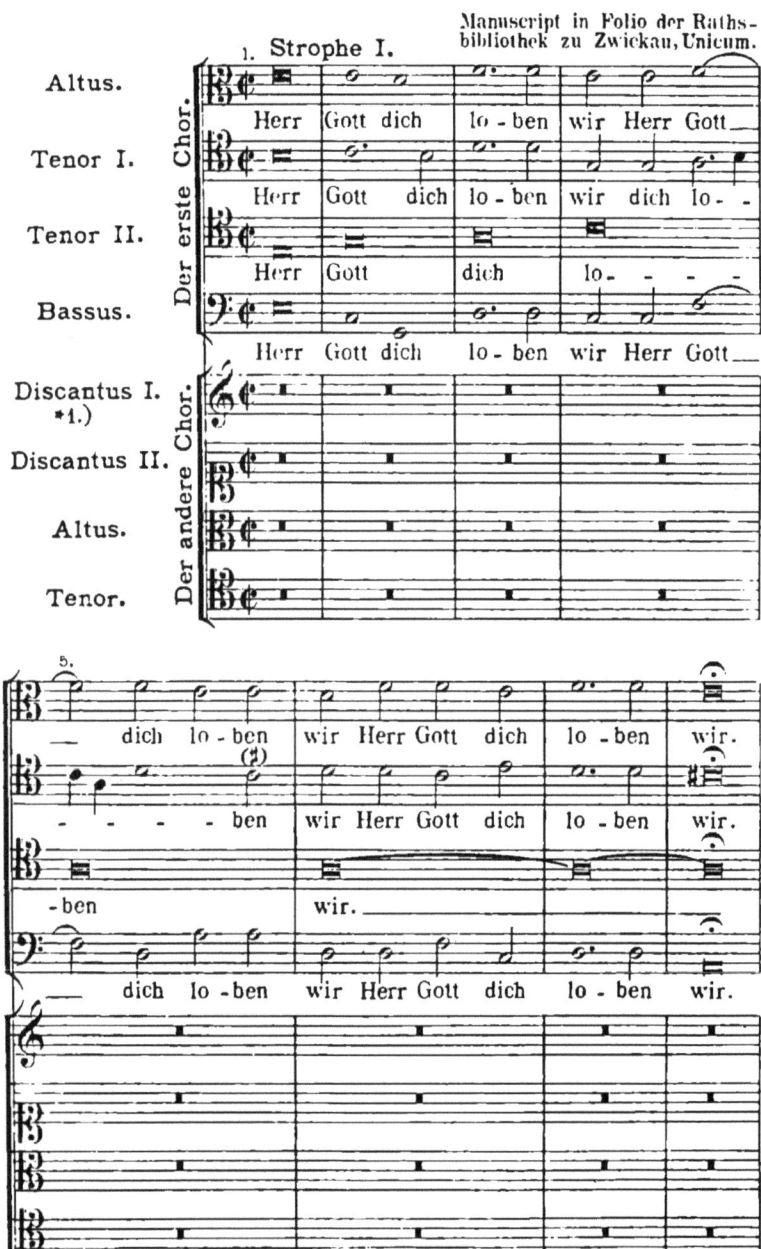

*1.) Der Druck von 1576 notirt Discantus I in *C*schl. 1. Linie, Discantus II im *G*schl. 2. Linie. Strophe I und Respons zu Strophe I im Drucke 1576 zweichörig siehe in den Vorbemerkungen unter Schröter, No. XXVIII. K.

Verlagseigenthum von F. E. C. Leuckart (Constantin Sander) in Leipzig.
F. E. C. L. 3514

10.

Respons zu Strophe I.

Herr Gott wir danken dir Herr Gott wir danken dir Herr

Herr Gott wir danken dir____ Herr Gott wir

Herr Gott wir danken dir Herr Gott wir dan - - - -

Herr Gott wir danken dir Herr Gott wir dan - - - -

15.   **Strophe II.**

Dich Va - ter

Dich Va - ter

Dich Va - ter

Dich Va - ter

Gott wir dan - - - ken dir.

dan - ken dir.____

(♯)

- - ken dir wir dan - ken dir.

- - ken dir wir dan - ken dir.

Respons zu Strophe II.

Strophe III.

30.

35.

Heer und Him - - - - - mels Heer und Him - mels Heer.

Heer und Him - - - - mels Heer und Him - mels Heer.

Heer und Him - mels Heer.

Heer und Him - - - - - mels Heer und Him - mels Heer.

40.

Respons zu Strophe III.

Und was die-net dei - - ner Ehr,' und___ was die-net

Und was die-net dei - - ner Ehr,'___

Und was die-net dei - - ner Ehr,' und___ was die-net

Und was die-net dei - ner Ehr,' und___ was die-net

45. **Strophe IV.**

Auch Che - ru - bim und Se -

Auch Che - ru - bim und

Auch Che - ru - bim

Auch Che - ru - bim und

dei - ner Ehr'.

dei - ner Ehr'.

dei - ner Ehr'.

50.

- ra - phim auch Che - ru - bim und Se -

Se - raphim auch Cheru - bim und Se -

und Se - ra - phim auch Che - ru - bim

Se - raphim auch Cheru - bim und Se -

Respons zu Strophe IV.

F. E.C.L. 8514

Strophe V.

*1) Fälschlich im Druck 1576: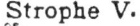

*2) Die Tactpause fehlte im Originale. Der Druck von 1576 hat dieselbe. R.

F. E. C. L. 3514

Gott,   hei - -lig ist un - -ser Gott.

-lig ist un - -ser Gott.

- -ser Gott, hei- - - - -lig ist un -ser Gott.

hei - -lig ist un - - - - -ser Gott.

Beide Chor zusammen. *1.)

Hei - lig ist un - -ser Gott

Hei - lig ist un - - - -ser Gott

Hei - lig ist un - -ser Gott

Hei - lig ist un - - ser Gott

Hei - lig ist un - -ser Gott

Hei - lig ist un - - ser Gott   Der Her -

Hei - lig ist un - -ser Gott   Der Her-

Hei - lig ist un - - - - ser Gott   Der Her- -

*1.) Die Fassung dieses zweichörigen Satzes bis zu Strophe VI weicht in dem Drucke 1576 gänzlich ab. Siehe diese spätere Lesart in den Vorbemerkungen zu L. Schröter, sub N? XXVIII.   F. E. C. L. 3514.

Strophe VI.

*1) Im Original stand nur eine h a l b e Tactpause. K.

F.E.C.L. 8514

100.

Macht und Herrlich-keit, (♯) dein göttlich Macht und

Macht und Herr - - - -lich -keit, dein göttlich Macht

Macht und Herr - lich - keit, dein

Macht und Herr - - lich - keit, dein göttlich

105.

Herr- lich-keit, dein gött - lich Macht und Herr-lich keit.

und Herr - - lich - keit, und Herr - lich keit.

gött - - lich Macht und Herr - lich keit.

(♯ ♯ ♯)

Macht und Herr - - - - - - - lich - keit.

Respons zu Strophe VI.

Geht ü - ber Himmel und Erden weit, geht___ ü - ber Him -

Geht ü - ber___ Himmel und Erden weit,___ und

Geht ü - ber Himmel und Erden weit, geht___ ü - - ber

Geht ü - ber Himmel und Erden weit, geht___ ü - - ber

110.

-mel und Er - - - den weit, geht ü - ber___ Himmel

Er - - den weit, geht ü - ber Him -

Himmel und Er - den, geht___ ü - ber Him - - mel und

Himmel und Er - den, geht___ ü - ber Him - - - -

*1) Die in Klammer gestellte Notengruppe ist von mir ergänzt, da sie im Original nicht vorhanden war. Der Druck von 1576 bestätigt diese Ergänzung. K.

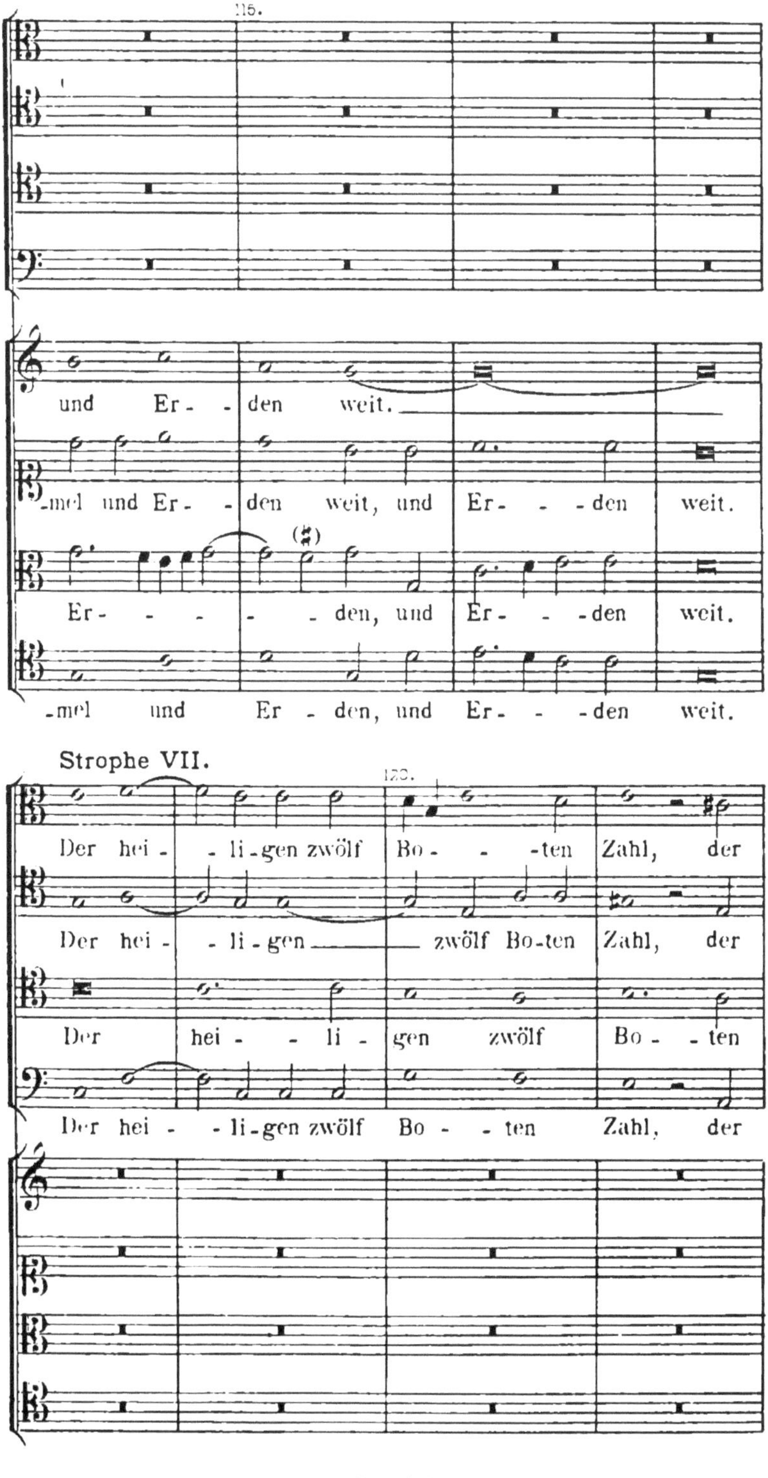
115.
und Er - - den weit.
-mel und Er - - den weit, und Er - - - den weit.
Er - - - - - den, und Er - - den weit.
-mel und Er - den, und Er - - - den weit.
Strophe VII.
120.
Der hei - - li - gen zwölf Bo - - -ten Zahl, der
Der hei - - li - gen zwölf Bo-ten Zahl, der
Der hei - - li - gen zwölf Bo - - ten
Der hei - - li - gen zwölf Bo - - ten Zahl, der

Verlagseigenthum von F.E.C. Leuckart (Constantin Sander) in Leipzig.

F.E.C.L. 3514

Respons zu Strophe VIII.

-ben dich Herr mit gro - - - ssem Schall

-ben dich Herr mit gro - - -ssem Schall.

-ben dich Herr mit gro - - - - - - ssem Schall.

-ben dich Herr mit gro - - -ssem Schall.

Strophe IX.

160.

Die ganze

Die gan-ze wer-the Chri - - -sten-heit, die ganze

Die gan-ze wer-the Chri - - - sten-heit, die ganze

Die gan-ze wer-the Chri - sten-heit, die ganze

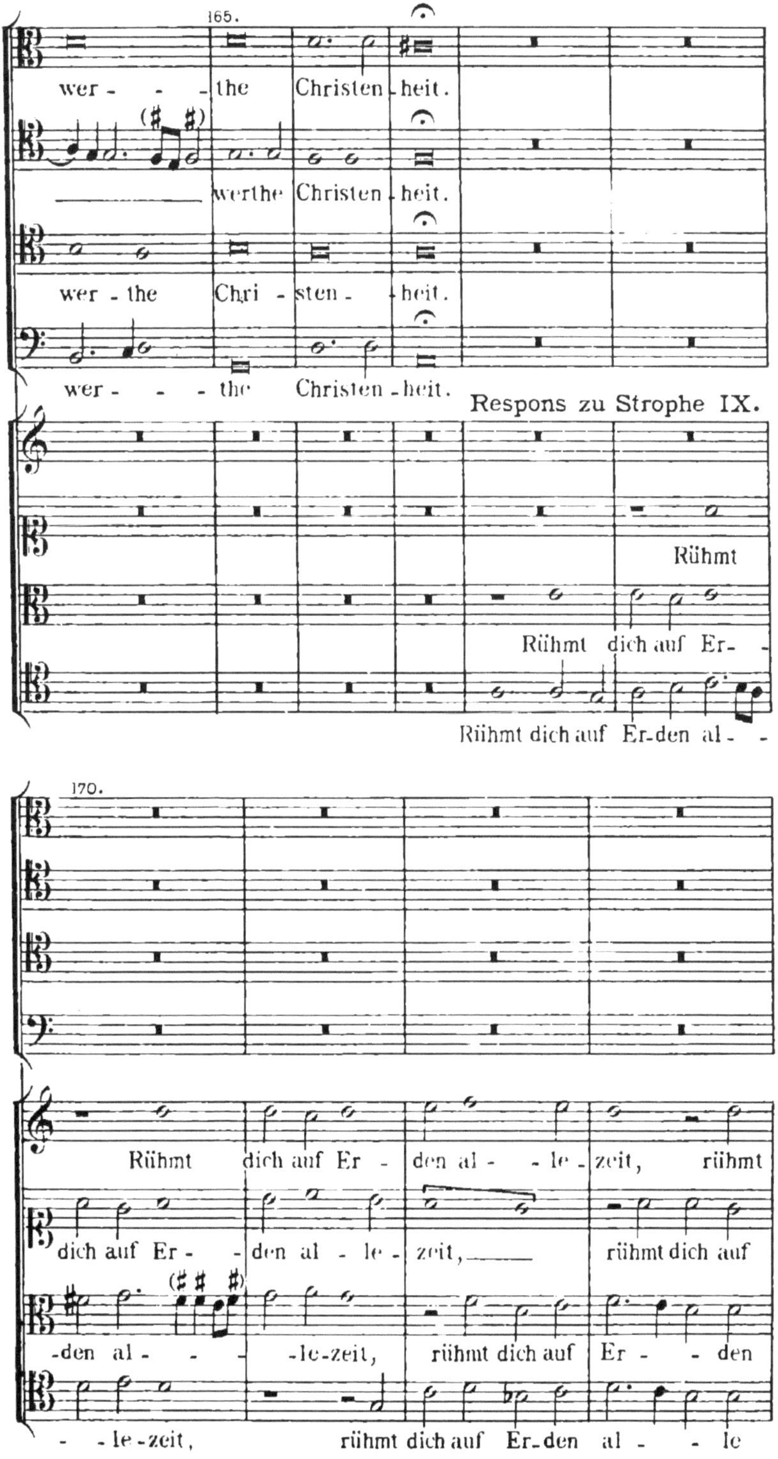
165.
wer - - - the Christen - heit.
werthe Christen - heit.
wer - the Chri - sten - heit.
wer - - - the Christen - heit.
Respons zu Strophe IX.
Rühmt
Rühmt dich auf Er -
Rühmt dich auf Er-den al - -
170.
Rühmt dich auf Er - den al - - le - zeit, rühmt
dich auf Er - - den al - le - zeit, rühmt dich auf
-den al - - - - le-zeit, rühmt dich auf Er - - den
- - le-zeit, rühmt dich auf Er-den al - - le

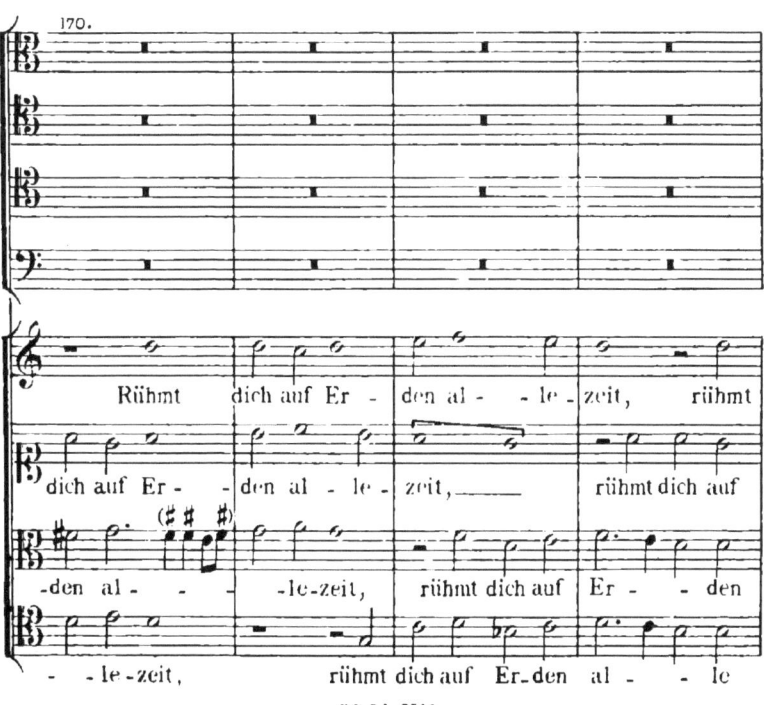

Strophe **X.**

Respons zu Strophe X.

Strophe XI. Trium vocum.

Respons zu Strophe XI.

Strophe XII. *1) 220.

*1) Hier ist die Lücke, von welcher in der Einleitung bei dieser Nummer die Rede war. Zunächst fehlt zu dieser Strophe XII der 2te Chor, was aus den zwei Tacten Pausen im 1sten Chor augenscheinlich hervorgeht. Sodann fehlt auch der Respons zu dieser Strophe XII, auf die Textesworte: *„Gott Vaters ewger Sohn du bist."* Darauf schliesst sich Strophe XIII: *„ Der Jungfrau Leib nicht hast verschmäht"* etc. an. Siehe die Ergänzung in den Vorbemerkungen unter No XXVIII 55, pag. LVIII.

Strophe XIII.

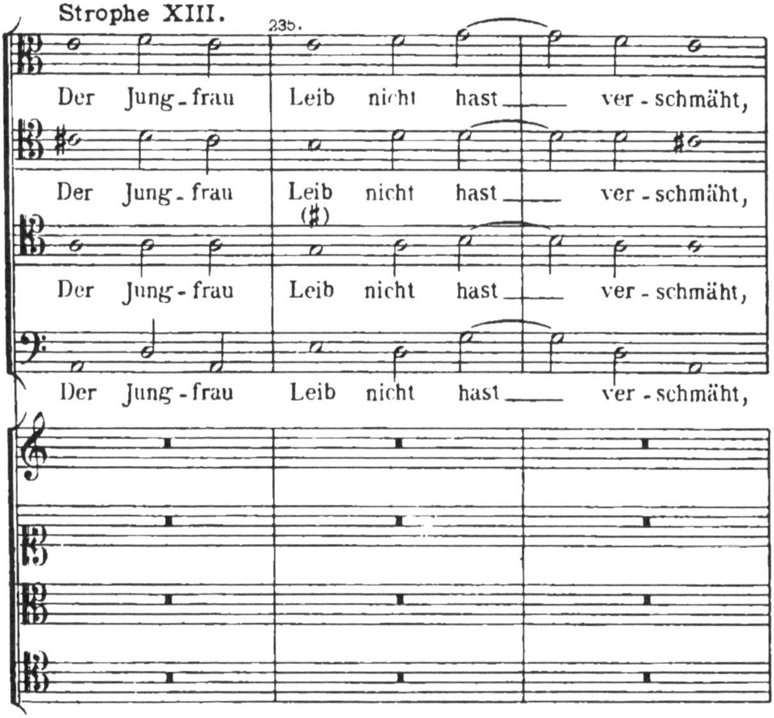

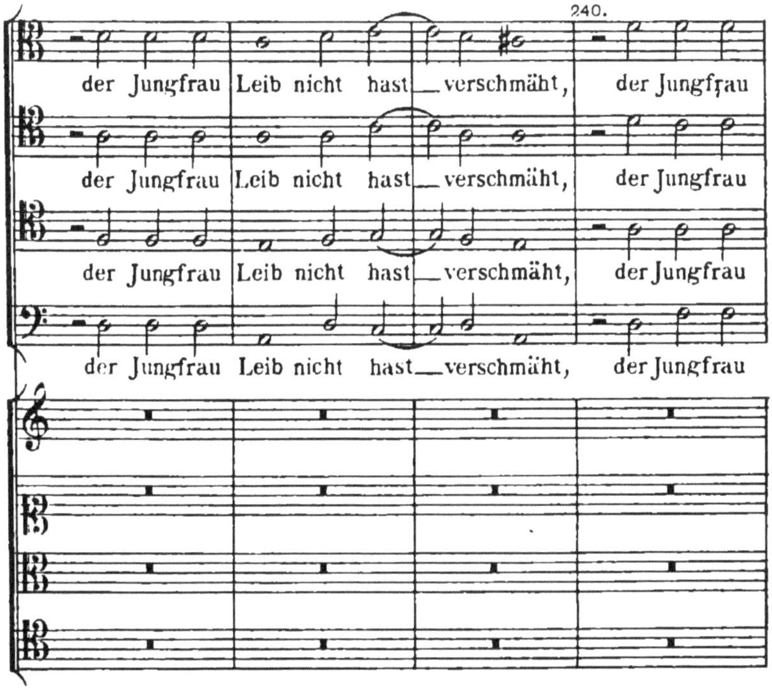

F.E.C.L. 8514

Leib nicht hast ver- schmäht, nicht hast verschmäht.

Leib nicht hast _____ ver- schmäht, nicht hast verschmäht.

Leib nicht hast ver - - schmäht. _____

Leib nicht hast _____ verschmäht, nicht hast verschmäht.

245.

Respons zu Strophe XIII.

Zur lö - sen das menschlich geschlecht, zu lösen

Zur lö - sen das mensch-lich geschlecht, zu lösen

Zur lö - sen das mensch- lich _____ ge-schlecht, zu lösen

Zur lö - sen das mensch - lich geschlecht, zu lösen

250.

das menschlich ge - schlecht,zur lösen das menschlich ge - schlecht.

das menschlich geschlecht, zur lösen das menschlich geschlecht.

das menschlich geschlecht, zur lösen das menschlich geschlecht.

das menschlich geschlecht, zur lösen das menschlich ge - schlecht.

Strophe XIV.

255.

Du hast dem Tod____ zerstört sein Macht, du

Du hast dem Tod zerstört sein Macht, du

Du hast dem Tod____ zer - stört____ sein Macht,

Du hast dem Tod____ zerstört sein Macht,____

*1. Siehe die Vorbemerkungen zu No XXVIII, pag. LIX.

F. F.C.L. 3514

270.

Respons zu Strophe XV.

*1) Das Original hatte hier: | Der Druck | von 1576. | mit al-ler

F.E.C.L. 3514

Strophe XVI.

Ein Richter du___

Ein

Ein Rich-ter du___ zu-künf - -tig bist,

Ein Richter du___ zu-künf - tig bist,

295.

___ zu-künf - - - - -tig bist, ein Richter

Richter du___ zu-künf - -tig bist, ein Richter

ein Richter

ein Richter

Verlagseigenthum von F. E. C. Leuckart (Constantin Sander) in Leipzig.

F. E. C. L. 3514

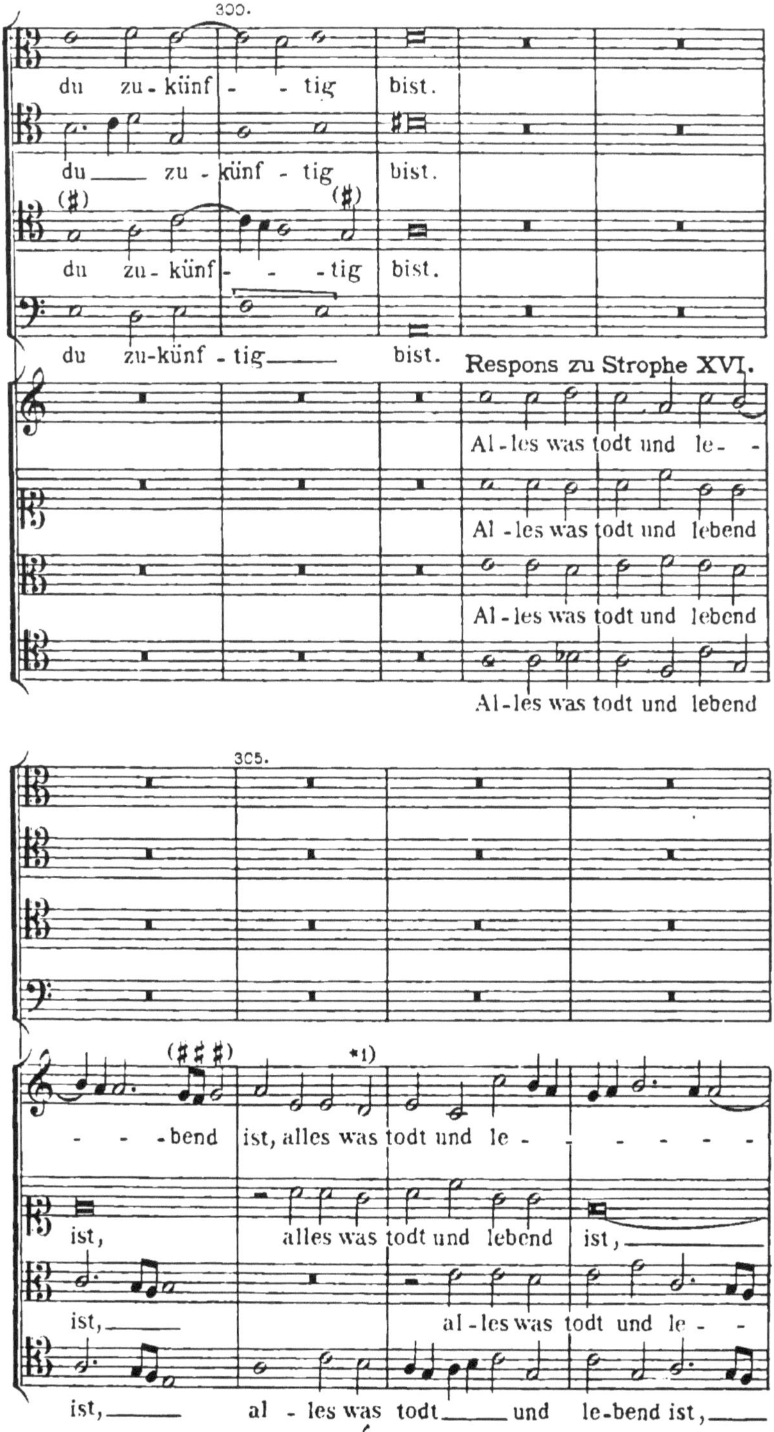

*1) Im Original eine *Minima* e: Der Druck von 1576 bestätigt meine Correctur. K.

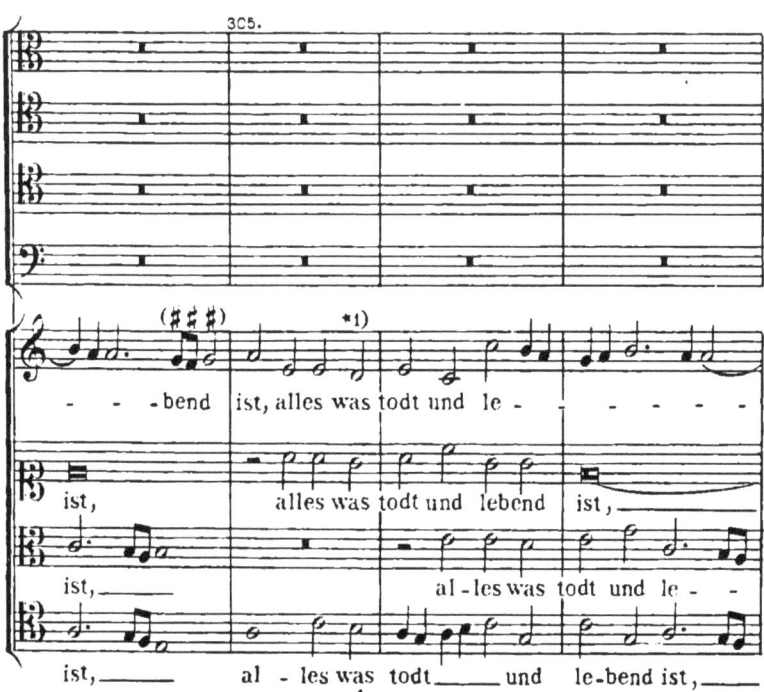

Strophe XVII. Beide Chöre zusammen.***1.**

315.

*1. Siehe die Vorbemerkungen zu N? XXVIII, pag. LX.

F. E. C. L. 3514

Strophe XVIII.

*1) Der Druck von 1576 textirt: „Die mit deim thewren Blut" etc.

Respons zu Strophe XVIII.

Mit den Heilgen am ew - gen Heil,

Mit den Heil-gen am ew - - gen Heil,

Mit den Heil-gen am ew- - - gen Heil, mit den Heil-

Mit den Heil-gen am ew - gen Heil, mit den Heil-

mit den Heilgen am ew - - - gen Heil — mit

mit den Heilgen am ew - - gen Heil,

-gen am ew- genHeil, mit den Heilgen, mit den Heilgen am ew - -

-gen am ew - - - gen Heil, mit den Heilgen

den Heilgen am ew - - gen Heil, am ew - gen Heil.

mit den Heilgen am ewgen Heil.

- - - gen Heil, mit den Heilgen am ew - - gen Heil.

am ew - - - gen Heil, am ew - gen Heil.

Strophe XIX.

Hilf deinem Volk

Hilf dei - nem Volk Herr Je - - - - - - su Christ, hilf

Hilf dei - nem Volk Herr Je - su Christ, hilf

Hilf dei - nem Volk Herr Je - - su Christ. Herr

Respons zu Strophe XIX.

und segne was dein Erb - - - - - theil ist,

und segne was dein Erb - - theil ist, _____ und

und segne was _____ dein Erb - theil ist,

und segne was dein Erb - - theil ist, und se -

und se-gne was dein Erb - - - - theil ist, und

se - gne was _____ dein Erbtheil ist, und seg-

und se-gne was _____ dein Erbtheil ist, und

-gne was dein _____ Erb - - - theil ist, _____

Respons zu Strophe XX.

*1) Diese Stelle lautete im Original: Vergl. die Vorbem. zu N⁰ XXVIII, pag. LXI.

*2) Im Original stand eine *Minima* mit Punct: K.

Strophe XXI. Beide Chor zusammen.

*1) Druck 1576.

lo-ben dich __ und   etc.

Strophe XXII. Duum.

Be-hüt uns heut o trew - - - er Gott,

Be-hüt uns heut o trew - er Gott o trew - er Gott, be-

be-hüt uns heut o trew - - - er Gott, be-hüt uns

-hüt uns heut o trew - - - - er Gott, be-

*1) Der Druck von 1576 giebt diese zwei Tacte:

Gott Behüt vns heut'o trew - -

Respons zu Strophe XXII. Duum.

Verlagseigenthum von F. E. C. Leuckart (Constantin Sander) in Leipzig.

F. E. C. L. 8514.

460.

Respons zu Strophe XXIII. Trium.

Seÿ uns gnädig in aller Noth, in aller Noth,

Seÿ uns gnädig in al - - - - - - ler Noth, seÿ

Seÿ uns gnädig in al-ler Noth, in al - - ler Noth

465.

__ in aller Noth, in aller Noth seÿ gnädig uns in al - ler Noth.

uns gnä - dig __ in aller Noth, seÿ uns gnädig in al - ler Noth.

in aller Noth, seÿ uns gnädig in al-ler Noth in aller Noth.

Respons zu Strophe XXIV.

*1) Statt dieser halben Tactpause hatte das Original eine ganze Tactpause. K.
Der Druck von 1576 berichtigt dies.
F.E.C.L. 3514

zu dir steht, wie unsre Hoffnung zu dir steht, wie unsre Hoffnung zu dir steht.

...teht, wie unsre Hoff - - nung zu dir steht.

wie unsre Hoffnung zu dir steht, wie unsre Hoffnung zu dir steht.

Hoffnung zu dir steht, wie unsre Hoffnung zu dir steht.

Strophe XXV. Beide Chor zusammen.

Auf dich hof - fen wir lie - - ber Herr,

Auf dich hof - fen wir lie - - ber Herr,

Auf dich hof - fen wir lie - - ber Herr,

Auf dich hof - fen wir lie - - ber Herr,

Auf dich hof - fen wir lie - - ber Herr,

Auf dich hof - fen wir lie - ber Herr,

Auf dich hof - fen wir lie - - ber Herr,

Auf dich hof - fen wir lie - ber Herr,

auf dich hof - fen wir lie - - ber Herr.

auf dich hof - fen wir lie - - ber Herr.

auf dich hof - fen wir lie - - ber Herr.

auf dich hof - fen wir lie - - ber Herr.

In Schanden lass

In Schanden lass

In Schanden lass

In Schanden lass

Anmerkung. Tact 497-502. Diese Stelle ist ganz corrumpirt. Das Original lässt hier zu der Strophe "*Auf dich hoffen wir lieber Herr*" des e r - s t e n Chores, je zwei Stimmen des z w e i t e n Chores, unisono, in O c - t a v e n p a r a l l e l e n gehen, nämlich *Discant II* des z w e i t e n Chores mit *Tenor II* des e r s t e n Chores, und der *Tenor* des z w e i t e n Chores mit dem *Tenor I* des e r s t e n Chores, wie folgt:

Auf dich hof - fen wir lie - - ber Herr

Auf dich hof - fen wir lie - - ber Herr

In Schanden lass uns nim - mermehr

In Schanden lass uns nim - mermehr

Ich glaubte diess in obige Lesart umwandeln zu müssen. Auch hier bestätigt der Druck von 1576 meine Correctur. K.

F.F.C.L.8614

*1) Die Octavparallelen im Tenor I und Discant II originalgetreu. K.

E.R.C.L. 9514

XXIX.

Thomas Walliser.

56. Der **46**ste Psalm Davids:

Deus noster refugium, 5 vocum.

(Siehe: Ambros, III. S. 577.)

Ecclesiodae: Das ist Kirchengeseng
etc. mit 4. 5. u. 6 Stimmen componirt,
42, (50 Gesänge) von CHR. THOMAS
WALLISER, Argentorati, 1614, № XVI.

*1) Für die Ausführung dürfte sich die Transposition nach *D* empfehlen. K.

F.E.C.L. 8514.

Verlagseigenthum von F. E. C. Leuckart (Constantin Sander) in Leipzig.

F. E. C. L. 8614

XXX.

57. Sieben italienische Frottole, 3–4 vocum.

a. Bartholomeus.

Organista de Florentia: *Si talor quella*, 3 vocum.

(Siehe: Ambros, III. S. 483, u. f.)

Kleiner Pergamentcodex aus der Zeit um 1480 in der Sammlung des Prof. Abraham Basevi in Florenz.

b. Alexander Florentinus.

Ohne Text, 4 vocum.
(Siehe: Ambros, III. S. 488.)

c. Alexander Agricola.

Ohne Text, 3 vocum.
(Siehe: Ambros, III. S.488.)

d. François de Layolle.

Ohne Text. 3 vocum.

(Siehe: Ambros, III. S. 488.)

e. Joh. Bapt. Zesso.

E quando andarete, 4 vocum.
(Siehe: Ambros, III. S. 492.)

Petrucci, Frottole,
Libro VII. Fol. 55.

F. E. C. L. 3514.

Che ponen in te fede
Io corsi gia si forte
Chio son vicino a morte
E pur nol pensa quella che po aitarmi.

O causa del mio danno
Per che desti uigore
Al timido mio core
Di seguitar costei che hora mi fugge.

Ne trouo per me altrarmi
Se non lagrime e pianto
In sin ch'a lei alquanto
Si plachi o i mora edescia d'ogni affano.

Ma piu questo mi strugge
Chio grido e so che me ode
E pur del mio mal gode
E non cerca di trarmi di tal stento.

Cosi disconsolato
Io fo come fa el cigno
Chel canto suo benigno
Quando se apresa il fin alhor si sente.

*1) In der Beschreibung, welche ANTON SCHMIDT in seinem Buche „Petrucci"
(Seite 72) von dieser Frottolensammlung giebt, beginnt dieses Stück mit:
O fallace speranza. Auch ist daselbst dem Autornamen die Bezeichnung „Cant.
et verba" beigefügt, durch welche angedeutet wird, dass sowohl die Textesworte wie die Composition von PAUL SCOTT sind. K.

g. **Francesco d'Ana.**

Nasce l'aspro. 4 vocum.
(Siehe: Ambros. III. S. 501.)

Aus den von Petrucci gedruckten
Frottole, Buch 2, Fol. X.

*1) Dieses Chroma unterhalb der Noten in der Vorlage. K.

F. E. C. L. 5614

La dolceza del tuo aspecto
Mista e dun ueuen si forte
Chel spectar mi par dilecto
El morir non me par morte
E contento de tal sorte
Stimo gaudio el mio lamento.

Sel tuo sguardo me occide
Quel occider me da uita
Sel tuo sguardo me divide
Quel fa lalma più ardita
E così sempre sbandita
Sta mia barcha in qualche uento.

*1) Dieses Chromat unterhalb der Noten in der Vorlage. K.
*2) Diese Octavenparallelen zwischen *Discant* und *Alt* originalgetreu. K.

Adrian Willaert.

58. Pater noster, 4 vocum.

(Siehe: Ambros, III. S. 517.)

Aus: ADRIANI WILLAERT musici celeberrini ac chori divi Marci illustrissimæ Reipublicæ Venetiarum Magistri. Musica quatuor vocum (Motecta vulgo appellant.) Venetiis apud Ant. Gardane MDXXXXV. Ferner in Modulationes aliquot quatuor vocum quas vulgo Modetas vocant, a præstantissimis Musicis compositæ, iam primum typis Excusæ. Norimberga, Petrejus, MDXXXVIII. N? 1.

Oratio dominicalis. (1534.)

*1) Diese sehr merkwürdigen ✱ welche in der venezianischen (bei WILLAERTS Lebzeiten und unter seinen Augen gedruckten) Edition deutlich dastehen, fehlen in der Edition des Petrejus, 1538.   A.

*1) Siehe die Bemerkung auf Seite 538. K.
*2) Attaingnant 1534 hat hier deutlich ein **Chroma** (♯) vor der Note.

F.E.C.L. 3514

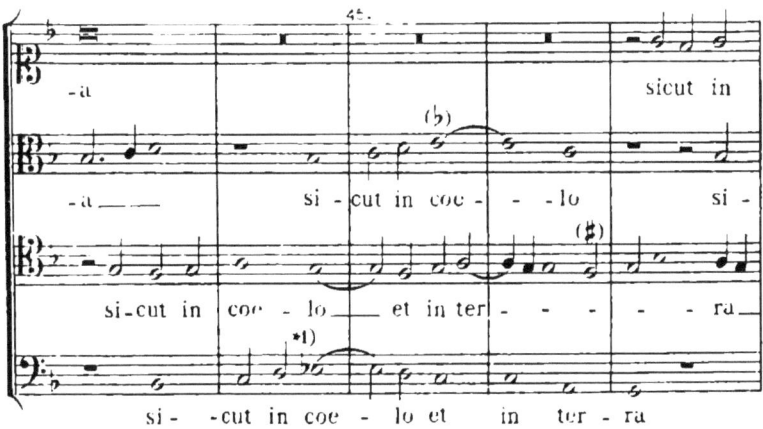

*1) Diese Vorzeichnung steht bei Petrejus 1538 nicht. K.

F.E.C.L. 8514

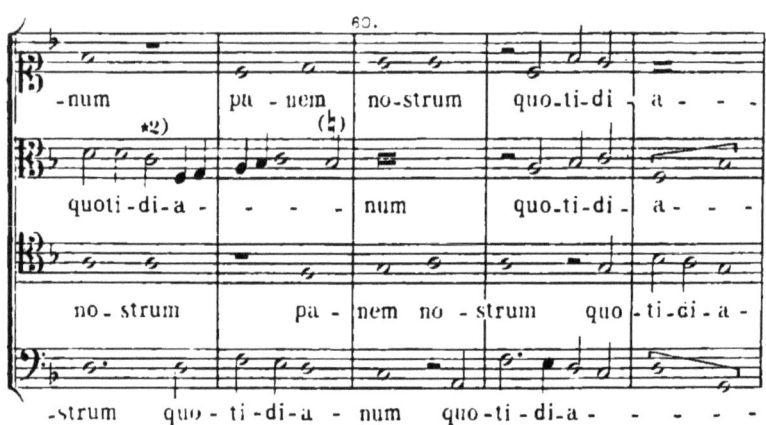

*1) Diese Vorzeichnung fehlt in Modulationes, Petrejus, 1538. A. u. K. ist aber in Attaingnant 1534 vorhanden.

*2) Soll wahrscheinlich sein, analog dem Bassmotiv: K.

quoti-di-a - -

*1) Diese Vorzeichnung fehlt in Modulationes, Petrejus, 1538. A. u. K. desgl.
auch bei Attaingnant 1534.

*2) Diese Vorzeichnung fehlt in Modulationes, Petrejus, 1538. K.

*3) Petrejus 1538 hat diese Vorzeichnung n i c h t, K.
wohl aber Attaingnant 1534.

*1) Petrejus 1538 hat diese Vorzeichnung n i c h t. K.
Attaingnant 1534 desgl.

F.E.C.L. 8514

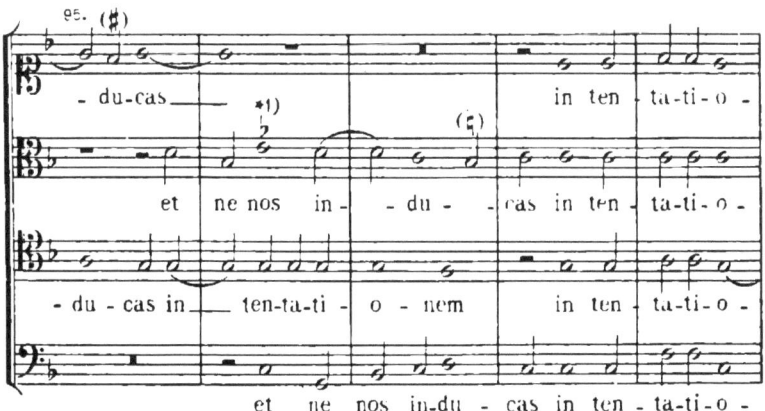

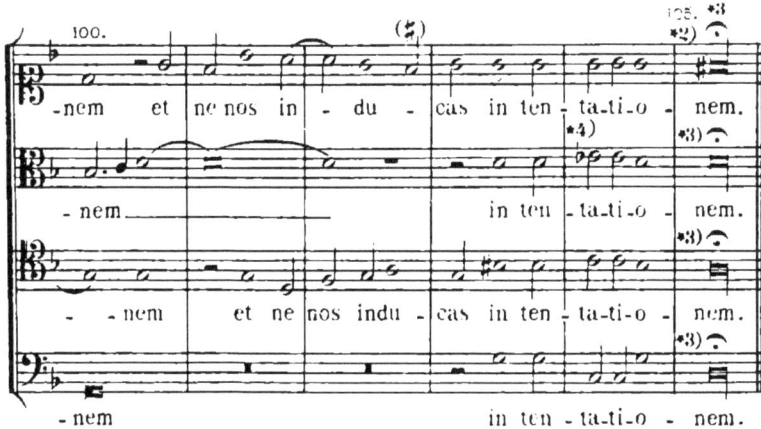

*1) Petrejus 1538, schreibt diese Vorzeichnung ausdrücklich vor. K.
*2) Diese Vorzeichnung steht n i c h t bei Petrejus, 1538. K.
*3) Diese Firmate steht bei Petrejus, 1538. K. auch bei Attaingnant.
*4) Petrejus 1538 hat diese Vorzeichnung n i c h t. K. auch Attaingnant nicht

Secunda Pars.

*1) Diese Vorzeichnung steht **n i c h t** bei Petrejus, 1538. K. bei Attaingnant 1534 auch nicht.

*2) Petrejus 1538 hat diese Vorzeichnung **n i c h t**. K.

*3) Petrejus hat die Stelle wie folgt: 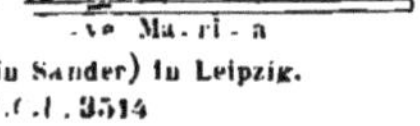 etc. K.

Verlagseigenthum von F. E. C. Leuckart (Constantin Sander) in Leipzig.

F. E. C. L. 3514.

*1) Diese Vorzeichnung hat Petrejus 1538 n i c h t. K.

*2) Petrejus 1538 berichtigt diese Stelle wie folgt: etc. K.
- - - - -cum

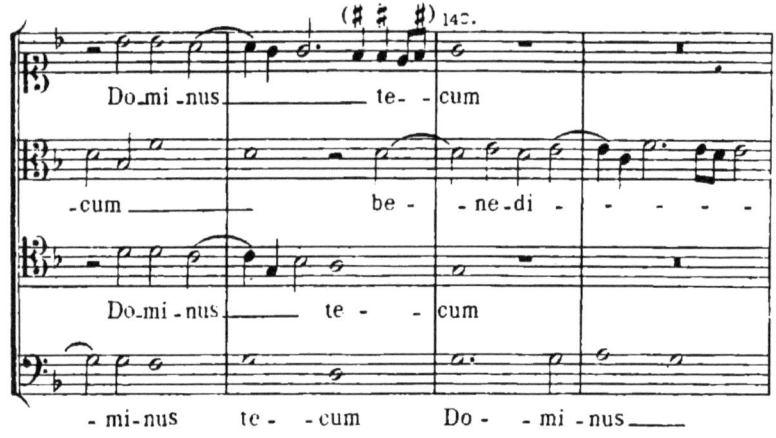

*1) Petrejus 1538 hat diese Stelle wie folgt: Do-mi-nus te - cum___ etc.

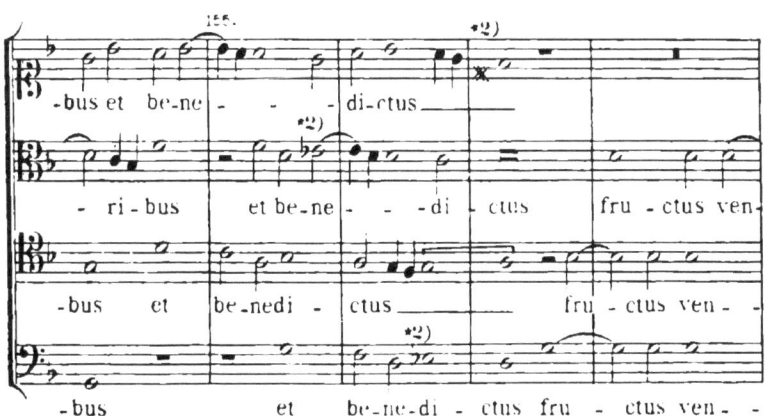

*1) Wird diese Lesart von Petrejus aufgenommen, kann auch die ganze Stelle von
Tact 149 an besser
textirt werden, nämlich:

in muli - e - - - - - - - - - - ri - bus
etc. K.

*2) Petrejus 1538 hat diese Vorzeichnung n i c h t. K.

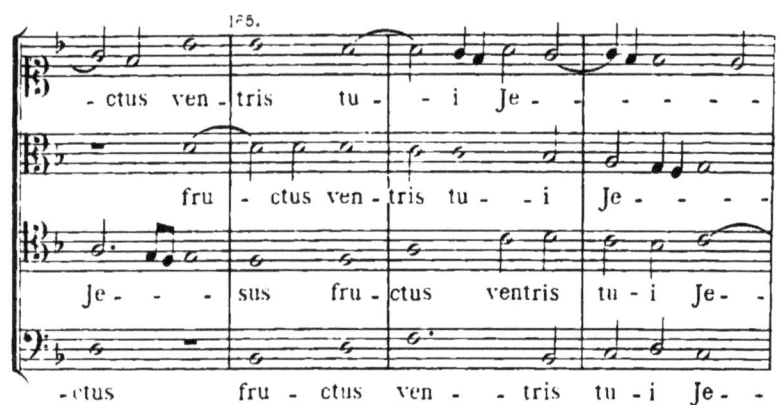

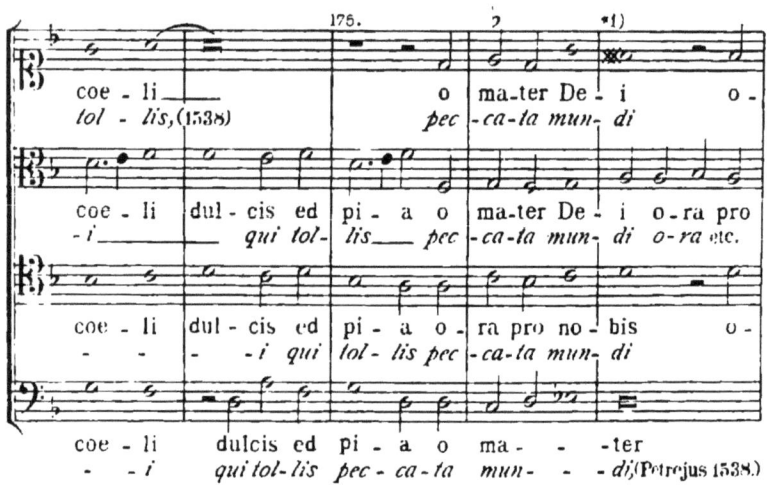

*1) Petrejus 1538 hat diese Vorzeichnung nicht. K.

F.E.C.L. 3514

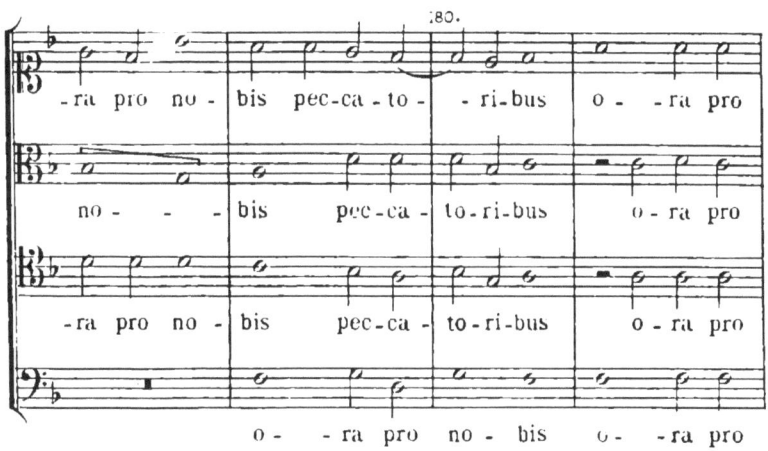

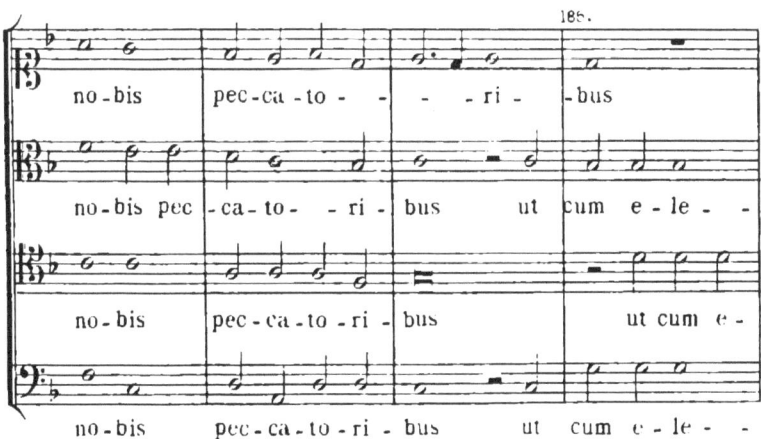

*1) Petrejus 1538 hat diese Vorzeichnung nicht. K.

F.E.C.L.8514

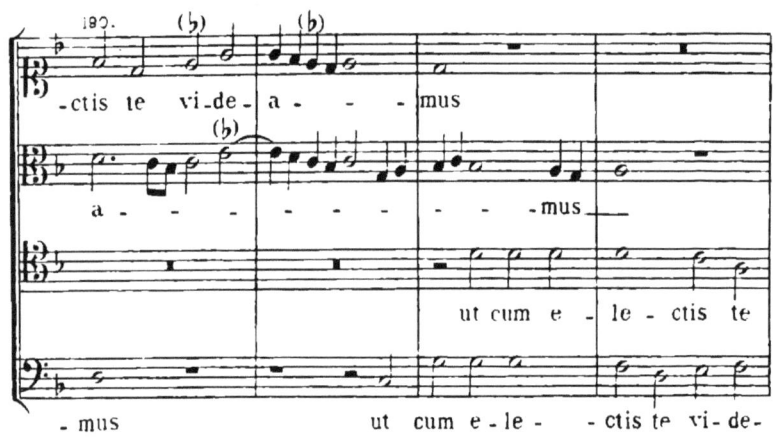

*1) Petrejus 1538 hat dieses ♭ *rotundum* nicht. Auch kann der Bindebogen nicht stehen bleiben, wenn die Textirung berichtigt werden soll. K.

*2) Petrejus 1538 hat dieses Chroma nicht. K.

552

XXXII.
Hans Leo von Hassler.

59. Geistlicher Tonsatz: *Herzlich lieb hab ich dich, o Herr,*
8 vocum zu zwei Chören.
(Siehe: Ambros. III. Seite 447 u. f.)

Vnd wenn mir gleich mein
Vnd wenn mir gleich mein
Vnd wenn mir gleich mein
Vnd wenn mir gleich mein
nur kan ha- - ben.
nur kan ha- - ben.
nur kan ha- - ben.
nur kan ha- - ben.
20.
Hertz zerbricht,
Hertz zer - bricht,
Hertz zerbricht.
Hertz zer - bricht,
So bist du doch mein zu - ver - sicht
So bist du doch mein zu - ver - sicht
So bist du doch mein zu - versicht
So bist du doch mein zu - versicht

mein Heil vnd meines Hertzen trost der mich

mein Heil vnd meines Hertzen trost der mich

mein Heil vnd meines Hertzen trost der mich

mein Heil vnd meines Hertzen trost der mich

der mich durch

der mich durch

der mich durch

der mich durch

Herr Je - -

Herr Je - -

Herr Je - su Christ Herr

Herr Je - su Christ

dein blut hast er - löst, Herr

dein blut hast er - löst, Herr Je - su

dein blut hast er - löst, Herr

dein blut hast er - löst, Herr Je - - -

*1) Die Octavenparallelen originalgetreu. K.

Der andere Theil.

Voice 1: le- - -ben,

Voice 2: -gen le- -ben,

Voice 3: -gen le- -ben,

Voice 4: -gen le- -ben,

Voice 5: inn diesem ar-gen le- - -ben

Voice 6: inn diesem ar- -gen le- -ben

Voice 7: inn diesem ar- -gen le- -ben

Voice 8: inn diesem ar- -gen le- -ben

Voice 1: da-mit ichs brauch zu dem lo- -be dein,

Voice 2: da-mit ichs brauch zu dem lo- - -be dein,

Voice 3: da-mit ichs brauch zu dem lo- -be dein,

Voice 4: da-mit ichs brauch zu dem lo- -be dein,

Voice 5: zu nutz

Voice 6: zu nutz

Voice 7: zu nutz

Voice 8: zu nutz

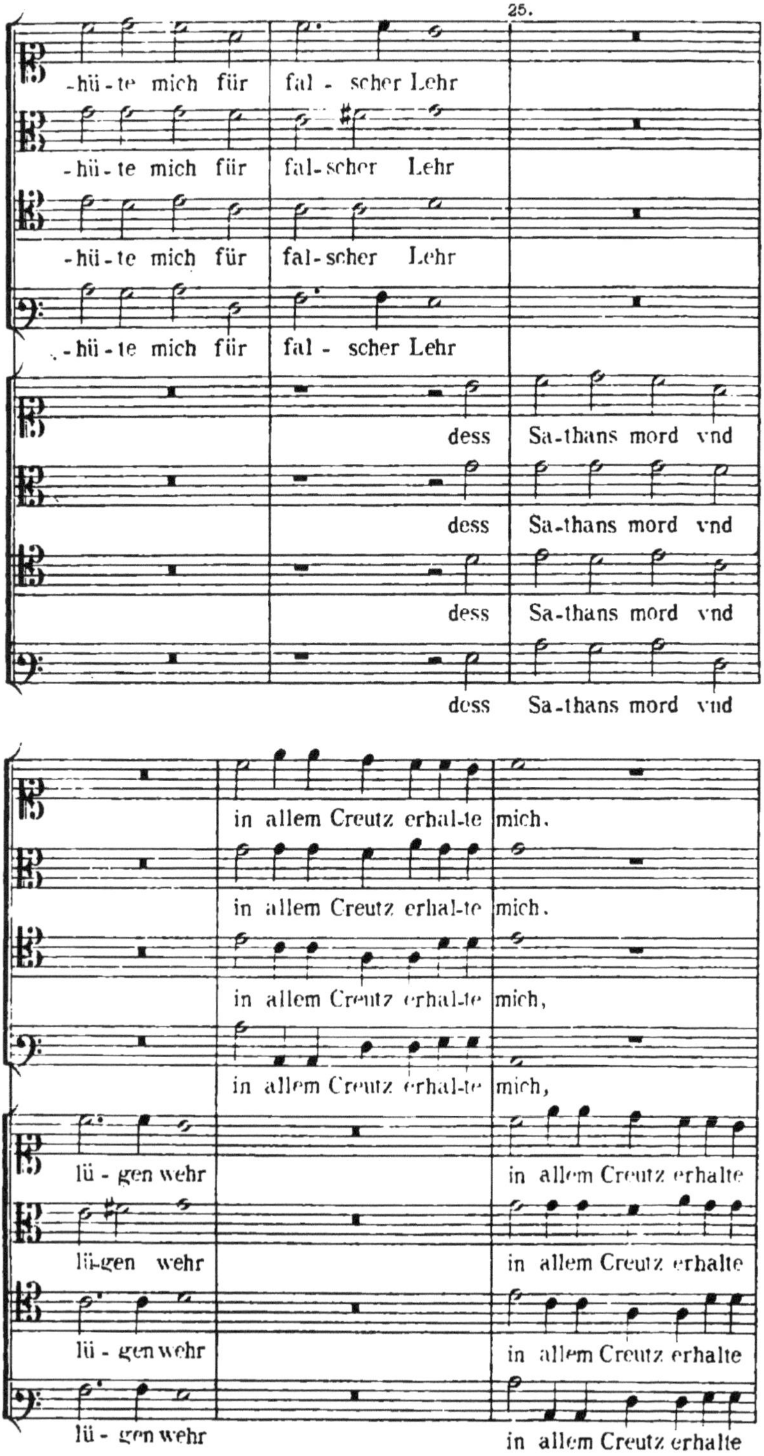
25.
-hü-te mich für fal - scher Lehr
-hü-te mich für fal-scher Lehr
-hü-te mich für fal-scher Lehr
-hü-te mich für fal - scher Lehr
dess Sa-thans mord vnd
dess Sa-thans mord vnd
dess Sa-thans mord vnd
dess Sa-thans mord vnd
in allem Creutz erhal-te mich.
in allem Creutz erhal-te mich.
in allem Creutz erhal-te mich,
in allem Creutz erhal-te mich,
lü - gen wehr in allem Creutz erhalte
lü-gen wehr in allem Creutz erhalte
lü - gen wehr in allem Creutz erhalte
lü - gen wehr in allem Creutz erhalte

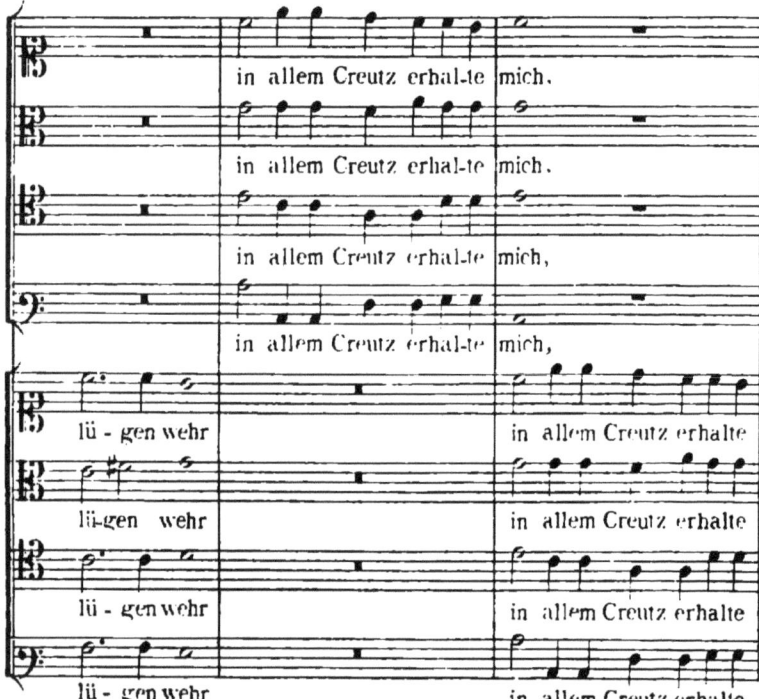

45.

*1) Die Octavenparallelen originalgetreu. K.

Christ, mein Herr vnd Gott

Christ, mein Herr vnd Gott

Christ, mein Herr vnd Gott

Christ, mein Herr vnd Gott

Christ, mein Gott vnd Herr, mein Gott vnd

Christ, mein Gott vnd Herr, mein Gott vnd

Christ, mein Gott vnd Herr, mein Gott vnd

Christ, mein Gott vnd Herr, mein Gott vnd

tröst mir mein Seel in al - ler noth.

tröst mir mein Seel in al - ler noth.

tröst mir mein Seel in al - ler noth.

tröst mir mein Seel in al - ler noth.

Herr tröst mir mein Seel in al - ler noth.

Herr tröst mir mein Seel in al - ler noth.

Herr tröst mir mein Seel in al - - - -ler noth.

Herr tröst mir mein Seel in al - ler noth.

Der dritte Theil.

tra - - - gen,

Schooss tra - - gen,

Schooss tra - - gen,

tra - - gen,

in A - bra - hams Schooss tra -

in A - bra - hams Schooss

in A - bra - hams Schooss

in A - bra - hams Schooss

Den Leib in seinem schlaff - käm - merlein

Den Leib in seinem schlaffkäm - - merlein

Den Leib in seinem schlaff - käm - merlein

Den Leib in seinem schlaff - käm - merlein

- - gen

tra - - gen

tra - - gen

tra - - gen

ru - hen biss zum Jüng-

ru - hen biss zum

ruhen biss zum Jüng -

ru - hen biss zum Jüng-

Gar sanfft ohn ei-ni-ge qual vnd pein,

Gar sanfft ohn ei-ni-ge qual___ vnd pein,

Gar sanfft ohn ei-ni-ge qual vnd pein,

Gar sanfft ohn ei-ni-ge qual vnd pein,

-sten ta - - ge, Als

Jüng-sten ta - - ge, Als

- -sten ta- - ge, Als

- -sten ta - - ge, Als

ru - hen biss zum Jüng-sten ta- - ge,

ru - hen biss zum Jüng-sten ta - ge,

ruhen biss zum Jüng - - sten ta- - ge,

ru - hen biss zum Jüng - sten ta- - ge,

-dann vom tod er- we-cke mich

-dann vom tod er- we-cke mich

-dann vom tod er- we-cke mich

-dann vom tod er- we-cke mich

dass mei-ne Augen se-hen dich,

dass mei-ne Augen se-hen dich,

dass mei-ne Augen se-hen dich,

dass mei-ne Augen se-hen dich,

inn aller Freud o Gottes Son

inn aller Freud o Gottes Son

inn aller Freud o Gottes Son

inn aller Freud o Gottes Son

inn aller Freud o Gottes Son mein

inn aller Freud o Gottes Son mein

inn aller Freud o Gottes Son mein

inn aller Freud o Gottes Son mein

*1) Die Octavenparallelen originalgetreu. R.

*2) Dieses Chroma muss entweder ganz in Wegfall kommen, oder der ganze Drei-
klang wegen des Tenors II in allen Stimmen um eine halbe Tactpause gekürzt werden wenn nicht im Tenor II die erste *Minima* c wie früher Tact 39 eine *Minima*
a sein soll. K

E.F.C.t.3514

ich will dich prei - sen e - wig - lich, prei - - -

ich will dich prei - sen e - wig - lich, prei - - -

ich will dich prei - sen e - wig - lich, prei - - -

ich will dich prei - sen e - wig - lich, ___

mich, ich will dich prei - sen e - wig - lich, prei -

mich, ich will dich prei - sen e - wig - lich, prei - - -

mich, ich will dich preisen e - - - wig- lich,

mich, ich will dich prei - sen e - wig - lich,

- - - sen e - - - wig - lich.

- - - sen e - - - wig - lich.

- - sen e - - - - wig - - -lich.

prei - - - sen e - wig-lich.

- - - sen e - - - wig - lich.

schwarze Ligatur

- - sen e - - - - wig - lich.

prei - - - sen e - - -wig- lich.

prei - - - sen e - - wig - lich.

XXXIII.
Jacobus Gallus.

60. Zwei geistliche Tonsätze:

a. *Jerusalem gaude gaudio magno.* 6 vocum.
(Siehe: Ambros, III. S. 574.)

(JAC. GALLUS) Opus musicum, cantiones sacræ quatuor, quinque, sex, octo et plurium vocum, Tom. I. Pragae apud Nigrinum, 1586. No VIII.

Discantus I.

Discantus II.

Altus.

Tenor I.

Tenor II.

Bassus.

Je-ru-sa-lem gau-de gau-di-o ma-

Je-ru-sa-lem gau-de gau-di-o ma-

Je-ru-sa-lem gau-de gau-di-o ma-

-gno qui-a ve-ni-et ti-bi sal-va-tor Al-

-gno qui-a ve-ni-et ti-bi sal-va-tor Al-

-gno qui-a ve-ni-et ti-bi sal-va-tor Al-

Qui-a ve-ni-et ti-bi sal-va-tor Al-le-lu-ja,

Qui-a ve-ni-et ti-bi sal-va-tor Al-le-lu-ja,

Qui-a ve-ni-et ti-bi sal-va-tor Al-le-lu-ja,

-les hu-mi-li-a bun-tur et e-runt pra-va in-di-re-

-les hu-mi-li-a bun-tur

-les hu-mi-li-a bun-tur et e-runt pra-va in-di-re-

hu-mi-li-a bun-tur

-les hu-mi-li-a bun-tur et e-runt pra-va in-di-re-

hu-mi-li-a bun-tur et e-runt pra-va in-di-re-

-cta et a-spe-a in vi-as pla-nas ve-ni Domi-ne

et a-spe-a in vi-as pla-nas ve-ni

-cta et a-spe-a in vi-as pla-nas ve-ni

et a-spe-a in vi-as pla-nas ve-ni Domi-

-cta ve-ni Domi-ne et

-cta ve-ni Domi-ne

et no-li tar-da-re et no-li tar-da-re Al-le-lu-

et no-li tarda-re et no-li tar-da-re

et no-li tar-da-re et no-li Al-le-lu-

-ne et no-li tarda-re et no-li tar-da-re Al-le-lu-

no-li et no-li tar-da-re tar-da-re

et no-li tarda-re et no-li tarda-re Al-le-lu-

*†) Originalgetreu. Die thematische Analogie verlangt freilich *b* und nicht *h*. K.

*1) Im Original: 📄 . Man vergleiche jedoch dieselbe Stelle Tact 43, im II. Discant. K.

E.E.C.L. 3514

Jacobus Gallus.

b. *Lætentur cœli et exultet.*

Jacobus Gallus.
Opus musicum etc.
wie oben 1586, Nº XII.

XXXIV.

Escobedo (Bartolomeo).

61. Introitus in Dominica in Sexagesima: *Exurge quare obdormis,* 4 vocum.
(Siehe: Ambros, III. S. 586.)

Secunda pars: *Quoniam humiliata est.* 4 vocum.

NICOLAI GOMBERTI MOTECTA, 4
vocum Venedig, 1541, № 21-22. (Unicum
im Privatbesitze des Herrn Geh. Medicinalrath Dr. Mettenheimer in Schwerin. Siehe
Vorwort und die Bemerkungen zu Nummer 33 und 61 des Verzeichnisses.

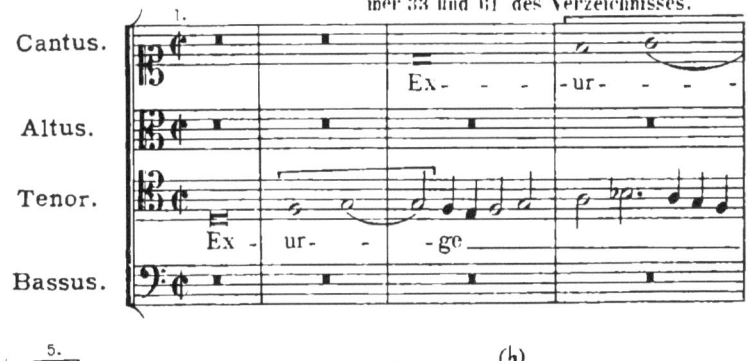

Cantus.

Altus.

Tenor.

Bassus.

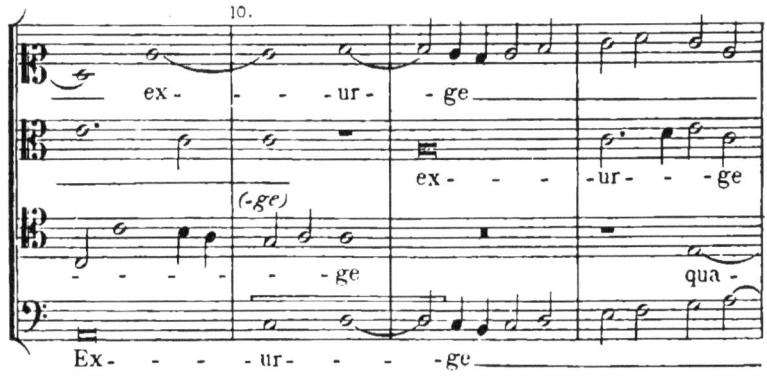

*1) Die in Klammer ( ) gestellten Textsilben zeigen meine Abweichungen vom O-
riginale, respective Ergänzungen an. Die nicht in Klammer stehenden Worte
repräsentiren das Original. K.

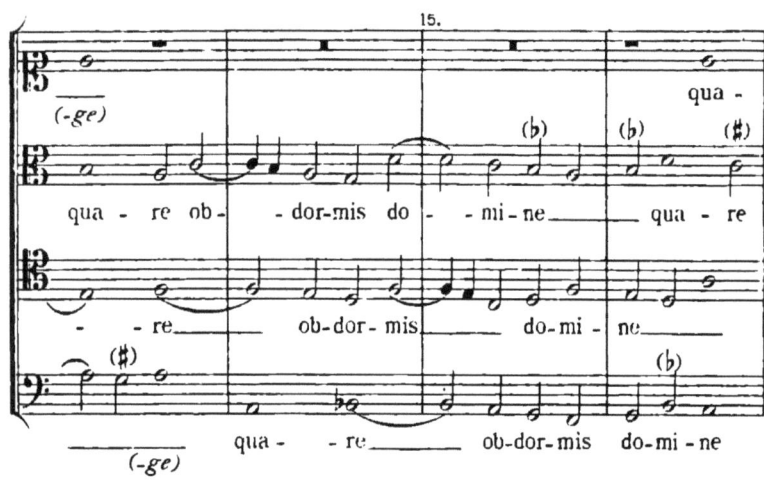

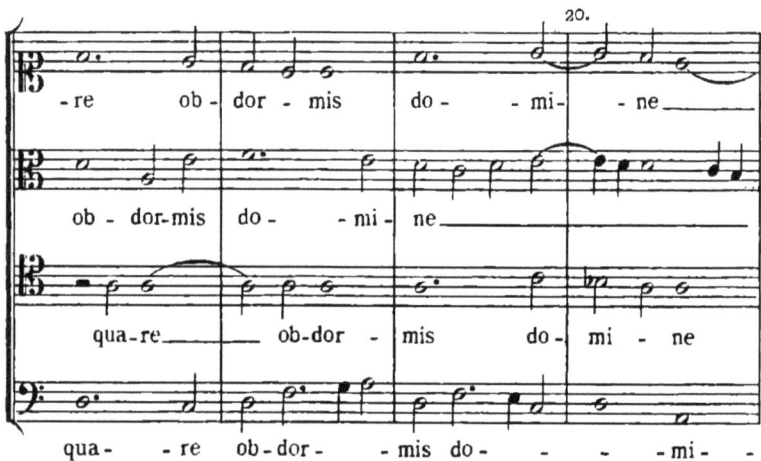

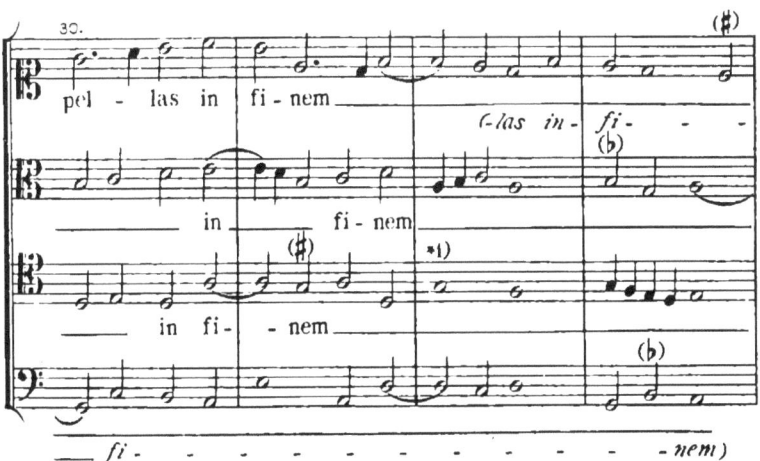

*1) In allen Stimmen originalgetreu. K.

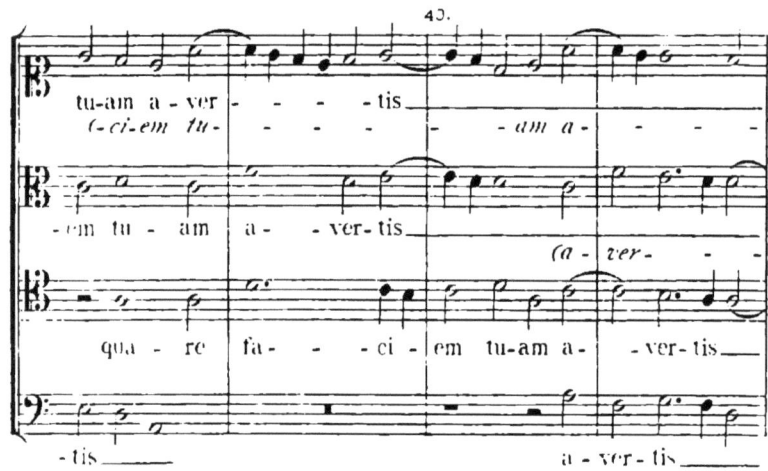

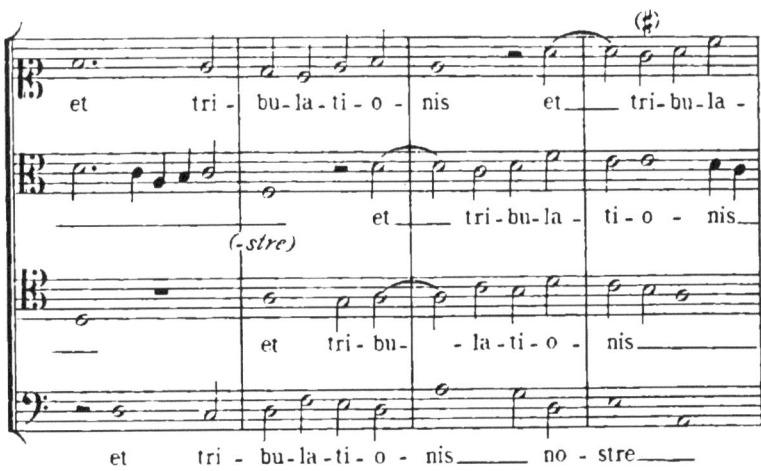

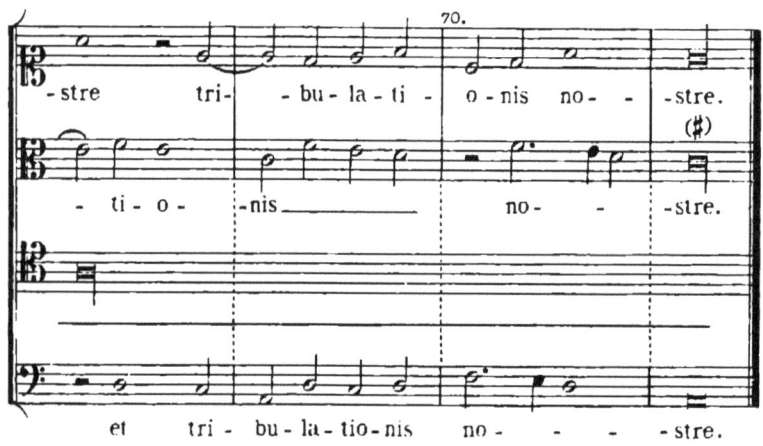

Secvnda PARS.

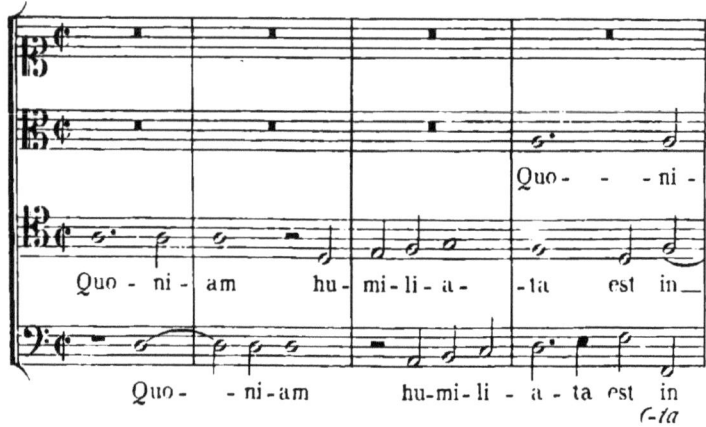

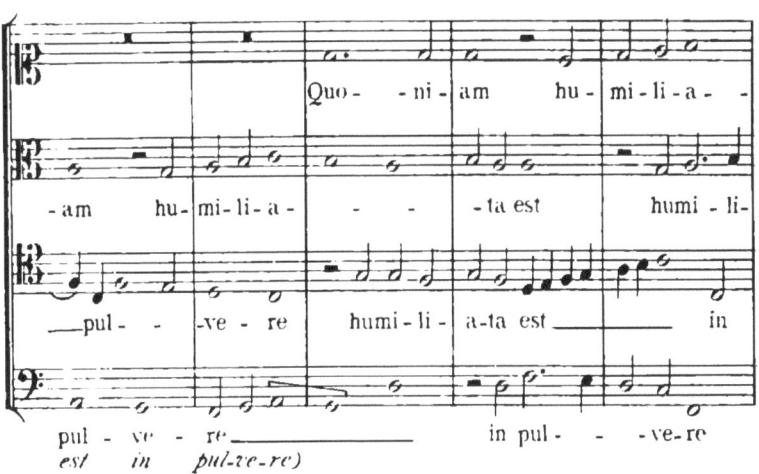

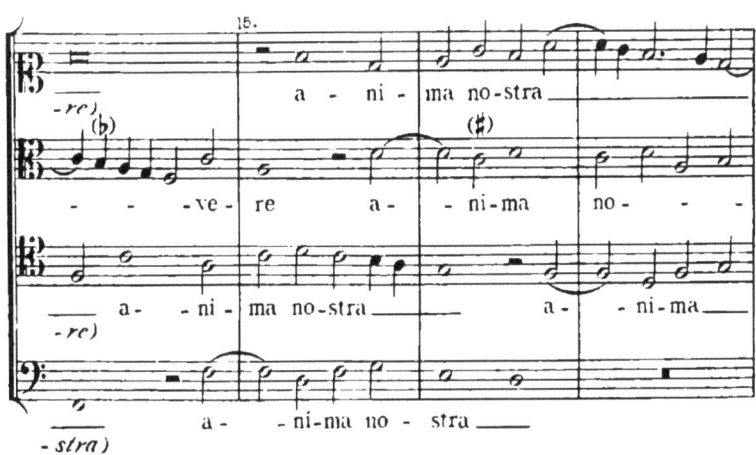

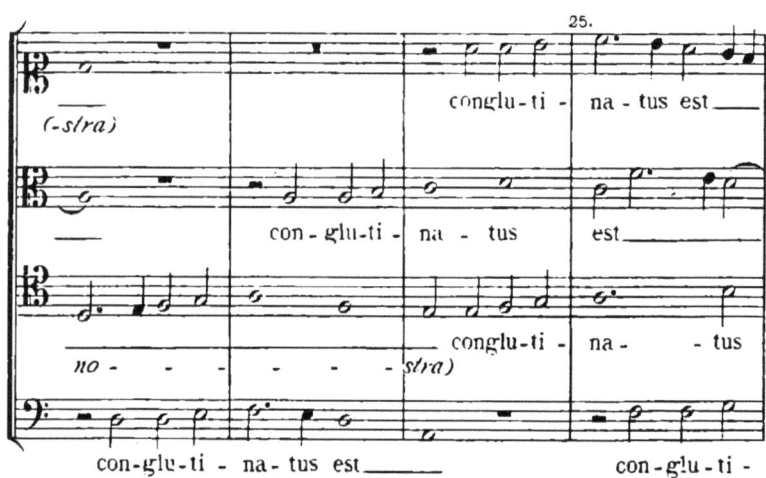

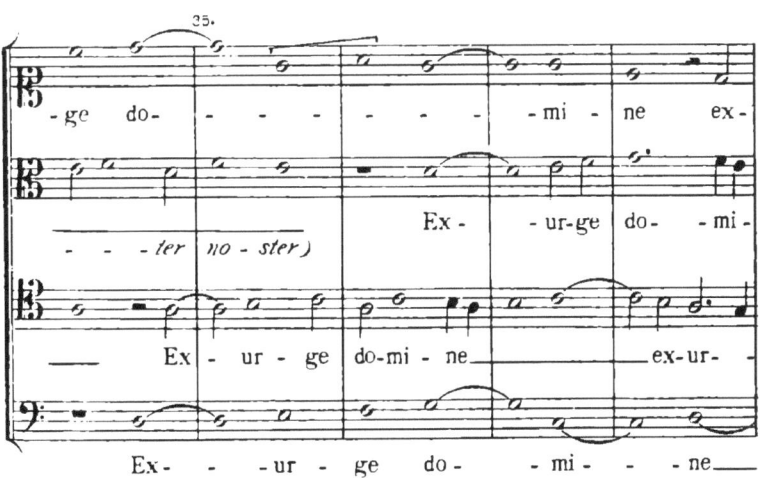

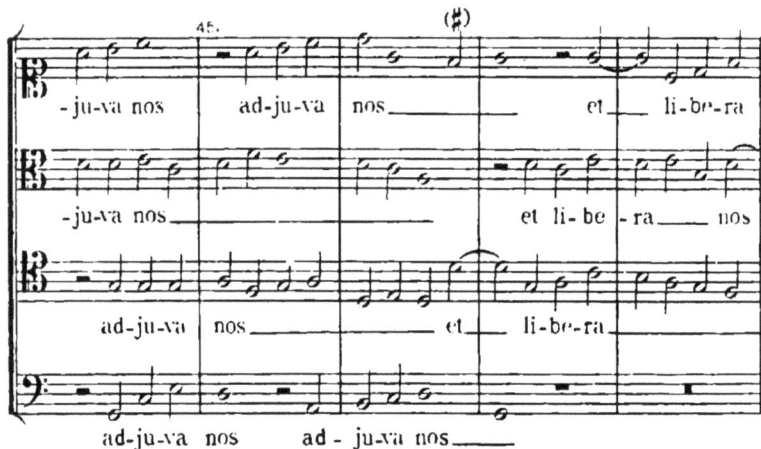

Verlagseigenthum von F.E.C.Leuckart (Constantin Sander) in Leipzig.

F.E.C.L.2514

*1) Diese Stelle im Original ohne Text beweist recht augenscheinlich, wie
selbst sorgfältige Druckwerke in der Textstellung der Nachhülfe bedürfen. K.

XXXV.

Cristofero Morales.

62. Motetto: *Sancte Antoni pater monachorum.* 4 vocum.

(Siehe: Ambros, III. S. 587.)

NIC. GOMBERTI MOTECTA, 4 vo-
cum, Venetiis per Hier-Scotum. 1541, No
XI. (Unicum im Besitze des Herrn Geh.
Medicinalrathes Dr. Mettenheimer in
Schwerin, siehe das Vorwort und die
Bemerkungen zu No 33, 61 und 62.

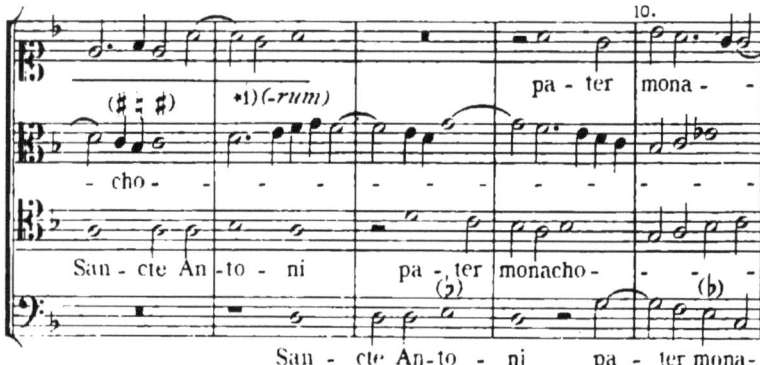

*1) Die in Klammer gestellten Textworte enthalten die von mir vorgeschlagenen
Veränderungen der Textstellung. Die nicht in Klammer stehenden Textworte repräsentiren das Original. K.

F.:.G.L. 3514

*1) Im Original war statt dieser *Minima* c eine *Semibrevis* c. K.

I. V. A. 3714

red - dere do - - mi - no ho - - sti -

- - - - - mi - no_____ ho - - sti - am

red - dere do - mi - - no ho - - sti - am_

red - dere do-mi- no ho - - sti - am_____ lau -

- am lau - dis_____ ho - sti - am

(- dis)

lau - - - - - dis ho - - sti - am_

_____ lau - dis ho - - sti - am

- dis_____ ho - - sti - am_

(- dis)

lau - - -dis ho - sti - am lau - dis.

_____ lau - -dis.

lau - dis ho - - sti - am lau - - - -dis._____

(#)

_____ lau - - dis ho - - sti - am lau - dis.

*1) Dieses Chroma unterhalb der Note originalgetreu, wie öfters in diesem Druck-
werke. R.

F.F.C.1.3514

Secvnda PARS.

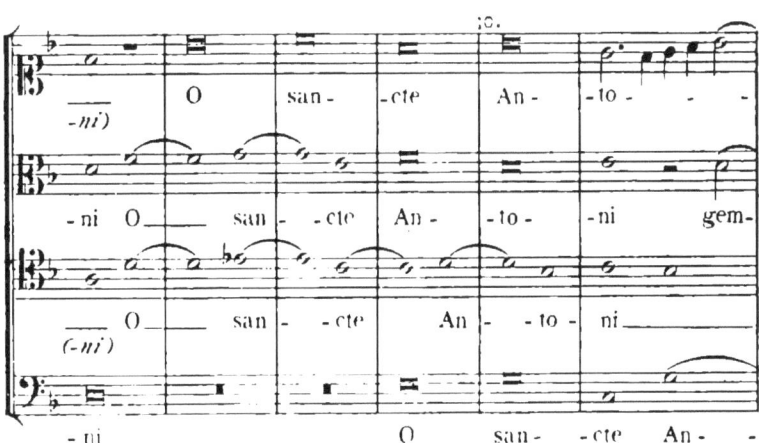

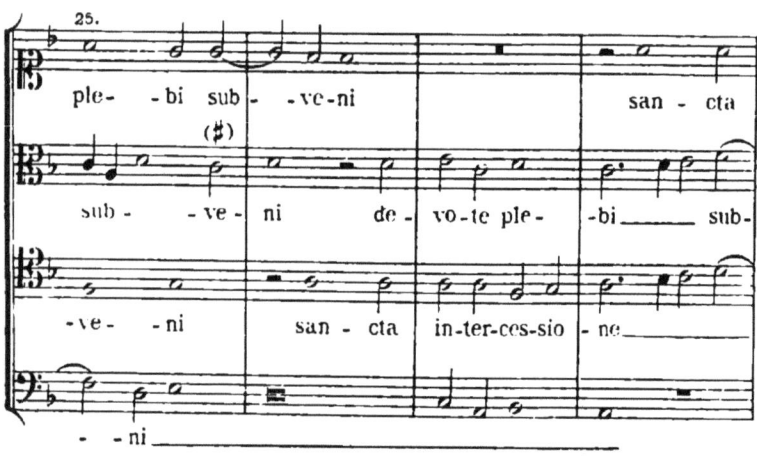

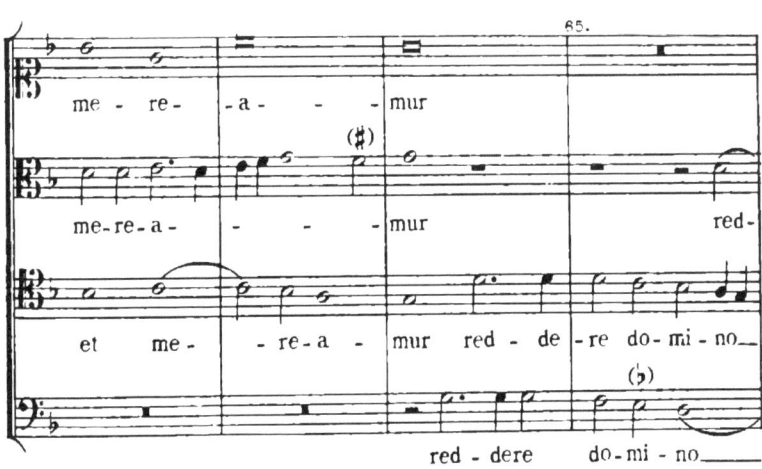

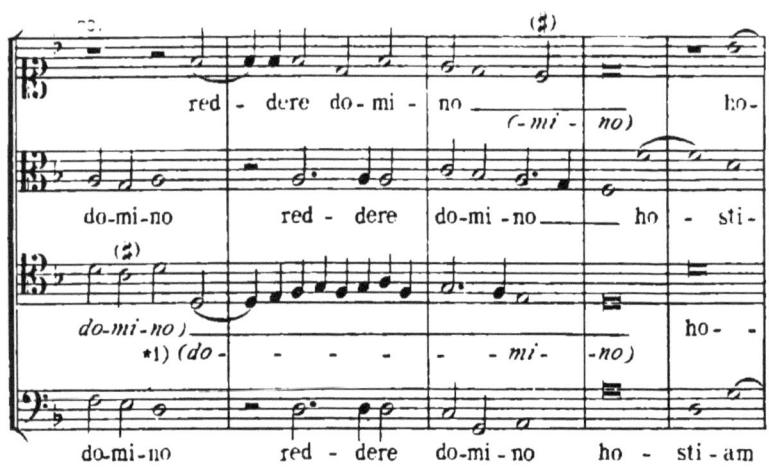

*1) Das in Klammer gestellte Wort „domino" nicht im Original. K.
*2) Originalgetreu, wie früher mehrmals schon. K.